Anna Praßler

Narration im neueren Hollywoodfilm

Die Entwürfe des Körperlichen, Räumlichen und Zeitlichen in *Magnolia*, *21 Grams* und *Solaris*

FILM- UND MEDIENWISSENSCHAFT

Herausgegeben von Irmbert Schenk und Hans Jürgen Wulff

ISSN 1866-3397

1 *Oliver Schmidt*
Leben in gestörten Welten
Der filmische Raum in David Lynchs *Eraserhead*, *Blue Velvet*, *Lost Highway* und *Inland Empire*
ISBN 978-3-89821-806-1

2 *Indra Runge*
Zeit im Rückwärtsschritt
Über das Stilmittel der chronologischen Inversion in *Memento*, *Irréversible* und *5 x 2*
ISBN 978-3-89821-840-5

3 *Alina Singer*
Wer bin ich? Personale Identität im Film
Eine philosophische Betrachtung von *Face/Off*, *Memento* und *Fight Club*
ISBN 978-3-89821-840-5

4 *Florian Scheibe*
Die Filme von Jean Vigo
Sphären des Spiels und des Spielerischen
ISBN 978-3-89821-916-7

5 *Anna Praßler*
Narration im neueren Hollywoodfilm
Die Entwürfe des Körperlichen, Räumlichen und Zeitlichen in *Magnolia*, *21 Grams* und *Solaris*
ISBN 978-3-89821-943-3

In Vorbereitung:

Ingo Lehmann
Ziellose Bewegungen und mediale Selbstauflösung im absurden „Genrefilm-Theater" Monte Hellmans
ISBN 978-3-89821-917-4

Evelyn Echle
Danse Macabre
Die Figur des personifizierten Todes als filmische Allegorie
ISBN 978-3-89821-939-6

Miriam Grossmann
Schauspieler • Person • Figur
Die Darsteller in Eric Rohmers Filmen *Pauline à la plage*, *Les nuits de la pleine lune* und *Le rayon vert*
ISBN 978-3-89821-944-0

Anna Praßler

NARRATION IM NEUEREN HOLLYWOODFILM

Die Entwürfe des Körperlichen, Räumlichen und Zeitlichen in *Magnolia*, *21 Grams* und *Solaris*

ibidem-Verlag
Stuttgart

Bibliografische Information der Deutschen Nationalbibliothek
Die Deutsche Nationalbibliothek verzeichnet diese Publikation in der Deutschen Nationalbibliografie; detaillierte bibliografische Daten sind im Internet über http://dnb.d-nb.de abrufbar.

Bibliographic information published by the Deutsche Nationalbibliothek
Die Deutsche Nationalbibliothek lists this publication in the Deutsche Nationalbibliografie; detailed bibliographic data are available in the Internet at http://dnb.d-nb.de.

Umschlagsbild: © geralt/PIXELIO

∞

Gedruckt auf alterungsbeständigem, säurefreien Papier
Printed on acid-free paper

ISSN: 1866-3397

ISBN-10: 3-89821-943-7
ISBN-13: 978-3-89821-943-3

Printed in Germany

Inhalt

Einleitung

In Feuilleton und Filmkritik kursiert seit wenigen Jahren ein Begriff, welcher, ohne eine „Schule“ zu postulieren, eine Strömung im gegenwärtigen nordamerikanischen Film zu fassen sucht: „New New Hollywood“. Obschon vage und facettenreiche Füllungen den Terminus als analytisches Instrumentarium diskreditieren, birgt er doch ein Potential, das sich nicht im Passepartoutbegriff erschöpft, in einer Briefkastenadresse für Filmkritiker, deren Kategorisierungswünschen sich eine heterogene „Bewegung“ ohne Programm und Protagonisten letztlich entzieht. Die Diagnose einer Novität im zeitgenössischen Hollywoodkino scheint durchaus korrekt und einer präzisen Analyse würdig, so dass die vorliegende Studie filmanalytisch untersucht, inwieweit der Hollywoodfilm der Jahrtausendwende sich als genuin neu erweist und dabei seiner Narration das Novum innewohnt.
Die Frage nach dem Neuen im „New New Hollywood“ beantwortet David Bordwell anhand seiner These der Kontinuität der in der Studioära etablierten Repräsentationsmodi, welche nun von einer umfassenden stilistischen Intensivierung sowie der Exponierung bisher marginaler narrativer Lösungen geprägt seien. Einer inhaltlich-motivischen Annäherung an den neueren Hollywoodfilm, die Peter Hanson anhand eines Generationenargumentes unternimmt, droht, ebenso wie Bordwells Ansatz, eine matrizenhafte, reduzierende Prämisse zum Verhängnis zu werden; beiden Perspektiven sei das erste Kapitel gewidmet. Hierbei wird evident, dass sich ein „New New Hollywood“ weder mit dem Konzept einer leicht modifizierten „klassischen Erzählweise“ noch mit einer kulturwissenschaftlichen Lesart der Filme als Ausdruck generationsspezifischer Fragestellungen in seinem Wesen tatsächlich erfassen lässt.
Wodurch sich jene Filme, die in etwa zwischen den Jahren 1999 und 2003 in Hollywood produziert wurden, als neu und besonders auszeichnen, liegt, so meine These, weit jenseits der genannten Schemata, so dass diese Theoriemodelle die Narration in Paul Thomas Andersons MAGNOLIA (MAGNOLIA, USA 1999), Steven Soderberghs SOLARIS (SOLARIS, USA 2002) und Alejandro González Iñárritus 21 GRAMS (21 GRAMM, USA 2003) nicht adäquat zu greifen vermögen. Im Folgenden werden diese Filme bezüglich dreier Parameter – Körper, Raum und Zeit – analysiert, deren darzulegende Ausprägungen ich für die Narration im neueren Hollywoodfilm als konstitutiv und neuartig ansehe; in neuen Formen der Körperlichkeit, Räumlichkeit und Zeitlichkeit lokalisiert sich das Außergewöhnliche, die Essenz einer neuen hollywood-

schen Erzählweise.

Dass Kino mit dem Körperlichen aufs Engste verknüpft ist, scheint angesichts seiner Darstellungen von Körpern der Aktion, des Leidens, der Erotik – eine Klassifizierung ließe sich beliebig fortführen, stehen doch die leiblichen Mikro- bis Makrobewegungen der Schauspieler im Mittelpunkt jeder Spielfilmnarration – nur allzu augenfällig. Und doch entdeckt Bärbel Tischleder in den Körperinszenierungen der Hollywoodfilme der neunziger Jahre,[1] parallel zur gesellschaftlichen Wechselbeziehung zwischen einer Somaaufwertung im individuellen und medialen Körperboom einerseits und der Marginalisierung eines prekären Körpers qua abstrakter, körperferner Lebensbedingungen andererseits, die Dominanz entkörperlichender Phänomene.[2] Entkörperlichung als Entfremdung vom eigenen Leib und „eine Struktur von Körperdistanzierung und -verdrängung"[3] schreibe sich, etwa in Allegorisierungen, in die filmische Ästhetik ein.[4] Im Hollywoodfilm der Jahrtausendwende, dem zur Diskussion stehenden „New New Hollywood", hat sich, wie im zweiten Kapitel zu zeigen sein wird, dieses Verhältnis gewendet: nicht die Logik der Entkörperung, sondern die der forcierten Körperlichkeit, die andere Seite der Medaille, bestimmt die filmische Inszenierung und Repräsentation der Körper der Schauspieler. Neben der Expressionsfunktion des Körpers im Kontext melodramatischer Darstellungen dienen Körper und jene Materialien, die ihren Ausgangspunkt im Körper nehmen, zum Beispiel Tränen, in MAGNOLIA, SOLARIS und 21 GRAMS der Sinnstiftung und dramaturgischen Entwicklung. Über die Körper der Figuren werden zentrale Themen der Filme und filmeigene Diskurse verhandelt, so dass Körperlichkeit und Materialität in diesen Filmen originär narrative und bedeutungsproduzierende Funktionen erfüllen.

Die Kapitel 3 und 4 gehen den teils divergierenden, teils ähnlichen Entwürfen von Raum und Zeit in den drei Filmen nach. Als physikalische, das heißt eindeutig messbare Größen wurden Raum und Zeit im siebzehnten Jahrhundert durch Isaac Newton definiert:

> Die absolute, wahre und mathematische Zeit verfließt an sich und vermöge ihrer Natur gleichförmig, und ohne Beziehung auf irgend einen äußern Gegenstand. [...] Der absolute

---

[1] Tischleders Analyse bezieht sich ausschließlich auf PHILADELPHIA (PHILADELPHIA, USA 1993, Regie Jonathan Demme), FARGO (FARGO, USA 1996, Regie Joel und Ethan Coen) und TITANIC (TITANIC, USA 1997, Regie James Cameron), so dass vor vorschnellen Verallgemeinerungen ausdrücklich gewarnt wird (vgl. Tischleder 2001, S. 240).

[2] Diese Tendenz widerspreche aber keineswegs, so Tischleder, einer simultanen Akzentuierung leiblicher Aspekte mittels der Präsenz lebendiger Körper im Film (vgl. Tischleder 2001, S. 248).

[3] Tischleder 2001, S. 17.

[4] Vgl. Tischleder 2001, S. 11 – 21, S. 81 – 110 und S. 239 – 254.

Raum bleibt vermöge seiner Natur und ohne Beziehung auf einen äußern Gegenstand, stets gleich und unbeweglich.[5]

Dieser Objektivität von Zeit und Raum, in Naturwissenschaft und Alltagsbewusstsein über die Jahrhunderte unangefochten voller Geltungskraft, widersprach Anfang des zwanzigsten Jahrhunderts Albert Einstein in seinen Relativitätstheorien, denen zufolge jeder Beobachter eines Lichtimpulses sein eigenes Zeitmaß besitze. Bestimmt als persönlich-individueller, nicht-universeller Begriff, existiere Zeit nur in Abhängigkeit vom Raum, was in das Konzept der vierdimensionalen Raumzeit mündet.[6] Dass sich der theoretische Paradigmenwechsel hin zur Relativität und Einheit von Zeit und Raum ausgerechnet im späten neunzehnten Jahrhundert,[7] zeitgleich zur Entstehung der Kinematographie, vollzog, erscheint sinnfällig, zumal auch im Film die räumliche und die zeitliche Dimension aneinander teilhaben, sich verschränken und, wie in der vorliegenden Studie, nur analytisch getrennt werden können. „Raum und Zeit sind selbst Medien der Wiederholung,“[8] schreibt Gilles Deleuze über den Modus der Raumzeitlichkeit, „und der reale Gegensatz ist nicht ein Maximum an Differenz, sondern ein Minimum an Wiederholung.“[9] Erst in der Dauer des Films kann sich sein Raum entfalten, denn „wie jede Art der Verzeitlichung gewisser Raumnahmen bedarf, so konstituiert sich Räumliches in der Zeit.“[10] Unter anderem im Dialog mit philosophischen und physikalischen Theorien lassen sich die Räumlichkeiten und Zeitlichkeiten in MAGNOLIA, SOLARIS und 21 GRAMS als Abschied von objektiven Raum-Zeit-Koordinaten präzisieren, so werden die jeweiligen Kapitel darlegen. Simplifiziert und allgemein gesprochen, können die Raum- und Zeitentwürfe im neueren Hollywoodfilm als Subjektivierungsstrategien auf den Punkt gebracht werden. Wie die Räume niemals mit realistischen, homogenen Handlungsräumen korrespondieren, wird Zeit niemals als eindimensional und linear fortschreitende verstanden.

An die narrativen Analysen der Filme mithilfe der Parameter Körperlichkeit, Räumlichkeit und Zeitlichkeit sollen sich resümierend kurze Überlegungen zu den Themen und Diskursen, welche die Filme gerade in dieser besonderen Ästhetik und Erzählweise eröffnen, anschließen. Die Filme selbst, ihre narrativen Strukturen, Figuren sowie deren Konstellationen, die Temporalität und Räumlichkeit, Kamera- und Farb-

[5] Newton 1963, S. 25.
[6] Vgl. Hawking 1989, S. 29 – 52 und S. 181 – 193 sowie Hawking 1993, S. 63 – 79.
[7] Vgl. Spreen 1999, S. 112.
[8] Deleuze 1994, S. 30.
[9] Ebd.
[10] Ott 2005, S. 153.

ästhetik, die Bilder und deren Verknüpfungen stellen, so meine abschließende These, Grundfragen des menschlichen Lebens, Fragen nach den „letzten Dingen“, Fragen des Religiösen – nach dem Sinn, der Sozialität und der Identität, dem Jenseitigen und der Liebe. Davon soll das Schlusskapitel handeln, das in einer Fokussierung eine Zusammenfassung bietet und den Vorschlag erprobt, ein „New New Hollywood“ inhaltlich und thematisch zu definieren; in dieser Argumentation lässt sich der Hollywoodfilm der Jahrtausendwende als Ausdruck einer Frage nach Religiosität und Transzendentalität lesen.

Die vorgestellte strukturelle Skizze der Studie impliziert bereits das zu wählende methodische Vorgehen, da die angestrebte Erkundung des Potentials gerade jener vom Klassischen differierenden Modi der Körperlichkeit, Räumlichkeit und Zeitlichkeit sowie deren ästhetischer und thematischer Verschränkungen nicht mit den Termini der Filmnarratologie erreicht werden kann. In der literaturwissenschaftlichen Forschung wurzelnd,[11] geht diese davon aus, „dass auch ein Film ‚eine Geschichte erzählt‘, [... so dass] es möglich und sogar sinnvoll [erscheint], [an diese Gattung] erzähltheoretische Begriffe und Methoden heranzutragen,“[12] wie etwa die Unterscheidung zwischen Erzählzeit und erzählter Zeit sowie zwischen Story / Fabula und Discourse / Syuzhet,[13] welche auch Bordwell vornimmt. Weil aber ein Film „in vielerlei Hinsicht kein ‚Gegenstand‘ [ist], der sich positivistisch, atomistisch oder objektiv in irgendwelche Einzelteile zerlegen lässt,“[14] und „die einzelnen ‚Merkmale‘, die sich isolieren lassen, ihrerseits zu vielschichtig und zu sehr ineinander verzahnt [sind], als dass sie sich geradlinig und bottom up zu immer größeren Einheiten aufaddieren“[15] ließen, so die Kritik aus den eigenen Reihen, scheint die methodische Relevanz des narratologischen Ansatzes für die Filmwissenschaft erheblich geschmälert. Eine produktive Untersuchung des neueren Hollywoodfilms muss sich gerade dessen besonderer Verzahnungsprozesse sowie dieser semantischen Potentiale bewusst werden, welche aus der Differenz zu herkömmlichen Modellen erwachsen.

Infolgedessen möchte ich mich in dieser Studie auf Konzepte wie Deleuze’ Theorie des Zeit-Bildes berufen. Während im Bewegungsbild der klassischen Phase Zeit nur in indirekter Repräsentation qua Montage und in Abhängigkeit von der Bewegung auftauche, bringe das Zeit-Bild in optisch-akustischen Situationen, die aus alltägli-

[11] Vgl. Schweinitz 1999, S. 86.

[12] Jahn 1995, S. 32.

[13] Vgl. Jahn 1995, S. 32/33.

[14] Jahn 1995, S. 47/48.

[15] Jahn 1995, S. 48.

chen Gesten erwachsen und der Figur den Status eines Zuschauers verleihen,[16] die Zeit selbst unmittelbar zur Erscheinung. Damit gehe ein Bedeutungswandel der Relation zwischen Montage und Einstellung einher, deren Konvergenz die Einstellung weit über das durch Schauspiel, Dekor und Bewegung determinierte Aktionsbild, die Montage weit über die indirekte Repräsentation der Zeit hinausführe, „so dass beide in einem direkten Zeit-Bild zusammenkommen, wobei die Einstellung die Form oder vielmehr die Kraft der Zeit im Bild und die Montage die Beziehungen der Zeit oder der Kräfte in der Sukzession der Bilder bestimmt."[17]

[16] Vgl. Deleuze 1997b, S. 11 – 26.
[17] Deleuze 1997b, S. 62/63. Vgl. Deleuze 1997b, S. 53 – 63 und Kappelhoff 1998, S. 109 – 111.

1 Die Frage nach einem „New New Hollywood"

Kausalität und Transparenz zählen zu den Säulen Hollywoods klassischer Narration seit deren Konsolidierung in den zehner Jahren des zwanzigsten Jahrhunderts. Dem Zweck der umfassenden Verständlichkeit diene gleichfalls, so Bordwell und Kristin Thompson, die hollywoodsche Ästhetik der Klarheit: Räume werden analog zur Alltagswahrnehmung der Zuschauer erschlossen, die Montage verknüpfe die Bilder nach erzähllogischen Prinzipien der Kontinuität und die Beleuchtung akzentuiere Figuren und Objekte gemäß einer narrativen Emphase.[18]

Da gegen Ende der dreißiger Jahre in den Produktionen Hollywoods dank deren elaborierter Genreanwendung sowie dank der Präzision der Fotografie, des Tons und einer dramatisch-analytischen Montage, verwirklicht beispielsweise im Schuss-Gegenschuss-Prinzip, „eine Kunst ihr vollkommenes Gleichgewicht, ihre ideale Ausdrucksform gefunden"[19] habe, lasse sich nach André Bazin mit vollem Recht von einer klassischen Epoche sprechen, die jedoch bereits wenige Jahre später infrage gestellt werden solle. Die Technik der Tiefenschärfe, die freilich noch immer der Montage bedürfe, leite eine neue Phase in der Entwicklung der Filmsprache ein, eine potentiell realistischere, potentiell mehrdeutige.[20] Womöglich eine postklassische, könnte Peter Kramer hinzufügen, der in der bazinschen Analyse des „Über-Western"[21] der vierziger Jahre Züge dessen erkennt, was, trotz der wissenschaftlichen Ambiguität bezüglich des Terminus der Postklassik,[22] zumeist als Charakteristikum eines nachklassischen Hollywoodfilms gilt: die Koexistenz widersprüchlicher, das Kontinuitätssystem zum Teil brechender ästhetischer Strategien, die ein flexibleres, durchlässiges Kino schaffen.[23]

---

[18] Vgl. Bordwell 1988, S. 156 – 156 und Thompson 1999, S. 1 – 49.

[19] Bazin 2004, S. 97.

[20] Vgl. Bazin 2004, S. 90 – 109.

[21] Bazin 2004, S. 268. Im französischen Original spricht Bazin vom „*sur-western*".

[22] Die definitorische Unbestimmtheit der Epochenbezeichnung wird evident, wenn der „postklassische Hollywoodfilm" mal als „Moderne Hollywoods" (Distelmeyer 2002, S. 68) in Gestalt des New Hollywood, mal als High-Concept-Kino ab den späten siebziger Jahren und mal als der postmoderne (Action-) Film der achtziger und neunziger Jahre präzisiert wird. Zumeist gehen die Ansätze von einer Simultaneität der Kontinuität und Diskontinuität aus, etwa wenn Thomas Elsaesser „die *Ausnahmen* des Klassischen zur *Regel* des Postklassischen erhoben" (Elsaesser 1998, S. 91/92) sieht (vgl. Distelmeyer 2002, S. 64 – 69 sowie Elsaesser 1998, S. 81 – 104). Die vorliegenden Ausführungen leisten keinen Beitrag zur Diskussion des Begriffs der „Postklassik", sondern intendieren, das Bewusstsein für die narrativen Brüche in der Geschichte Hollywoods zu forcieren.

[23] Vgl. Bazin 2004, S. 267 – 273 und Kramer 1998, S. 290/291.

In einem Gutteil der Theorieansätze erweist sich erst der Kollaps des Studiosystems als verantwortlich für die Brüche mit jener als klassisch definierten Erzählweise, deren de facto existente heterogene Aspekte einer univoken Definition durchweg entgehen. Parallel zu Linien der Kontinuität durchziehen Momente der Diskontinuität und des Wandels die Geschichte der Hollywoodnarration, sei es in der narrativen Krise der Nachkriegszeit oder den narrativen, stilistischen und thematischen Innovationen New Hollywoods ab 1967, sei es in dessen zweiter Phase nach 1975, jener der Blockbuster und des Neoklassizismus, oder einer postmodernen Narration der Fragmentierung in den achtziger und neunziger Jahren.[24] Zu Ende letzteren Jahrzehntes positioniere sich als neue Strömung ein sogenanntes „New New Hollywood", welches, so ein gemeinsamer Nenner der Definitionsbemühungen, disparate Hollywoodregisseure vereine, „die einer Filmtradition entstammen, die man im weitesten Sinne als ‚independent' beschreiben könnte."[25] Findet das Paradoxon eines unabhängigen Hollywoods in den neunziger Jahren durch Kunstfilm-Abteilungen der Hollywoodstudios Nahrung,[26] gelingt eine Lösung der inhärenten Widersprüchlichkeit erst, wenn man die Unabhängigkeit „im weitesten Sinne"[27] nicht ökonomisch, sondern ästhetisch als bestimmte Formen des „Stil[s] und Inhalt[s] [...], die sich vom klassischen Hollywood unterscheiden,"[28] begreift.

Obgleich Bordwell im Spannungsfeld zwischen Kontinuität und Diskontinuität zugunsten ersterer argumentiert, registriert er durchaus Modifikationen und Transformationen im Hollywoodfilm der Jahrtausendwende, dessen „neuer Stil"[29] sich vornehmlich als Revision und Intensivierung bereits in der klassischen Ära etablierter Prinzipien realisiere, eine Fortführung des Bekannten bis an die Grenzen des Extremen. Die gesteigerte Anzahl an Großaufnahmen bedinge eine im Vergleich zum klassischen Hollywood beschleunigte Montage, welche den Schnitt mitten in die Kame-

---

[24] Vgl. Kramer 1998, S. 291 – 307.

[25] Busche 2007, S. 27. Bestimmungen des „New New Hollywood" als die zweite Phase des „New Hollywood", welche im Blockbuster-Konzept wurzle (vgl. Elsaesser 2000, S. 187), sowie als Kino der intensivierten Digitaleffekte (vgl. Cook 2004, S. 899 – 905) bleiben im hier skizzierten Verständnis eines „New New Hollywood" ausgeklammert und für die vorliegende Studie nur insofern relevant, als sie die Unbestimmtheit des Begriffs und die Unmöglichkeit definiter Zuschreibungen belegen.

[26] Vgl. Bordwell 2006, S. 17/18 und Everschor 2004, S. 10. So wurden 21 GRAMS von Focus Features, einer „Arthouse"-Abteilung der Universal Studios, und MAGNOLIA von New Line Cinema, Teil des Time Warner-Konzerns, vertrieben.

[27] Busche 2007, S. 27.

[28] Everschor 2004, S. 10.

[29] Bordwell 2006, S. 121. Übersetzung AP.

rabewegung, die Verweigerung des Establishing Shots oder die Ellipse nicht scheue; stark ausgedehnte Fahrten der (Hand-) Kamera wissen nun extreme Linsenlängen für sich zu nutzen.[30] Angesichts „paradoxer Zeitschemata, [...] abweichender und ausschweifender Handlungsstränge, rückwärts und zirkulär erzählter Geschichten sowie Ensembleerzählungen“[31] manifestiere sich in den neunziger Jahren eine Phase narrativer Experimente, welche jedoch aufgrund klassischer Antezessoren keine genuine Originalität für sich reklamieren könne. Den Kern der neuen, von sekundären klassischen Traditionen inspirierten Narration konstituieren verschachtelte Zeitebenen, Formen der Subjektivität sowie Figurenmultiplikationen in Netzwerken der von Störungen und Problemen geplagten Antihelden.[32]

Die Validität Bordwells Formeln scheint sich zu bestätigen, wenn Rezensenten beinahe unisono von MAGNOLIAs „atemberaubende[n] Plansequenzen“[33] und der „hyperaktive[n] Kamera“[34] schwärmen, eine „Zeit für Großaufnahmen“[35] sowie die „Ekstase der Parallelmontage“[36] konstatieren, wenn die Narration in SOLARIS als Bruch mit Genretraditionen der Science Fiction,[37] als „Gedankenwelt [... des Protagonisten] in ihrer reinen Subjektivität,“[38] schließlich als diskontinuierlich und fragmentarisch[39] expliziert wird, wenn Kritiker und Rezipienten des Films 21 GRAMS „das Kontinuum der Zeit im Teilchenbeschleuniger durcheinander [gewirbelt]“[40] sehen und aufgrund „zeitliche[r] und räumliche[r] Chaotisierung,“[41] „ständige[r] Montagebrüche“[42] sowie einer „authentisch nonlinearen Form“[43] in einen Zustand der Verunsicherung versetzt werden. Geradezu lehrbuchhaft fügen sich alle drei Filme in Charles Ramírez Bergs Taxonomie der gegenwärtigen Hollywoodnarration ein, denn unschwer und unbestritten lässt sich MAGNOLIA als Ensemblefilm mit räumlicher Konzentration,[44] SOLARIS als Bruch mit den klassischen Regeln der Subjektivität wie

---

[30] Vgl. Bordwell 2006, S. 117 – 138.
[31] Bordwell 2006, S. 73. Übersetzung AP.
[32] Vgl. Bordwell 2006, S. 72 – 103.
[33] Lederle 2000, S. 27.
[34] Rodek 2000 in *Die Welt.*
35 Koppold 2000 in der *Stuttgarter Zeitung.*
[36] Jones 2000, S. 38. Übersetzung AP.
[37] Vgl. Horst 2003, S. 23.
[38] Rogall 2003, S. 217.
[39] Vgl. Romney 2003, S. 16.
[40] Sterneborg 2004, S. 35.
[41] Thiele 2006, S. 100.
[42] Thiele 2006, S. 106.
[43] Hahn 2005, S. 54. Übersetzung AP.
[44] Ramírez Berg spricht vom „Polyphonic or Ensemble Plot multiple protagonists, single location“

der Kausalität[45] und 21 GRAMS als nonlineare Ensemblenarration mit räumlich und zeitlich präzise definierter Kreuzung der Handlungsstränge[46] klassifizieren. Jedoch scheint Ramírez Bergs beinahe bornierte Aufzählung über ein bloßes Eröffnung von Schubladen, die analytisch nicht gefüllt werden, niemals hinauszugehen, so dass angezweifelt werden muss, ob derlei Katalogisierungen, von ihm selbst mit der Aura des Pionierhaften versehen, den Filmen und ihrer besonderen Narration sowie dem Anspruch einer wissenschaftlichen, fundierten Analyse tatsächlich gerecht werden. Fest steht, dass mit formelhaften, reduzierten Begrifflichkeiten – ob Ramírez Bergs „Nonlinearität“ oder Bordwells „beschleunigte Montage“ –, welche die Phänomene an ihrer Oberfläche stimmig beschreiben, ohne aber deren bedeutungsproduzierende Funktionen und tiefer liegende Implikationen zu reflektieren, wenig gewonnen ist, denn es gelingt weder Ramírez Bergs Definitionen ex negativo noch Bordwells konstanter Zuschneidung jeglicher narrativer und ästhetischer Devianz auf die Normen des klassischen Erzählkinos,[47] das Wesen dieser Filme, das Neue ihrer Narration sowie das Außergewöhnliche ihrer spezifischen Verknüpfung von Narration, Stil und Thema in der notwendigen Komplexität, Präzision und Interdependenz zu erfassen. Je öfter Bordwell die variierte Klassizität eines „New New Hollywood“ beschwört, desto stärker dehnt er die Definition der klassischen Erzählweise bis zur totalen Inklusivität und wissenschaftlichen Ineffizienz[48] und nivelliert die Differenzen und Akzentverschiebungen innerhalb des Korpus der gegenwärtigen hollywoodschen Filmemacher.

Es mag sich durchaus um solide begründete Erkenntnisse handeln, dass 21 GRAMS, ausgehend von anfänglicher Fragmentierung, einem Prinzip der relativen Linearisierung gehorcht,[49] MAGNOLIA gemäß seiner Kapiteleinteilung einer traditionellen drei-

---

(Ramírez Berg 2006, S. 14).

[45] „Plots that Deviate from Classical Rules of Subjectivity, Causality, and Self-Referential Narration“, in Ramírez Bergs Worten (vgl. Ramírez Berg 2006, S. 44).

[46] Gemäß Ramírez Bergs Klassifikation hat 21 GRAMS sowohl am „Hub and Spoke Plot – multiple characters' story lines intersect decisively at one time and place“ als auch am „Jumbled Plot – scrambled sequence of events motivated artistically, by filmmaker's prerogative“ teil (vgl. Ramírez Berg 2006, S. 39 – 41).

[47] Dieser These gehorcht seine gesamte Argumentation in *The Way Hollywood Tells It*: „Some novel strategies of plot and style have risen to prominence. Behind these strategies, however, stand principles that are firmly rooted in the history of studio moviemaking.“ (Bordwell 2006, S. 1)

[48] Elizabeth Cowie bringt dies metaphorisch auf den Punkt: „ The church is so broad that heresy is impossible.” (Cowie 1998, S. 178)

[49] Vgl. Bordwell 2006, S. 102.

aktigen Struktur mit Pro- und Epilog entspricht[50] und SOLARIS' Rückblenden als subjektiv motivierte jenen der klassischen Epoche nahe stehen.[51] Jedoch bergen derartige Analysen die Gefahr, ein vorhandenes, prototypisches und fixes Muster – die Schablone „klassisches Hollywood" – in einem induktiven Verfahren, das Singularitäten und Partikularitäten allzu leicht übersieht, einem gänzlich neuen, dem alten nur auf den ersten Blick ähnelnden Material überzustülpen, so dass sämtliche über die Schablone hinausgehenden und in deren Leerstellen angesiedelten Bereiche komplett missachtet werden; dadurch werden die Filme aber um ein Wesentliches reduziert. Jenseits eines schablonenhaften Modells der klassischen Erzählweise, so die These dieser Studie, liegt das Herzstück des Hollywoodfilms der Jahrtausendwende.

Wie bereits angedeutet, lässt sich dieses „Jenseits", das Neue des „New New Hollywood", womöglich nicht nur in der filmischen Form, der Narration und Ästhetik lokalisieren, sondern gleichermaßen in Inhalt und Thema. Indem die Filme, so Peter Hanson, Lösungen für das basale „Who am I, and where do I belong?"[52] suchen, häufig ohne eine eindeutige Antwort zu forcieren, könne der neuere Hollywoodfilm wesenhaft thematisch definiert werden. Die zur Debatte stehende filmische Strömung wird dabei ungleich weiter gefasst als im hier vertretenen Ansatz, denn Hanson zufolge setzen bereits 1989 dank Steven Soderberghs SEX, LIES, AND VIDEOTAPE (SEX, LÜGEN UND VIDEO, USA 1989, Regie Steven Soderbergh) die Geburtswehen eines sogenannten „Kinos der Generation X"[53] ein, welches – Hanson spannt eine von Bordwell divergierende Kontinuitätslinie auf – mit jenem des New Hollywood um 1967/69 die Emanzipation vom konventionellen Unterhaltungskino, damals vom Studiosystem, nun vom High-Concept-Film, teile: zur gegenwärtigen „Bewegung" werden Regisseure gezählt, „die sich auf ein Erzählkino berufen, das spätestens Anfang der Achtziger durch die ökonomische Umstrukturierung Hollywoods aus der Mode gekommen war."[54]

Erst im Jahr 1999 allerdings habe sich nach zehnjähriger Konsolidierungsphase der künstlerische Wandel in Hollywood wahrhaft vollzogen,[55] so dass die Generationenanalyse für eine Untersuchung der zwischen 1999 und 2003 entstandenen Filme eines „New New Hollywood", dessen Existenz Hansons Periodisierung impliziert, durch-

[50] Vgl. Bordwell 2006, S. 39 – 42.
[51] Vgl. Bordwell 1988, S. 162.
[52] Hanson 2002, S. 6.
[53] Vgl. Hanson 2002. Seine Studie ist *The cinema of generation X* betitelt.
[54] Busche 2007, S. 27. Vgl. Hanson 2002, S. 3 – 17.
[55] Vgl. Hanson 2002, S. 39.

aus Relevanz besitzen kann, zumal die Regisseure Soderbergh (Jahrgang 1963) und Anderson (Jahrgang 1970) per definitionem dem Kino einer zwischen 1961 und 1971 geborenen Generation angehören.[56] Entbehrt Alejandro González Iñárritu als Mexikaner dieser spezifisch US-amerikanischen generationalen Prägung, findet er, immerhin Soderberghs Altersgenosse, gemäß dem absolut inklusiven Konzept gleichfalls seinen Platz im Hollywood der „Generation X". Das Oeuvre der Filmemacher könne nach Hanson als Bearbeitung generationsspezifischer Fragestellungen und Probleme gelesen werden, wobei die filmische Narration und Ästhetik der thematischen Sinnsuche angepasst werde. Als Kinder der (nord-) amerikanischen Sechziger und Siebziger seit jeher geprägt vom Status quo ökonomischer, sozialer und politischer Ungewissheit sowie einem Gefühl der Entfremdung,[57] befassen sich Regisseure wie Soderbergh und Anderson in ihren Filmen mit Grundfragen menschlicher Existenz, deren Antworten unter anderem in (Ersatz-) Familie und Liebe gesucht werden.[58]

In diesem Sinne ähnelt Hansons Generationenargument, welches sich dito, obschon pragmatischer, bei Bordwell als generationaler Technikwandel unter dem Stichwort Fernseh- und Videosozialisation findet,[59] der vorgestellten, zu überprüfenden Hypothese, ein „New New Hollywood" stelle jene Fragen, die über die materielle menschliche Existenz hinausgehen und religiös bestimmte Grundthemen, beispielsweise Liebe, Familie und Tod, verhandeln. Nichtsdestoweniger konstituieren dergestalt Erkundungen nach Leben und Sozialität, so Hanson, nur eine der schillernden thematischen Facetten einer ambivalenten und vielfältigen Bewegung, deren definitorische Inklusivität den Terminus „Kino der Generation X" aufgrund mangelnder analytischer Trennschärfe zur Beliebigkeit zu verdammen droht. Hansons Schablone heißt „Identitätsfragen der Generation X" – und die inhaltlich-motivischen Akzente fast aller

---

[56] Hanson zieht die Grenzlinien der „Generation X" gemäß soziologischer Definitionen. Vgl. Hanson 2002, S. 5.

[57] Als Stichworte benennt Hanson beispielsweise Vietnam, Watergate, hohe Arbeitslosigkeits- und Scheidungsraten sowie Aids (vgl. Hanson 2002, S. 9 – 12): „All Gen Xers grew up in the aftermath of a beautiful but unrealized dream, and this sad fact informs their sensibility." (Hanson 2002, S. 12)

[58] Vgl. Hanson 2002, S. 7/8, S. 17 sowie S. 43 – 60.

[59] Vgl. Bordwell 2006, S. 74/75 und S. 147 – 157. Über den Einfluss der neuen Medien auf eine neue Generation äußert sich Bordwell folgendermaßen: „ The young audience was drenched in modern media, from cable TV to computers, and viewers knew the standard moves of mainstream storytelling. [...] In harmony with their audience, the rising generation of directors grasped the narrative possibilities afforded by the home-video revolution. Thanks to videocassettes, fans could study clever plotting at length, and a director could drop in details apparent only in repeat viewings and freeze-framing." (Bordwell 2006, S. 74)

zwischen 1989 und 2002 gedrehten Hollywoodfilme der jüngeren Regisseure scheinen das Interesse an scheinbar generationstypischen Themen wie Genderproblematik oder Sinnsuche in einer sinnlos erscheinenden Welt[60] schlicht zu bestätigen. Adäquat erfasst und wissenschaftlich beschrieben wird das Hollywood der Jahrtausendwende weder mit einem solch reduzierenden kulturwissenschaftlichen Ansatz noch mit Bordwells Kontinuitätsthese, eine befriedigende Definition des „New New Hollywood" der Jahre 1999 bis 2003 steht noch aus. Doch so vage, mannigfaltig und disparat der Begriff gefüllt sein mag, er steckt mittels der ihm inhärenten Diagnose ein ihm eigenes Terrain ab, welches im Rahmen der folgenden Kapitel weitere Präzision und Klarheit zu erlangen verdient.

Was bislang als ein „Jenseits" der klassischen Hollywoodnorm zu greifen versucht wurde, erweckt, allerdings nur prima facie, gewisse Assoziationen an Thompsons Konzept des filmischen Exzesses. Damit sind filmästhetische oder dramaturgische Verfahren benannt, deren Einsatz über den inhaltlichen und erzählerischen Funktionalismus der klassischen Narration hinausgeht.[61] Elemente stilistisch-formaler Hervorhebung ohne narrative Funktion attestieren in der Tat einige Journalisten den hier zu untersuchenden Filmen: „Geweint wird, während der Regen fällt,"[62] exemplifiziert ein Rezensent spitz den seiner Ansicht nach exzessiven Seifenopernmodus MAGNOLIAS, die besondere Temporalität in 21 GRAMS wird als „modische[r] Gimmick, [... als] Taschenspielertrick, der inhaltliche Schwächen übertüncht,"[63] verurteilt und in SOLARIS die angeblich hohle Inszenierung George Clooneys „fotogenen, [...] funkelnden Schweißes"[64] aufs Schärfste getadelt. Gemessen an den Normen der erzählökonomischen, „realistischen" Narration des klassischen Hollywoodkinos, lassen sich derlei Urteile, freilich ohne ihre pejorativen Konnotationen, zumindest in Teilen bestätigen.

Wesen und Kern der Filme erschließen sich jedoch erst, wenn man erkennt, dass die Rede vom Exzess und von der klassischen Erzählweise der Reflektion einer gänzlich anderen Dimension des kinematografischen Bildes weichen muss, die sich in der ästhetischen Wahrnehmung des Zuschauers erschließt und in der „an die Stelle der [objektiven] Erzählung eine lyrische Bildform getreten [ist], die unmittelbar ein Ich-

[60] Vgl. Hanson 2002, S. 1/2.
[61] Vgl. Thompson 1988, S. 259 – 262.
[62] Koppold 2000 in der *Stuttgarter Zeitung*.
[63] Sterneborg 2004, S. 35.
[64] Rosenbaum 2003 im *Chicago Reader*. Übersetzung AP.

Empfinden artikuliert."[65] Im Modell des „Mindscreen" nach Christine Noll Brinckmann realisiert sich das unmittelbare Ich-Empfinden, dieser Ausdruck eines gegenwärtigen Bewusstseins und einer inneren Realität, als „freie Fluktuation zwischen objektiven und subjektiven Passagen, in assoziativen Bildern und assoziativen Voice-Over-Texten, [... in welchen] die Grenzen der verschiedenen Realitäten [verwischen]."[66] Dies definiert Hermann Kappelhoff als „lyrisches Kino", dessen Bildlichkeit sich erst in der Zeit entfalte, die eine Zeit „des Sichtbar-Werdens eines empfindenden Ich,"[67] eine subjektive und verdichtete Zeit sei, eine Zeit der bildlichen Modulation, die sich für den Zuschauer als „ein Nach-Empfinden der Empfindungsbewegung der Figur"[68] darstelle.

Ein solches Modell der temporalen Dimension der Filmbilder, welches das Filmganze und die Zuschauerwahrnehmung in permanenter, fließender Wandlung begreift und eine narrative Analyse um neue Parameter erweitert, erweist sich möglicherweise, anders als das der klassischen Erzählweise und ihrer Überschreitung im Exzess, in der Lage, von MAGNOLIA, 21 GRAMS und SOLARIS, deren besonderen Räumlichkeiten und Zeitlichkeiten sowie ihren melodramatischen Implikationen angemessen zu sprechen. Im Folgenden wird zu prüfen sein, inwiefern der neuere Hollywoodfilm, jenes „New New Hollywood" der Jahrtausendwende, sich tatsächlich als ein durch und durch „lyrisches Kino" verstehen lässt.

[65] Kappelhoff 2004, S. 49.
[66] Brinckmann 1997, S. 112. Vgl. Brinckmann 1997, S. 111/112.
[67] Kappelhoff 2004, S. 50.
[68] Kappelhoff 2004, S. 170. Vgl. Kappelhoff 2004, S. 46 – 50 und S. 168 – 172.

2 Die Entwürfe des Körperlichen

2.1 Die Körper des Melodramas

> Die Situationen kommen einem so übertrieben nah, dass alle Urteilsfähigkeit abhanden kommt und einem nur noch die physische Reaktion bleibt; entweder heult man oder man kotzt.[69]

Es sind drastische Worte, in denen Frieda Grafe im Hinblick auf das Oeuvre Douglas Sirks die Wirkungen des filmischen Melodramas skizziert, die auf Aspekte der Ästhetik, der Stilisierung und Inszenierung, auf die Einstellungen, die „zu Postkarten,"[70] die Innenräume, die „zu Schaufensterinszenierungen"[71] und die Dinge, die „zu penetranten Symbolen"[72] gefrieren, zurückgeführt werden. Die hyperbolische Visualität des hollywoodschen Melodramas entstamme, so Grafe, der spezifischen Dramaturgie dessen Wegbereiters, des französischen Volkstheaters des späten achtzehnten Jahrhunderts, in welchem, „was auf der Bühne sich abspielte, [...] evident sein [musste], optisch packend, die Texte waren mehr Dreingabe, [...denn] das, was im Melodrama Gefühle inspiriert, kommt nicht aus einfühlsamer Psychologie – Effekte zählen,"[73] Effekte auch der extremen Physis und expressiven Körperlichkeit, deren Darstellung die physische Reaktion, die Grafe so eindringlich beschreibt, erst bedingt.

Die Körperlichkeit des kinematografischen Melodramas begründet Peter Brooks, darin Grafe folgend, mit dessen Wurzel im Theater der Französischen Revolution, die den Körper des Subjektes im Sinne verstärkter Selbstkontrolle, Autonomie und Disziplin neu bewertete, zumal in diesen Jahren stets „Körper auf dem Spiel [standen] und Rhetorik unmittelbar in am Körper ausgeübte Aktion übersetzt"[74] wurde, vorzugsweise qua Guillotine, welche ein abstraktes Urteil in eine Bestrafung am Leib verwandelte. Wenn 1793 infolge einer umfassenden Beseitigung der Monarchie samt ihrer Geschichte die exhumierten Körper der Könige Frankreichs in einem Massengrab verscharrt wurden und die Königin Marie Antoinette unter anderem des Verbrechens einer ausschweifenden Sexualität schuldig erklärt wurde, wird Brooks zufolge

---

[69] Grafe 2005, S. 89.
[70] Ebd.
[71] Ebd.
[72] Ebd.
[73] Grafe 2005, S. 84.
[74] Brooks 1994, S. 12. Übersetzung AP.

die der Revolution inhärente Körperlichkeit und Körpersprache evident. Der Kultur dieser Zeit empfahl sich das Bühnenmelodrama als das Genre eines „revolutionären Moralismus,“[75] einer so einfachen wie unmissverständlichen Moral, die vornehmlich über den Körper, diesen von Bedeutung erfüllten Leib, transportiert wurde; auch im Theater ließ sich die Macht der „bösen Souveräne“ dadurch brechen, dass ihre Körper zerstört und zerstückelt, der Vernichtung und dem Verschwinden anheim gegeben wurden, und anhand körperlicher Faktoren wusste das Publikum den Helden vom Schurken zu unterscheiden.

> Der gefesselte Körper, der seine Unschuld zu beteuern und sein Recht auf Freiheit durchzusetzen nicht fähig ist, wird zu einem bestimmenden Element des Melodramas, welches die Revolution überdauert, bis es tatsächlich das Genre wesenhaft mitzudefinieren scheint.[76]

Körperliche Symptome wie Muttermale und Narben garantieren im melodramatischen Finale das öffentliche Wiedererkennen einer tugendhaften Identität. Die physische Transformation vom entstellten Opfer zur belohnten Braut gehe dabei mit einer fortwährenden Expressionskraft des Körpers einher, welche den Indikator des sozialen Status übersteige, um das Innerste, das Psychische und Emotionale, zum Ausdruck zu bringen, das heißt „Bedeutungen, die anderenfalls nicht zur Darstellung gelangten, da sie in gewisser Weise der Unterdrückung und Verdrängung unterliegen.“[77] Weil das psychisch Unterdrückte physisch ausgedrückt werde, fungiere die Pantomime, ob auf der Bühne oder auf der Leinwand, ob im revolutionären Frankreich oder im Hollywood des zwanzigsten Jahrhunderts, niemals rein dekorativ, sondern im Gegenteil berge das Spiel der Gesten und Mienen eine Instanz der Bedeutsamkeit, die im Paradigma melodramatischer Darstellung auf die Innenwelt der Figuren verweise.[78]

Kaum hat Chris Kelvin in SOLARIS die erste Inkarnation seiner Frau Rheya ins All hinfort geschickt, ergreift eine körperliche Veränderung von ihm Besitz, die in der plötzlichen Akzentuierung der dunklen Augenringe, der tiefen Falten und der grauen Haare, in der inszenatorischen Betonung seiner schwitzenden Stirn und seines weinenden Auges einen inneren Zustandswandel beschreibt. Da „nur der Körper in diesen Momenten für die Seele sprechen kann,“[79] manifestiert sich das Gefühl der Trauer wesenhaft am Leib der Figur, eine narrative Ausdruckskraft des Körpers, die

[75] Brooks 1994, S. 16. Übersetzung AP.
[76] Brooks 1994, S. 18. Übersetzung AP.
[77] Brooks 1994, S. 19. Übersetzung AP.
[78] Vgl. Brooks 1994, S. 11 – 23.
[79] Brooks 1994, S. 20. Übersetzung AP.

gleichfalls die Filme 21 GRAMS und MAGNOLIA durchzieht. Grundsätzlich wird hier psychisches Leiden in physisches, in Transformationen der Körper und Gesichter, übersetzt, „wenn die Körper beinahe hysterisch reagieren, falls man unter Hysterie eine Form des leiblichen Einschreibens versteht, in welcher der unterdrückte Affekt sich am Körper darstellt."[80] Einzig und allein im expressiven Leib können Emotionen wahrhaftig zum Ausdruck kommen, dies suggeriert die Genese der melodramatischen Verkörperungsästhetik aus der Zeit der Französischen Revolution und aus deren volkstümlicher Theaterform, dem Melodrama.

MAGNOLIA, 21 GRAMS und SOLARIS greifen auf diese Modi melodramatischer Körperdarstellung zurück, ohne freilich generisch eindeutig der Gattung des Melodramas, wie sie in der filmwissenschaftlichen Forschungsliteratur seit den siebziger Jahren definiert wird, anzugehören. Die Entwürfe des Leiblichen in den drei Filmen werden im Folgenden dahingehend analysiert, inwieweit sie die bloße Expressivität der melodramatischen Körper überschreiten, um Funktionen der narrativen Sinnstiftung und der thematischen Fokussierung zu erfüllen.

[80] Brooks 1994, S. 21. Übersetzung AP.

2.2 Spielarten leiblicher Katharsis in MAGNOLIA

Gemäß der aristotelischen Diktion erzeugt die Tragödie durch „Nachahmung von Handelnden [...] Jammer und Schaudern [... und bewirkt] hierdurch eine Reinigung von derartigen Erregungszuständen."[81] Mit einem einzigen Satz stieß Aristoteles eine höchst sprunghafte, dissonante und plurale Diskussion an, die seit der Renaissance die philologischen Gemüter, doch nicht allein diese, erhitzt und deren primärer Streitpunkt sich an der treffenden Übersetzung der knappen, beinahe kryptischen Worte der ursprünglichen Katharsisdefinition entzündet. Die vielfältigen Bestimmungen des Begriffspaares „*eleos* und *phobos*" innerhalb der Rezeptionsgeschichte der aristotelischen *Poetik* (circa 335 v. Chr.), ob Gotthold Ephraim Lessings „Mitleid und Furcht" oder Manfred Fuhrmanns „Jammer und Schaudern", ankern zumeist nur vordergründig im Anspruch einer adäquaten Wiedergabe der basalen Intention des Aristoteles; vielmehr verweisen sie auf eigenständige Nuancierungen und Theoriebildungen der jeweiligen Autoren. Und doch lasse sich, so Werner Mittenzwei, bis zu einem gewissen Grad der aristotelische Ansatz durchaus rekonstruieren, welchem ein Potential innewohnt, das auch die Spielarten der Katharsis in MAGNOLIA zu charakterisieren vermag.

Aristoteles zufolge rufe die Tragödie *phobos* und *eleos*, jene Seelenzustände, die von dessen Lehrer Platon als Noxen gesunder Rationalität klassifiziert worden waren, hervor, bis die fortwährende Stimulation derlei Affekte alsdann eine Entladung, Läuterung und Reinigung von ebendiesen zur Folge habe, so dass die Tragödie die wahrnehmenden Subjekte wesenhaft von den als schmerzhaft und schädlich definierten Affekten erlöse. Die dem Bereich des Heilwesens entstammenden Termini wie die Opposition von „gesund" und „ungesund" belegen die Wurzel des Katharsisbegriffs im Instrumentarium des Medizinischen, in welchem Katharsis „die Austreibung, die Entladung eines krankhaften Stoffes"[82] bezeichnet, eine Lustration, Gesundung und Beruhigung, die sich dadurch vollziehe, dass ein pathologischer Zustand konstant, „bis zum Siedepunkt,"[83] erregt, intensiviert und gereizt werde. Das Verdienst, zur aristotelischen Katharsisauffassung im Sinne eines sowohl emotional-geistigen als auch konkret-körperlichen Elementarvorgangs des Individuums zurückzukehren, gebührt im neunzehnten Jahrhundert Jacob Bernay, dessen Rezeptionsdiskurs den Ex-

[81] Aristoteles 1994, S. 19 (*Poetik*, Kapitel 6). Übersetzung von Manfred Fuhrmann.
[82] Mittenzwei 2002, S. 247.
[83] Mittenzwei 2002, S. 249.

kurs über den „Tempel des Aesculap“[84] wählt. Ausgehend von der Idee der hippokratischen Zirkulation der Körpersäfte, deren Gleichgewicht durch regelmäßige Entleerungen und Ausscheidungen gewahrt werde, übersetzt Bernay Katharsis nicht, ausschließlich das Geistige implizierend, mit „Reinigung“, sondern, ans Medizinische angelehnt, als „Entladung“, worin ein Materialismus zum Ausdruck kommt, der, polemisch zugespitzt, die Katharsis als „seelisches Abführmittel“[85] bestimmt.[86] Weil „die *κάθαρσις* die physische Säuberung besagen [kann], dann im medizinischen Sinn die Entleerung, die Abführung von Säften,“[87] erscheint die Anwendung des Begriffs im Kontext einer Analyse MAGNOLIAs umso sinnfälliger, als Bilder des Wassers und der Flüssigkeiten den Film durchziehen – psychische Erlösung realisiert sich oftmals als physisches Sich-Lösen. Die figureneigenen Körperflüssigkeiten, die MAGNOLIA inszeniert und exponiert, erschöpfen sich keineswegs im Zweck des melodramatischen Dekors, sondern besitzen wesenhaft eine eigene narrative und dramaturgische Funktion, und zwar die der Katharsis, das heißt einer Erlösung der Figuren.

Der Terminus „Katharsis“ wird damit gerade nicht als die Kategorie einer Wirkungsästhetik verstanden, zu der sich Mittenzwei bekennt, indem er stets das Subjekt der ästhetischen Wahrnehmung zum Objekt der Reinigung und Entladung, zum Subjekt der körperlichen Reaktion erklärt. Vielmehr folgt das vorliegende Katharsisverständnis zunächst Johann Wolfgang Goethes Transfer der Katharsis in die Diegese hinein, in die fiktionalen Charaktere, weshalb Katharsis als die „Abrundung, welche eigentlich von allem Drama, ja sogar von allen poetischen Werken gefordert wird, [... als] eine Söhnung, eine Lösung [...] zum Abschluss“[88] definiert wird; statt des Zuschauers, der Wirkung und der Rezeption betreffe die „Entladung“ oder „Reinigung“ demzufolge die Figuren, die Dramaturgie und Narration.[89]

Um die spezifischen Modi einer figurenbezogenen, leiblich-seelischen Katharsis in MAGNOLIA zu entziffern, ist zunächst eine strukturelle Entschlüsselung der filmischen Narration von Nutzen, welche die Bedingungen, Notwendigkeiten und Voraussetzungen jener (Er-) „Lösung“ und „Reinigung“ freilegt. Die narrative Struktur des Films verwirklicht sich in einer dramaturgischen Dreigliederung, wobei der Kern der

---

[84] Bernay 1857 nach Mittenzwei 2002, S. 257.
[85] Mittenzwei 2002, S. 258.
[86] Vgl. Mittenzwei 2002, S. 245 – 250 und S. 256 – 258.
[87] Ricoeur 1971, S. 47.
[88] Goethe 1827 nach Mittenzwei 2002, S. 256.
[89] Vgl. Mittenzwei 2002, S. 255/256.

Erzählhandlung von einem Prolog sowie einem Epilog gerahmt wird. Im ersten Teil des Films, welchen der Zwischentitel „Teilweise bewölkt, Regenwahrscheinlichkeit 82%" im Verbund mit dem Bild eines von Wolken marmorierten Himmelstreifens einleitet, befindet sich der Großteil der Figuren in einem Stadium der Verdrängung des Vergangenen, sei es des vergangenen Schmerzes, sei es der vergangenen Schuld. Einst ließ ein Vater den Sohn und die sterbende Frau im Stich, missbrauchte ein Vater seine Tochter und betrogen Ehemänner ihre Frauen, betrog eine Frau ihren Mann. Wenn der Fernsehpatriarch Earl Partridge sich am Sterbebett nach dem entfremdeten Sohn und der längst verstorbenen Frau sehnt, blitzt hierin eine Reue auf, die in Ausprägungen divergierender Intensität die Sünder allmählich, noch nahezu sporadisch, zu quälen beginnt. So tritt Jimmy Gator, der krebskranke, altgediente Moderator der von Partridge produzierten Kinderquizshow, seiner Tochter Claudia mit der Intention des klärenden Gesprächs gegenüber; sein Fehlverhalten wahrhaft zu artikulieren, gelingt ihm jedoch keineswegs, zumal er nur vage und allzu vorsichtig den Kindesmissbrauch, der seine Tochter zum psychischen Wrack machte, zu beschreiben versteht: „Ich denke, sie glaubt, ich könnte sie belästigt haben," wird er seiner Frau Rose später gestehen. Wie Jimmy Gator zunächst jedwedes ausdrückliches Schuldbewusstsein missen lässt, weil er die Vergangenheit hinter die saubere Fassade verbannt hat, werden die Schmerzen der Kinder aufgrund der väterlichen Schuld ebenfalls verdrängt und maskiert. Claudia betäubt ihre seelischen Wunden in Drogenmissbrauch, lautstarker Musik sowie flüchtigen Männerbekanntschaften. Indem sie den Namen des Vaters leugnet und sich vor dem Polizisten Jim Kurring als Claudia Wilson vorstellt, modifiziert sie ihre Biografie genauso wie ihr Spiegelcharakter Jack Partridge, der den Auslöser des Schmerzes kurzerhand für tot erklärte und gar eine ganz neue Identität als selbsternannter Phalluspriester namens Frank T. J. Mackey annahm. Dessen Glaubensbekenntnis basiert auf der Verdrängung der Vergangenheit: „Am wenigsten nützt mir das, was hinter mir liegt,"[90] lehrt er den erfolglosen Verführern, die sein Seminar besuchen.

Im zweiten Teil des Films kommt es zu „leichten Schauern, Luftfeuchtigkeit 99%, Südostwind Stärke 3 bis 4". Weil die Figuren nun mit ihrer Vergangenheit konfrontiert werden, beginnen die Fassaden des Scheins zu bröckeln, nach deren Zerstörung alle die fundamentale Frage beantworten müssen, wie sie der aktuellen Situation des Schmerzes und der Schuld, des Leidens und der Sünde, entkommen können, um zur

[90] „Facing the past is an important way of not making progress," lautet eine Lektion seines Verführungskursus.

Erlösung zu gelangen. Linda Partridge, Earls zweite Frau, die einst einen alten Mann um des Geldes wegen heiratete und ihn jahrelang betrog, stellt sich nun, da er stirbt und sie ihn liebt, der Wahrheit, das heißt ihrer eigenen schuldigen Vergangenheit, so dass sie sich durch eine Änderung des Testamentes sowie den tabletteninduzierten Freitod zu bestrafen versucht. Während Linda stellvertretend Earls Pfleger Phil Parma um Verzeihung bittet und Earl in einem letzten dämmernden Bewusstsein tief bereut, seine geliebte erste Frau Lily, Jacks Mutter, betrogen und verlassen zu haben, wehrt sich der Sohn gegen jede Form der ehrlichen Konfrontation, etwa im Interview, und der Entschuldigung: „Ich werde mich nicht für meine Person entschuldigen," lautet ein Credo seiner Show, denn Frank T. J. Mackey, der lügende Misogyn, bittet nicht um Vergebung. Und Frank T. J. Mackey vergibt dem Vater nicht.

Es ist Jack Partridge, der sich entschließt, dem verlorenen Vater zu begegnen und letztlich zu verzeihen; Jack Partridge, jener Teenager, welcher einst die geliebte, vom Krebs gezeichnete Mutter in den Tod begleitete und den Schmerz ob der Abwesenheit des Vaters in Hass zu verwandeln suchte. Er ist es, der in MAGNOLIAS zweitem Teil beinahe regungslos hinter dem Steuer seines Autos sitzt, auf das, inmitten eines leeren, nächtlichen Parkplatzes, heftiger Regen prasselt. Vom Heck des Autos ausgehend, fährt die Kamera dessen Front entlang, nähert sich der regennassen, im Schein einer Straßenlaterne glitzernden Seitenscheibe und fängt in einem leichten Schwenk Jacks Profil ein, über dessen Wangen die Regentropfen wie Tränen zu rinnen scheinen. In der Tat realisiert sich seine Katharsis im physischen Modus einer Reinigung, Entleerung und „Abführung von Säften"[91] als unmittelbare Ausscheidung von Tränenflüssigkeit; weinend gelingt es Jack Partridge, Frank T. J. Mackeys Fassade der Verdrängung und Verleugnung zu durchbrechen und zu einem wahrhaftigen Selbst zu gelangen.

> Tränen stehen weithin in dem Ruf, Ausdruck besonderer Wahrhaftigkeit zu sein: Wer weint, der kann wirklich nicht anders und meint es daher ehrlich. Dies gilt vor allem für diejenigen Mitglieder einer Gesellschaft, denen ansonsten zum Bekennen ihrer Rührung und emotionalen Überwältigung enge Grenzen vorgegeben sind, also beispielsweise harten Männern. Gerade weil ihnen jede öffentliche Gefühlsdarstellung als Entblößung, ja Verletzung gilt, kann sie im akuten Fall umso wirksamer Authentizität bezeugen oder produzieren.[92]

Frank T. J. Mackey hält sich, den eigenen Inszenierungen Glauben schenkend, für einen „harten Mann", dem Weinen Blöße bedeutet. An Earls Sterbebett beschimpft er

[91] Ricoeur 1971, S. 47.
[92] Döring 2002, S. 2.

den Vater mit ebendiesen Worten diffamierter Männlichkeit, mit welchen dieser einst den jugendlichen Sohn verletzte, und kämpft, noch während die erste Träne dem Auge entspringt, darum, den Schmerz der Kindheit hinter die mackeysche Maske zu sperren. „Wegen dir werde ich nicht weinen," wiederholt der, der wieder zu Jack wird, während die Kamera, um den siechenden Earl frontal einzufangen, hinter Jacks Rücken springt und allein die akustische Spur sein Schluchzen, das heftige Atmen sowie die mit zitternder Stimme gesprochenen Hassbekundungen transportiert. Der Schnitt zurück auf die Frontalansicht Jacks enthüllt, wie die jahrzehntelang zurückgehaltenen Tränen und der niemals artikulierte, stets verdrängte Schmerz aus Jack ausbrechen und ihn in einem Strom der Tränen so überwältigen, dass er in einer Figur des Zusammenbruchs schließlich nach der Hand des Vaters greift, nach dem Halt, den er niemals hatte, aber stets ersehnte, und der ihn jetzt, im Meer der Tränen, vor dem Ertrinken retten soll.

Im Moment seines Todes wird Earl Partridge seinem Sohn wieder lebendig, der dem Vater in der fortwährenden Beschimpfung eine Form der Liebe zuteil werden lässt, die das Kind Jack einst als die einzige Art väterlicher Zuneigung kennengelernt hat. Wenn Jack Earl weinend anfleht, ihn nicht zum zweiten Mal zu verlassen, artikuliert sich hierin sein Akt der Verzeihung und Vergebung; Tränen lösen sich und lösen jedwede Maske, die sein Gesicht bedeckt hielt, auf. Weinend, in der „Entladung eines krankhaften Stoffes,"[93] nämlich des allzu lange aufgestauten Schmerzes, wird Jack erlöst und mag sich nun, „wie der medizinisch Purgierte, auf eine höchst angenehme Weise wohlig entleert und erleichtert [fühlen],"[94] zumal Vater und Sohn ein letzter Blick gegenseitiger Erkenntnis, Vergebung und Liebe geschenkt wird, bevor Earl versöhnt sterben und Frank T. J. Mackey nicht minder versöhnt ein neues, unverfälschtes Leben als Jack Partridge beginnen darf.

Die Katharsis, welche in MAGNOLIA seine psychische Erlösung ermöglicht, lässt sich wesenhaft als eine physische, leibliche definieren. Es sind Jacks Tränen, die kathartisch wirken und, indem sie seinen Handlungsstrang einer Apotheose zuführen, eine eigene, dramaturgisch bedeutsame Funktion besitzen: die Lösung des Dramas. Da Jacks Schmerz durch die unmittelbare Konfrontation mit dem Vater ins Maximale gesteigert und stetig intensiviert wird, kann gemäß dem aristotelischen Prinzip eine andere, völlig neue Dimension erreicht werden – die der Versöhnung, Läuterung und Lösung. Erst die gänzlich materielle Körperflüssigkeit gestattet Jack und Earl, wahr-

[93] Mittenzwei 2002, S. 247.
[94] Schadewaldt 1955 nach Mittenzwei 2002, S. 249.

haft gereinigt voneinander zu scheiden, erst das inszenatorisch exponierte Wasser, das aus Jacks Augen tritt, kann ihn von den Wunden und Verleugnungen der Vergangenheit wirklich säubern.

Die eminente narrative Bedeutung der spezifischen Körperflüssigkeit der Tränen wurzelt dabei in der höchst akzentuierten Inszenierung derselben. Anstatt sanft aus dem Augenwinkel zu fließen, springt Jacks erste Träne, ein Tropfen extremer Größe, mitten aus seinem linken Augapfel, hüpft geradezu aus den zwinkernden Lidern heraus und gleitet im hellen Lichtzentrum dieser ansonsten schwach beleuchteten Szene hinab, so dass die exponiert ausleuchtete Träne funkelt und blitzt, strahlt und glitzert, als sei seinem Auge ein Edelstein entsprungen. Das Weinen der Figur Jack Partridge wird zum Winden des Schauspielers Tom Cruise, dessen forcierte Körperlichkeit den Anker seiner Starpersona birgt, weil er die Zuschauer stets „verführt, genauer hinzusehen, auf seine weißen, unregelmäßigen Zähne, seine leicht schiefe Nase, seine Augenbrauen, in seine Augen,“[95] denen in MAGNOLIA glänzende Tränen entspringen, welche noch im Epilog, nach Earls Tod, Jacks Augen in einem glitzernden Schimmer umrahmen. Im Angesicht des sterbenden Vaters verwandelt sich die Oberfläche eines männlichen Körpers in die Spielfläche eines Ringens zwischen Innen und Außen, Liebe und Hass, Schmerz und Schuld – ein Kampf, der sich ganz und gar leiblich bald in verkrampften Händen, schielenden Augen und geschwollenen Adern, bald in geröteter Haut, zitternden Gliedmaßen und hechelndem Atem manifestiert.

Selbst wenn Jacks Körper im Gegenschuss auf Earl Partridge aus dem Zentrum der Lichtführung rückt, weckt seine Physis nichtsdestoweniger den Anschein höchster Präsenz, umso mehr als sie einen frappanten Kontrast zur starren Passivität des alten, sterbenden Körpers, dem kurz zuvor Morphium injiziert wurde, bildet. Noch in der Rückenansicht bebender Schultern schreibt sich dem Starkörper Cruise die Formel ein, „uns [...] seinen Körper [zu schenken].“[96] Eine gesteigerte Emphase Jacks Physis findet in MAGNOLIA jedoch keineswegs ausschließlich in jenen „‚spektakulären' Sequenzen, die mit der Handlung nichts oder wenig zu tun haben,“[97] statt, sondern im Gegenteil markiert der intensivste Grad cruisescher Körperlichkeit genau die Szene intensivster narrativer Verdichtung, schwerwiegendster Wendung und höchster Emotionalität. Wenn sich hier das Psychische im Physischen artikuliert, handelt es sich

---

[95] Rall 2002, S. 19.

[96] Ebd.

[97] Rall 2002, S. 19/20. Als Beispiele benennt Veronika Rall die in Cruises Filmografie auffällig häufigen Sport- sowie die selteneren Gesangsszenen (vgl. Rall 2002, S. 20).

aus narrativer Perspektive keineswegs um einen vorgeblich hyperbolischen „Exzess" des Melodramas, sondern im Augenblick der Klimax dienen Jacks Tränen, narrativ höchst bedeutsam und dramaturgisch sinnfällig, der Entladung wie Austreibung des verdrängten Schmerzes und bewirken hierin eine figurenbezogene Katharsis des Dramas, die Apotheose.

Wie in der Verwandlung des Frank T. J. Mackey in Jack Partridge vollzieht sich die seelische Erlösung auch im Falle Stanley Spectors als körperliches Sich-Lösen. Das aktuelle Wunderkind der gatorschen Quizshow emanzipiert sich im Akt des Urinlösens vom emotionalen Missbrauch durch den Vater und gelangt in der Verweigerung zur Erlösung, indem sein Nässen der Hose sowie die im Anschluss vorgetragenen Worte zum Abbruch der Sendung führen. Wenn er zum ersten Mal den Mund öffnet, um gerade nicht die allseits erwartete, glänzend korrekte Antwort kundzutun, sondern um das Spiel aus Frage und Antwort umzudrehen, Jimmy Gator mit einer prekären kindlichen Psyche zu konfrontieren und sich aus der fortwährenden Reduktion seiner Person, sei es auf den ökonomischen Tauschwert, sei es auf die puppenhafte, blecherne Wissensmaschine, zu befreien, erreicht er einen bislang unbekannten Punkt der Individualität. In der Ausscheidung einer körperlichen Flüssigkeit tritt Stanley in eine neue Qualität des eigenen Selbst ein, erst jetzt begreift er sich ganz und gar als Subjekt, durchschaut die konstante Instrumentalisierung durch äußere Kräfte und Manipulationen insbesondere seitens des Vaters und initiiert im Urinieren einen Prozess der Reinigung, welcher nur sekundär den Körper seiner biologischen Schadstoffe entledigt, primär jedoch seelische Gifte ausscheidet, so dass dem Nässen der Hose eine kathartische, reinigende und erlösende Wirkung im Sinne einer Selbstbestimmung und Menschwerdung zukommt. In MAGNOLIA, so belegen die Analysen Stanley Spectors und Jack Partridges Momente einer physischen Katharsis, ob via Urin oder via Tränen, wird ebendiese „Reinigung" der Figuren im originär aristotelischen Sinne als „ein seelisch-leiblicher Elementarvorgang"[98] verstanden.

Diese ursprüngliche, dem Medizinischen entlehnte Katharsiskonzeption des Aristoteles, „Sohn eines königlichen Leibarztes und selbst die ärztliche Kunst in seiner Jugend zeitweilig ausübend,"[99] begreift den Affekt, sei es „Mitleid" oder „Jammer", sei es „Furcht" oder „Schaudern", als einen pathologischen, schmerzhaften Überschuss der Psyche, der eliminiert werden müsse, wohingegen Lessing das Mitleid selbst zum höchsten Ziel der ästhetischen Erfahrung erklärt. „Der mitleidigste Mensch ist der

[98] Mittenzwei 2002, S. 248.
[99] Bernay 1857 nach Mittenzwei 2002, S. 257.

beste Mensch,“[100] formuliert er 1756. Bereits seine definitorische Übersetzung forciert die christliche, moralische Konnotation einer Katharsis, welche mittels positiv besetzter Affekte den tugendhaften Menschen zu formen helfe, indem das im Trauerspiel durch die Einfühlung mit dem Protagonisten erprobte Mitleid dem Zuschauer eine neuartige Gefühlsposition ermögliche, dank welcher er an der spezifischen bürgerlichen Gefühlskultur des achtzehnten Jahrhunderts, der die Tränen Ausweis moralischen Bewusstseins bedeuten, partizipieren könne.[101] Kappelhoff zufolge übersetze das Theater der Empfindsamkeit die Katharsis, „ein ästhetisches Paradigma, das so alt ist wie die abendländische Poetik, [...] in der Idee des mitleidvollen Weinens [...] in eine wirkungsästhetische Vorstellung.“[102] Genau diese nun schreibt sich in MAGNOLIA kraft der Figur des Phil Parma in die Diegese ein, wenn der breitschultrige, dickliche Krankenpfleger quasi lehrbuchartig vorführt, „wie man Steine zum Weinen bringt.“[103]

Um, so Earls eigene Worte, den „allerletzten Wunsch eines Mannes auf dem Sterbebett“, die Sehnsucht nach der Wiedervereinigung mit dem Sohn, zu erfüllen, engagiert sich Phil beharrlich für ebendiese Kontaktaufnahme, welche ihm beinahe gelingt, bis Linda die Telefonleitung zu Jack, der nach einigem Zögern und innerlichem Ringen ebenfalls auflegt, unterbricht. Wie das Wissensgefälle zugunsten des Zuschauers, welches sich in dieser Parallelmontage artikuliert, verweist auch der Modus des „Beinahe“ paradigmatisch auf das Genre des Melodramas, dessen verpasste Chancen und Figurationen des „Zu spät“ respektive des „Beinahe zu spät“ den Zuschauer ob der Irreversibilität der Zeit die eigene Ohnmacht spüren lassen, welche, so Steve Neale in Anlehnung an Franco Moretti, schließlich Tränen hervorrufe. Erkennt die Figur, was der Zuschauer längst weiß, begreift Jack ebendieses, dessen sich Phil schon lange bewusst zeigt – dass Versöhnung unerlässlich, Vergebung notwendig ist –, so mündet dies nach Neale in die Reaktion des Weinens, dessen Wahrscheinlichkeit mit steter Verzögerung der Agnition eine Steigerung erfährt; je rascher Earls Geist im Morphiumnebel hinwegdämmert und je intensiver die Wut aus Jack ausbricht, welche sich, beinahe zu spät, in Trauer und Liebe wandelt, desto mehr Tränen treten aus den Augen Phil Parmas, der als schweigender Beobachter der melodramatischen Szene zum Stellvertreter des gerührten Subjektes im dunklen Saal des Kinos

[100] Lessing 1756 nach Mittenzwei 2002, S. 252.
[101] Vgl. Mittenzwei 2002, S. 248 sowie S. 250 – 255.
[102] Kappelhoff 2004, S. 13.
[103] Elsaesser 1994, S. 94. Übersetzung AP.

wird. In den Tränen des Zuschauers, sei es jenes innerdiegetischen, sei es dessen der existentiellen Wirklichkeit, äußert sich der Schmerz aufgrund des „Beinahe zu spät“, der Wunsch nach einer Welt, in der die basale, da familiäre Wiedervereinigung wahrhaft möglich wird, sowie die Lust, die nicht erst der Wunscherfüllung, sondern bereits dem Akt des Wünschens selbst innewohnt.[104] „Das Weinen“, so resümiert Neale, „steht daher durchaus in Einklang mit den paradoxen Strukturen von Phantasie, Befriedigung und Lust, die das Melodram ausmachen, und ist vielleicht dessen wichtigstes Kennzeichen.“[105]

Das hollywoodsche Filmmelodrama analysiert Kappelhoff anhand dessen Genese aus dem Jahrhundert der Konstruktion einer bürgerlichen Seele sentimentalen Mitgefühls.[106] Nicht zufällig kommen denn Phils Tränen, sein Genuss der eigenen Rührung und Traurigkeit in MAGNOLIA ausgerechnet angesichts dieser Szene zum Ausdruck, die zu den fixen Grundpfeilern der bürgerlichen Gefühlskultur zählte, zu genau jenen „Szenen intimer, unbeobachteter Familiarität, wie sie die Genremalerei des achtzehnten Jahrhunderts schuf und die in den Tableaus vivants Diderots zu Urbildern des Schauspiels der Empfindsamkeit geworden sind;“[107] die Rede ist vom Bild der Familie am Sterbebett des Vaters, von der parabolischen Komposition des Abschiednehmens und der Versöhnung am Totenbett.[108]

Ebendiese bemüht sich Phil mit all seinen Kräften und Mitteln zu ermöglichen, weil er an die Wahrhaftigkeit melodramatischer Szenen und die Realität einer qua künstlicher Emotionen vermittelten Rührung glaubt. In dem Moment, als vor Phils glasigen Augen eine Szene sich zu entwickeln beginnt, die geradezu einem Familienmelodrama entstammen könnte – und für uns, die extradiegetischen Zuschauer, de facto entstammt –, bemüht er sich, seine Überzeugung, dass „es solche Szenen in Filmen gibt, weil sie wahr sind, weil sie tatsächlich geschehen,“[109] insofern in fruchtbare Tat zu verwandeln, als er alles daran setzt, dem Vater-Sohn-Melodrama ein glückliches Ende zu verleihen. „Das ist die Szene im Film, wo er den verlorenen Sohn findet,“ erklärt Phil dem Angestellten Frank T. J. Mackeys Telefonhotline, „das ist die Szene

---

[104] Vgl. Neale 1994, S. 148 – 154 sowie S. 157 – 165.
[105] Neale 1994, S. 164.
[106] Vgl. Kappelhoff 2004, S. 11 – 29.
[107] Kappelhoff 2004, S. 247/248.
[108] Vgl. Kappelhoff 2004, S. 247/248.
[109] „They have those scenes in movies, because they are true, they really happen,“ sagt Phil am Telefon.

im Film, wo Sie mir helfen.“[110] Zwischen hoffnungsvollem Eingreifen und passiver Rührseligkeit, insistenten Telefonaten und schweigender Betrachtung schwankend, sich bekennend zur Lust der artifiziell induzierten, doch authentisch erlebten Gefühle, beschreibt Phil Parma geradezu musterhaft das Paradigma des sentimentalen Genießens, welches Kappelhoff als das Genießen eines empfindsamen Zuschauers präzisiert, der „sich mitfühlend den dargestellten Figuren nähert [...], um sich im nachempfundenen Leiden in seiner eigenen Empfindungsfähigkeit zu genießen“[111] und um gleichzeitig die Lust des Subjektseins wie der Subjektauslöschung zu erfahren. Phils Permutationen der Aktivität und Passivität lassen sich im Modus der ästhetischen Erfahrung eines affektiven, sich selbst genießenden Subjektes auf den Punkt bringen:

> Tatsächlich erfüllt die Rührung im Kino das Paradox einer passiven Aktivität: Denn einerseits setzt sie voraus, dass der Rezipient von seinem Selbst- und Wirklichkeitsbewusstsein absieht, um sich einer Illusion zu ergeben (seine erste Aktivität besteht darin, die Augen vor der Realität – auch der Realität des ästhetischen Gegenstands – zu schließen); andererseits aber wird die Illusion zum Gegenstand einer Umwandlung des Bilds in eine faktische psychische Realität, die – im Idealfall – mit einem körperlichen Symptom einhergeht: den Tränen des Publikums.[112]

Phil Parma weint, weil er sich das „Sterbebett des Hausvaters“[113] als ein inneres Objekt aneignet, als einen „inneren Zustand,“ welcher ihn die eigenen Gefühlskräfte zu empfinden ermöglicht, so dass seine Tränen das „Schwinden der Differenz zwischen dem Objekt und dem Subjekt des Empfindens, zwischen dem Bild eines Empfindens und dem Empfinden dieses Bildes [bezeugen].“[114] Anstatt, ganz sprachmächtiges Subjekt, dem kinematografischen Bild als einem distanten Objekt gegenüberzutreten, erfahre der Zuschauer im Weinen eine Art und Weise des „Leib-Seins“, welche sich der sprachlichen Artikulation entziehe. Tränen markieren, so fasst Kappelhoff Helmuth Plessners phänomenologischen Ansatz zusammen, eine äußerst intensive Form leiblicher Überwältigung, der aber noch das Bewusstsein eines Souveränitätsverlustes zueigen sei, denn erst die doppelte Perspektive der Spannung von „Leib-Sein“ und „Körper-Haben“ charakterisiere den Menschen. Die Erfahrung einer Übermacht des Leibes verbinde sich mit der Gewissheit, einen objektiven Körper zu haben, von welchem der Geist reflexiv zu abstrahieren in der Lage sei. In der ästhetischen Wahr-

[110] „This is the scene in the movie where the guy is getting ahold of the long-lost son," so Phil weiter, „this is the scene in the movie where you help me out."
[111] Kappelhoff 2004, S. 13.
[112] Ebd.
[113] Mit dem Begriff „Hausvater“ beziehe ich mich auf Denis Diderots gleichnamiges Stück *Le Père de famille* aus dem Jahre 1758.
[114] Kappelhoff 2003, S. 2.

nehmung der Szene der Empfindsamkeit werde der Körper des Anderen zur Möglichkeit der genussvollen Erfahrung der eigenen Sensibilität, zumal die Übermacht des Leibes den Zuschauer, konträr zum Menschen der existenten sozialen Realität, niemals gänzlich und quälend erobere. Anders als das reale Leiden wandle sich das fiktional begründete, „weil der affizierende Gegenstand ein ästhetischer Gegenstand, weil er Theater ist,“[115] in einen Anlass des sentimentalen Genießens. Weinend nämlich sei der empfindsame Zuschauer nicht nur ein Leib, sondern habe gleichermaßen einen Körper, zu welchem er, die Ohnmacht des Geistes aufhebend, als ein „Ich“ in Distanz treten könne.[116]

Phil Parma jedoch ist, genau genommen, kein Zuschauer; als dessen Stellvertreter innerhalb der Fiktion vermittelt er zwischen Leinwand und Kinosaal. Freilich durchlebt er, ebenso wie die Zuschauer des Films MAGNOLIA, im Angesicht der Urszene des familiären Melodramas die ästhetische Erfahrung der Rührung und Traurigkeit, den sentimentalen Genuss. Indem er, im Bildraum links hinten positioniert, während sich vorne rechts das Schauspiel der Empfindsamkeit vollzieht, die Position des mitfühlenden Betrachters einnimmt, teilt er die Gegenwart des Leidens, darin dem Ich-Erzähler Dante Alighieris *Die Göttliche Komödie* (1321) nicht unähnlich, der den im Purgatorium büßenden Sündern mit mitleidsvollen Blicken und Worten, mit „verweinten Wangen“[117] und „frommem Sinn“[118] begegnet. „Wenn ihr etwas verlangt, was ich vermag, ihr edlen Geister, so sprecht,“[119] fordert Dante, durchaus analog zu Phil Parma, der Earls letzten Wunsch zu erfüllen sich bemüht, die Büßer auf, „bald da, bald dort mit freundlichem Gesicht Zusage gebend,“[120] zumal das Leiden „durch den bloßen Anschein im Beschauer wahrhaftige Beklemmung weckt.“[121] Direkt aus Phils Geist und Mund könnten die Worte stammen, in denen Dante seine Rührung beschreibt:

> Ich kann nicht glauben, dass noch heut auf Erden
> ein Mensch dem Mitleid sich verhärten könnte,
> wenn er mitansehn müsste, was ich sah.
> Als ich nahe genug herangetreten,
> um ihr Gehaben deutlich zu erkennen,

[115] Kappelhoff 2004, S. 101.
[116] Vgl. Kappelhoff 2004, S. 99 – 102.
[117] Alighieri 1961, S. 196 (Erster Gesang des Fegefeuers).
[118] Alighieri 1961, S. 215 (Fünfter Gesang des Fegefeuers).
[119] Ebd.
[120] Alighieri 1961, S. 218 (Sechster Gesang des Fegefeuers).
[121] Alighieri 1961, S. 242 (Zehnter Gesang des Fegefeuers).

trieb mir der Schmerz die Tränen in die Augen.[122]

Inmitten der wandelnden und leidenden Schatten besitzt Dante als einziger einen irdischen, einen faktischen Leib. Eine extreme körperliche Realität zeichnet gleichfalls Phil Parma aus, dem nämlich die eigene Empfindsamkeit gerade nicht „erst als ein Schauspiel der Empfindsamkeit [...] erfahrbar [wird], ohne dass ihn die Leidenschaft am eigenen Leib überwältigt."[123]

Tatsächlich erschüttert und übermannt das Leiden seinen Körper aufs Heftigste, dessen Inszenierung in ihrer Intensität derjenigen Jacks nahe steht, so dass die Figur des Phil in MAGNOLIA sich keineswegs auf das Rezeptionsparadigma des bürgerlichen, empfindsamen Zuschauers reduzieren lässt. Wenn Phil am Morgen nach der familiären Versöhnung und Earls Tod extrem stark von Tränen geschüttelt wird, kommt hierin ein empfindsames Individuum einer sozialen, existenten Wirklichkeit zum Ausdruck – „dieses nämlich leidet wie ein ‚Hund',"[124] der, so Plessner, „an Heimweh zugrunde [geht], aber das Weh hat nur Macht über ihn."[125] Kaum hat Phil den Anruf des Krankenhauses ob Lindas Rettung nach ihrem Suizidversuch an Jack weitergereicht, wendet er sich zum Bett, um Laken und Decken zu ordnen, bis er allzu bald fortzufahren nicht mehr in der Lage ist. Die Leinentücher aufrollend, nähert er sich der starren Kamera, so dass die amerikanische Einstellung fließend in eine Großaufnahme übergeht, die ein weinendes Gesicht offenbart. Auf seiner stark geröteten Wange glitzert eine Träne, eine andere rinnt den Mundwinkel hinab, bis sich zum ersten Mal akustisch ein Schluchzen artikuliert und das Gesicht jede bisherige Gefasstheit verliert, wenn Erschütterung und Beben es heimsuchen, schlussendlich die Szene in einer Larve des Leidens ausklingt: ein verzerrter Mund, aufeinander gepresste Lider, tiefgefurchte Falten, hervorquellende Adern. „Wenn sich ihm die Kehle zuschnürt und die Tränen kommen, lässt er sich innerlich los, es übermannt ihn, und er überlässt sich dem Prozess des Weinens."[126] Plessners Worte beschreiben präzise, wie Phil Parma ein „Leib ist", der im Weinen über-mächtig wird und sich eines Subjektes, das nicht vom Körper abstrahiert werden kann, be-mächtigt, um es zu überwältigen: „Das Weh hat nur Macht über ihn."[127]

Die narrative Funktion Earls gutherzigen Pflegers übersteigt somit eine Spiegelung

[122] Alighieri 1961, S. 254 (Dreizehnter Gesang des Fegefeuers).
[123] Kappelhoff 2004, S. 101.
[124] Ebd.
[125] Plessner 1967 nach Kappelhoff 2004, S. 99.
[126] Plessner 1961, S. 155.
[127] Plessner 1967 nach Kappelhoff 2004, S. 99. Vgl. dazu Kappelhoff 2004, S. 99 – 102.

des Prozesses der ästhetischen Wahrnehmung des Zuschauers, dem das „Weh“ doch „gegeben“ ist.[128] Dank seiner forcierten Leiblichkeit gelingt es Phil, die mitfühlende Emotionalität des Publikums, die in der Rezeption der melodramatischen Urszene gründet, weiter zu intensivieren. Wenn sich „in den Tränen des Publikum [...] eine affektive Beziehung auf einen Körper [bekundet], der nicht der eigene Körper ist und doch im gleichen Modus vorgestellt wird,“[129] so mag es sich bei dem Körper des Anderen in MAGNOLIA durchaus um Phils Körper, insbesondere sein Gesicht, handeln. Phil Parma ist kein Zuschauer, dem ein Eingriff ins dargestellte Geschehen prinzipiell verwehrt bleibt, sondern eine Figur der narrativen Konstruktion, eine Nebenfigur, der gleichwohl in MAGNOLIA eine Position außerordentlicher Dominanz und Präsenz zuteil wird.

Kaum hat Earl seinen „letzten Wunsch“ formuliert, fehlen Phil die Worte, weil jenes Leid, das sich in der Familie Partridge zu verbergen scheint, die sprachliche Artikulation weit übersteigt. Wenn er den Mund offen hält, als wollte er sprechen, seiner Stimme aber kein Laut entkommt, wird ein Leiden evident, welches der Pfleger erst allmählich und nur im körperlichen Manifest der Tränen vollkommen begreifen kann. Dass Phils Antlitz zum perfekten Ausdruck jener Empfindungen, die sich jedweder Versprachlichung entziehen, werden kann, liegt direkt in Philip Seymour Hoffmans Physiognomie begründet. Es ist dessen besondere faziale Geografie, welche den Schmerz im Absoluten erst auszudrücken sich imstande erweist, und zwar sowohl dank mimischer Ausdrucksbewegungen als auch dank des „Gesicht[es], das dahinter steckt:“[130]

> Dieses Grundgesicht kann man nicht machen. Man hat es von vornherein und immer dabei, unentrinnbar. Es wird von dem bewussten Ausdruck oft übertönt. Aber die Großaufnahme bringt es an den Tag. Nicht wie man dreinschaut, sondern wie man aussieht, entscheidet hier.[131]

Was Béla Balázs in diesen Worten beschreibt, trifft durchaus auf Hoffmans Gesichtstopografie zu, die freilich von den „Subtilitäten des Mienenspiels, [... den] Ausdrucksnuancen, die mit dem bloßen Auge nicht festzustellen sind und doch durchs Auge entscheidend auf uns wirken,“[132] moduliert wird. Wenn durch die Täler und Hügel dermaler Unebenheiten die Bäche der Tränen rinnen, Augenbrauen und Trä-

---

[128] Vgl. Plessner 1967 nach Kappelhoff 2004, S. 99.
[129] Kappelhoff 2004, S. 101.
[130] Balázs 2001, S. 19.
[131] Balázs 2001, S. 20.
[132] Ebd.

nensäcke, weichen Wellen gleich, sich bald aufeinander zu, bald voneinander weg bewegen und ein Beben oftmals die fleischigen Lippen in unspezifizierte Motion versetzt, entsteht ein Gesicht, das mit jeder Pore zu uns zu sprechen und ein „Je ne sais quoi"[133] des Unbewussten auszudrücken scheint – ein Gesicht der Rührung in Reinform, ein Gesicht absoluter Emotionalität, welches ebendiese beim Betrachter freizusetzen vermag, zumal „die Großaufnahme [...] die größte Nähe des Involviertseins, der Anteilnahme [erlaubt]."[134]

Die Mikrophysiognomie der balázschen Konzeption, die dem breiten hoffmanschen Gesicht eine affektive Dimension verleiht, wurzelt in der spezifischen filmischen Inszenierungsstrategie der Großaufnahme, welche das Antlitz gänzlich aus dem Raum, aus den undifferenzierten Formen sowie der Schwärze des Hintergrundes löst.[135] In MAGNOLIAS Einstellungen extremer Nähe befindet sich Phils Gesichts jenseits räumlicher Anker und zeitlicher Koordinaten, so dass sich, der deleuzschen Argumentation folgend, jedwede seiner Großaufnahmen als „absolute Veränderung, Mutation einer Bewegung, die aufhört, Ortsveränderung zu sein, um Ausdruck zu werden,"[136] definieren lässt. Der alltäglichen Funktionen des Gesichtes, der Zwecke der Individualisierung, der Sozialisierung und der Kommunikation entledigt, werde die Großaufnahme als Entität zum reinen Affekt,[137] wird Phils Großaufnahme zum Ausdruck der Empfindsamkeit, zum durch und durch präsentischen Ausdruck reiner Affektivität, welcher nach Kappelhoff ein „plötzliche[s] Sich-selbst-in-seinem-Empfinden-gegenwärtig-Sein"[138] des Zuschauers, das plötzliche Empfinden der eigenen Sensibilität bedingen könne.[139]

An genau diese Gegenwärtigkeit des Selbst, der eigenen Empfindsamkeit und der sinnlichen Reaktion knüpft Lessing in seiner Konzeption der Katharsis an:

> Das Mitleid geht mit der Aktivität des Nachempfindens einher, es ist aber nicht mit diesem identisch. Vielmehr bezeichnet es eine eigenständige affektive Aktivität des Zuschauers, eine Aktivität, deren Bewusstwerden gleichsam die wirkungsästhetische Kehrseite der dramatischen Apotheose darstellt. [...] Lessings Mitleid ist eine Modifikation des Psychischen des Zuschauers, eine reale Vertiefung, eine Auffaltung seiner Empfindungen, über die sich ihm ein affektives Verhältnis zu seiner eigenen Affektivität vermitteln soll.[140]

---

133 Koebner 2001, S. 185.
134 Koebner 2001, S. 190.
135 Vgl. Balázs 2001, S. 16 – 29 sowie Koebner 2001, S. 182 – 188.
136 Deleuze 1997a, S. 134.
137 Vgl. Deleuze 1997a, S. 134/135.
138 Kappelhoff 2004, S. 81.
139 Vgl. Kappelhoff 2004, S. 77 – 82.
140 Kappelhoff 2004, S. 80/81.

Tief dringt der Zuschauer in der ästhetischen Wahrnehmung MAGNOLIAs in den Raum seiner eigenen Innerlichkeit ein, wenn er die Gefühle der Figuren, ob diejenigen Jacks, Earls oder Phils, emotional nachvollzieht, um sodann das eigene Begehren zu empfinden. Trifft ihn jäh der kathartische Schrecken sinnlicher Selbstgegenwärtigkeit, jene „plötzliche Überraschung des Mitleides,“[141] so impliziert diese wirkungsästhetische Spielart der Katharsis einen Klimaxmoment des Dramas. Tatsächlich empfiehlt sich in MAGNOLIA stets die dramatische Apotheose, sei es die Versöhnung von Vater und Sohn am Sterbebett, sei es Stanley Spectors Emanzipation, als der Augenblick, in dem das empfindsame Zuschauer-Ich sich selbst sowie der eigenen Sensibilität begegnet.[142] Wenn MAGNOLIAs Publikum mit der Körperflüssigkeit der Tränen auf eine innerdiegetische „Reinigung“ reagiert, die sich als „Entladung“ von Körpersäften realisiert, verknüpft sich der dramaturgische Modus der Katharsis mit dem wirkungsästhetischen in einer essentiell physischen Konzeption derselben.
Jack Partridges analysierte „aussöhnende Abrundung,“[143] so das Diktum Goethes, vollzieht sich im dritten Teil des Films. In diesem wird nach den Schuldeingeständnissen und Konfrontationen des Mittelaktes allerorten Erlösung möglich. Leitet die Berichterstattung kalifornischen Regenwetters, nämlich des „nachlassenden Regens, über Nacht Wind“, auch diesen Teil MAGNOLIAs ein, wird darin die Motivik der Flüssigkeiten evident, welche den Film durchzieht und im Froschregen gipfelt. Die sich zuspitzenden Wetterverhältnisse, der stetig stärker prasselnde Regen, die Wettervorhersagen, die alle drei Teile als schriftliche Information einleiten, steuern ebenso wie die Ankündigung Dixons, des jungen Rappers, dass, „klappt es nicht mit Sonnenschein, der liebe Gott den Regen“[144] bringe, geradewegs auf den Kulminationspunkt des Filmes zu, den Moment der vom Himmel fallenden Frösche. Metaphern des Fallens bereiten schon im Prolog den Krötenfall vor, wenn die zum Tode Verurteilten durch die Falltür des Galgens fallen und Sydney Barringer vom Dach des Hochhauses fällt.
Wie in religiösen Vorstellungen das geografische Oben als transzendenter Himmel definiert und die postmortale Sündenvergeltung als ein Fallen in die Hölle erklärt wird, fällt ausgerechnet in dem Moment, als Jimmy Gator viele Jahrzehnte nach dem väterlichen Sündenfall den Revolver an die Schläfe setzt, ein dicker Frosch, dessen

141 Lessing 1756 nach Kappelhoff 2004, S. 81.
142 Vgl. dazu Kappelhoff 2004, S. 77 – 83.
143 Goethe 1827 nach Mittenzwei 2002, S. 256.
144 „When the sunshine don't work, the Good Lord bring the rain in,“ äußert sich Dixon gegenüber Jim Kurring.

Fall nach unten die rasante Kamerafahrt in einer Naheinstellung begleitet, durch die Fensterscheibe just über dem Todeskandidaten, der daraufhin zu Boden fällt. Der selbstbestimmte Suizid wird ihm untersagt, diesem Gefallenen, der nur indirekt sich des Missbrauchs der Tochter schuldig zu bekennen versteht, wenn er wenige Augenblicke, bevor er die Pistole abdrückt, angesichts Claudias Kinderfotografie Kopf und Schultern in einer Geste der Wendung ins Innere, der Erinnerung und Demut sinken lässt; auf brutale Art stirbt er entweder in dem Brand, der von den schmorenden Kabeln des Fernsehapparates, dessen Bildschirm Gators Schuss trifft, verursacht wird, oder im Regen der scharfkantigen Scherben der Fensterscheibe, die von oben, zusammen mit den Fröschen, direkt auf ihn fallen.

Jimmy Gator, da unfähig zu Reue und Schuldbewusstsein, den potentiellen Praktiken der Schuldaufhebung, wird als einziger Figur in MAGNOLIA die Erlösung verweigert. Diese vollzieht sich für alle übrigen Figuren, die zunächst tief in Schuld und Schmerz, die Geister der Vergangenheit und die Tauschhändel der Liebe verstrickt sind, im Regen der Frösche, der kathartisch wirkt, das heißt die Figuren von ihren inneren Konflikten zu befreien vermag.

Trotz wiederholter innerfilmischer Verweise auf die Bibelstelle Exodus 8,2,[145] exempli causa auf dem Pappschild eines Zuschauers der Quizshow, auf der Leuchtreklame an einer Bushaltestelle oder als Ziffern innerhalb von Uhrzeiten sowie diversen anderen Nummernfolgen, liegen Parallelen zum Text des Alten Testaments gleichwohl nicht in einer semiotischen Bedeutung des Froschregens im Sinne einer Strafe und Plage; im Elle Schemót, dem zweiten Buch des Pentateuch, fordert Jahwe über Moses als Mittler vom Pharao den Auszug der Israeliten und droht bei Nichterfüllung des Paktes, dass Frösche „heraufkommen und in dein Haus eindringen, in dein Schlafgemach, auf dein Bett [...] kommen [werden], in die Häuser deiner Diener und deines Volkes, in deine Backöfen und Backschüsseln" (Ex 7,28)[146] – analog zur Sintflut ein Strafakt des alttestamentarischen Gottes gegen die Sünder und Gottlosen. In MAGNOLIA aber mag höchstens der rein bildliche Gehalt der kinematografischen Kompositionen einer Imagination der Ereignisse im Ägypten einer fernen Zeit entsprechen. Wenn die Kamera hinab fährt ähnlich des göttlichen Zorns, sich zusammen

[145] „Aaron streckte seine Hand über die Gewässer Ägyptens aus. Da stiegen die Frösche herauf und bedeckten ganz Ägypten." (Ex 8,2)

[146] Der Wortlaut dieser sowie der weiteren zitierten Bibelstellen folgt der Einheitsübersetzung der katholischen Bischöfe Deutschlands, Österreichs, der Schweiz, des Bischofs von Luxemburg, von Lüttich und von Bozen-Brixen (Altes Testament und Neues Testament) sowie des Rates der Evangelischen Kirche in Deutschland (Neues Testament) aus dem Jahre 1979.

mit den Fröschen, die im Donnergrollen massenhaft vom Himmel fallen, obersichtig dem partridgeschen Swimmingpool nähert, wenn dieser, umgeben von nächtlich-dunkler Vegetation, dampft und dunstet, strahlt und leuchtet, hohe Fontänen, ähnlich grell leuchtenden Geysiren, ausstößt, werden Assoziationen an „die Flüsse, [...] die Nilarme und die Sümpfe" (Ex 8,1) des alttestamentarischen Ägyptens geweckt. Die biblische Erzählung der Sintflut, deren „Wasser an[schwoll] und immer mehr auf der Erde [stieg], [... bis] alle Wesen aus Fleisch [verendeten], die sich auf der Erde geregt hatten, Vögel, Vieh und sonstige Tiere, alles, wovon die Erde gewimmelt hatte, und auch alle Menschen" (Gen 7,18 – 21), wird in MAGNOLIA in apokalyptische Bilder von Autounfällen und verendenden, blutigen Fröschen auf Windschutzscheiben übersetzt.

Zweifelsohne stellt der Froschregen in MAGNOLIA ein Ereignis dar, das von beinahe allen Figuren als bedrohlich wahrgenommen wird. Und dennoch bestraft er nicht, peinigt er nicht. In der narrativen Struktur des Films besitzt er, ganz im Gegenteil, einen positiven Stellenwert als Wunder, welches sich ausschließlich für Jimmy Gator ins Negative kehrt. So wunderlich der Regen sein mag, so wunderbar entpuppt er sich bald, im anfänglichen Schrecken wird „ein krankhafter Zustand fortwährend erregt, [... so dass] sich der Durchbruch in eine andere Qualität, die der Beruhigung [vollzieht]"[147] – eine Katharsis findet statt, ein Wunder. Denn in MAGNOLIA „kommen", genau genommen, die Frösche nicht „herauf", wie es im Buch Exodus heißt, sie steigen nicht empor, sondern fallen gemäß der dem Film inhärenten Motivik vom Himmel herab, was an ein ganz anderes biblisches Ereignis erinnert: das Pfingstwunder, das Wunder des gütigen Gottes des Neuen Testaments. Ähnlich den „Zungen wie von Feuer, die sich verteilten" (Apg 2,3), begleitet von einem „Brausen vom Himmel [...], wie wenn ein heftiger Sturm daherfährt" (Apg 2,2), kommen Froschkörper auf die Figuren hinab und ermöglichen Erkenntnis im pfingstlichen Sinn: „Alle wurden mit dem Heiligen Geist erfüllt und begannen, in fremden Sprachen zu reden, wie es der Geist ihnen eingab." (Apg 2,4)

Tatsächlich befähigt ein allumfassendes Sprachverständnis und gegenseitiges Sich-Verstehen alle Protagonisten in MAGNOLIA zum gemeinsamen Singen eines musikalischen Rettungsappells, was nicht rational erklärt werden kann. Wenn Rose Gator ihrem Ehemann im klärenden Gespräch die Faktizität des sexuellen Missbrauches an Claudia endgültig vermittelt, nutzt sie die dem Pfingstwunder innewohnende Mög-

[147] Mittenzwei 2002, S. 247.

lichkeit, sich in gegenseitiger Kommunikation auszusprechen und das Vergangene zur Sprache zu bringen. Ein kognitives Potential des wundersamen Froschregens liegt sodann im neu gewonnenen Verständnis des eigenen Selbst und dessen Definition jenseits bisheriger Masken, weil alle Figuren begreifen, dass, neu und wahrhaftig anfangen zu können, Erlösung bedeutet: Earl Partridge und sein Sohn Jack versöhnen sich, während die Frösche aufs Flachdach trommeln; Linda Partridge überlebt dank der Reanimation im Krankenwagen, welcher durch von Fröschen gepflasterte Straßen schippert; vor Jim Kurrings Füße fällt nicht nur ein Strom der Kröten hernieder, sondern ex aequo die verlorene Pistole; Donnie Smith, dreißig Jahre zuvor der Sieger Gators Kinderquizshow, schöpft im blutverschmierten Lächeln neue Hoffnung auf eine Liebe jenseits jedweder Ökonomie, nachdem der Sturz im Froschregen samt des Verlusts der Zähne die Aussicht auf eine Zahnspange, mit der er die Liebe des Angebeteten kaufen zu können glaubte, annulliert hat; Rose schließlich eilt nach der Aufhebung Jimmys Amnesie zu Claudia und erfährt Erlösung, indem sie statt der Rolle der loyalen Ehefrau die der liebenden Mutter annimmt.

Ausgerechnet im schwarzen Fernsehbildschirm, während doch zuvor in jedem Innenraum mehrere eingeschaltete Fernsehgeräte der kinematografischen Komposition eine zusätzliche auditive wie visuelle Spur beifügten, bemerkt Claudia die sich darin spiegelnden, vor ihrem hohen Fenster hinab fallenden Frösche. Im Moment des Froschregens findet sie sich endlich vom Symbol des Vaters, dem eingeschalteten Fernsehapparat respektive der Quiz Show, das heißt vom Symbol des sexuellen Missbrauches, befreit wieder, so dass sie radikal auf sich selbst zurückgeworfen wird. Über den Anblick ihrer selbst als Spiegelbild im dunklen Bildschirm konstituiert Claudia erstmals das Bewusstsein eines individuellen Selbst und ein autonomes Ich, welches sich nicht über den Vater und dessen Tat definieren muss. Während des kathartischen Froschregens begegnet sich Claudia zum ersten Mal selbst als einer ganzheitlichen, eigen- und vollständigen Persönlichkeit analog zum Kleinkind im von Jacques Lacan definierten Spiegelstadium, welches man „als eine Identifikation verstehen [... kann], als eine beim Subjekt durch die Aufnahme eines Bildes ausgelöste Verwandlung.“[148] Durch den Blick in das eigene, authentische Gesicht wandelt sich Claudia zu einer selbstbewussten, vom Vater und dessen Missbrauch unabhängigen Person. Im kathartischen Akt eines quasipfingstlichen Wunders wird sie aus dem momentanen Stadium, in dem „ein lange zurückliegendes Ereignis dennoch fortwährend Gewalt über das Indi-

[148] Lacan 1975, S. 64.

viduum ausübt und nicht in Vergessenheit gerät,“[149] so beschreibt Mittenzwei den Ausgangspunkt Sigmund Freuds präpsychoanalytischer „kathartischer Methode,“[150] erlöst.

Verwandlung und Transformation sind Folgen des Froschregens, dessen spezifische Funktion im Prolog begründet ist, demonstrierte doch dort ein Erzählerkommentar die Rationalität des Zufalls: Jedes noch so absurd und irrational erscheinende Ereignis geschehe nicht zufällig, sondern besitze einen Sinn, dies suggerieren die einleitenden Episoden, welche sich um eine möglichst präzise Beweisführung, beispielsweise dank expliziter Hinweise auf Zeitungsberichterstattung, bemühen. Die ersten beiden kurzen Erzählungen werden zudem durch zeitgenössische Inszenierungsstrategien historisch verankert, denn, obgleich es paradox anmuten mag, dass die vorgebliche Wahrhaftigkeit kinematografischer Bilder letztlich mit ihrer faktischen Künstlichkeit begründet wird, besitzt eine filmische Episode einen umso realistischeren Anstrich, je stärker sie gemäß der Ästhetik ihrer erzählten Zeit in Szene gesetzt wird. So entsprechen die Repräsentationsmodi der im Jahre 1911 angesiedelten Geschichte der Räuber Joseph Green, Stanley Berry und Daniel Hill, die einen in Greenberry Hill wohnhaften Apotheker töten, der zeitgenössischen Stummfilmnorm. Eine kreisrunde Aufblende leitet die schwarzweißen Bilder ein, die im Standardformat des Stummfilms 1:1,33 aufgenommen wurden; im dreimaligen Zeigen des Exekutionsaktes als Attraktion in Nahaufnahme verbindet sich ein daiktischer Gestus mit einer nonlinearen Temporalität der Überraschung.[151]

MAGNOLIAS erste Prologepisode historisiert ihre Bilder und strebt wie die zweite Geschichte, die im Jahr 1983 einen hobbytauchenden Casinoangestellten und einen Feuerloschpiloten schicksalhaft vereinigt, nach Authentizität in der Artifizialität. Leuchtend bunte Farben und ein akustischer Eröffnungsjingle, der an die Musik der achtziger Jahre erinnert, verweisen auf die filmischen Inszenierungen jenes Jahrzehnts ebenso wie die Figur des Löschpiloten als solche – man denke an Steven Spielbergs ALWAYS (ALWAYS – DER FEUERENGEL VON MONTANA, USA 1989, Regie Steven Spielberg). Nach einer gut zwanzigjährigen Phase der Marginalität innerhalb der hollywoodschen Produktion gelangte das patriotische Genre des Fliegerfilms in Ronald Reagans achtziger Jahren zu neuer Popularität, wobei sich besonders ein Film mit der Blüte des Sujets verband – TOP GUN (TOP GUN – SIE FÜRCHTEN WEDER TOD NOCH

[149] Mittenzwei 2002, S. 260.
[150] Vgl. Mittenzwei 2002, S. 260/261.
[151] Vgl. Burch 1990, S. 220 – 227, Gunning 1996a, S. 25 – 34 sowie Gunning 1996b, S. 71 – 84.

TEUFEL, 1986, Regie Tony Scott), der dem jungen Cruise zum Star-Vehikel wurde.[152] Die cruisesche Brücke führt von TOP GUN zu MAGNOLIA, dessen zweite Prologepisode sich thematisch und ästhetisch mit jenem Film verknüpft. Vermittels der direkten (inhaltlichen und stilistischen) sowie indirekten (starbezogenen) Verankerung in der Zeit ihres angeblichen Geschehens gelingt es dieser absurden Erzählung, den fiktiven Beweis ihrer Faktizität zu erbringen.

Zu ebendiesem Zweck bedient sich die dritte Episode einer angeblich objektiven Beweisführung mithilfe von Standfotos, Wiederholungen sowie der Integration von Grafik und handschriftlichen Pfeilen, so dass die Intention des Prologs deutlich hervortritt: ein Ereignis, auch wenn es noch so zufällig, irrational oder absurd wirke, sei nicht nur plausibel und real, sondern immer auch sinnvoll. „Das ist nicht ‚einfach so passiert', das kann nicht ‚einer dieser Zufälle' sein," resümiert die Erzählerstimme, „das war kein purer Zufall. Solche eigenartigen Sachen passieren andauernd."[153] Der Froschregen über Los Angeles in MAGNOLIAS drittem Akt knüpft explizit an diese Worte des Prologs und die ihnen vorangegangenen Bilder an, denn auch er ist ein solches irrationales, eigenartiges und absurdes Ereignis, das trotz aller oberflächlichen Zufälligkeit einen tieferen Sinn besitzt, und zwar den der Erlösung und Katharsis der Figuren. „Dies ist etwas, das wirklich passiert," bekräftigt auch Stanley Spector, welcher, da bereits im zweiten Teil des Films durch das Lösen des Urins zur Erlösung gelangt, des Froschregens als Movens der Katharsis nicht bedarf. Faszinosum statt Bedrohung bedeuten ihm die Kröten, die in einer Komposition, in deren bildlichem Zentrum er am Tisch der Bibliothek sitzt, als in Zeitlupe hinabsegelnde Schatten an der Wand hinter ihm sichtbar werden. Die Einforderung einer besseren Behandlung durch den Vater, den diese Artikulation einer Souveränität des Sohnes in Verwirrung und Nachdenklichkeit stürzt, welche eine ruppige Antwort nicht völlig zu verdecken vermag, erreicht Stanley auch ohne die direkte Konfrontation mit den glitschigen Fröschen in all ihrer Materialität und Körperlichkeit, ihm genügen die Projektionen nach Art von Scherenschnitten.

Äußern sich die Spielarten der Katharsis in MAGNOLIA auf höchst mannigfache und disparate Art, eint der Modus der Leiblichkeit sie doch allesamt, sei es, dass es sich um auffällig inszenierte Körperflüssigkeiten der Figuren oder die Tränen des senti-

---

[152] Vgl. Paris 1995, S. 195 – 197.

[153] „This is not just ‚Something that happened'. This cannot be ‚One of those things...'. This, please, it cannot be that. [...] This Was Not Just A Matter Of Chance," fasst der Erzähler den Prolog zusammen.

mentalen Publikums, sei es, dass es sich um plastische Froschkörper mit glänzender, gescheckter Haut handelt, die in blutiger und schleimiger Materialität zerplatzen, um, auf dem Rücken liegend, im Heben und Senken der nassen Bauchdecke den Atem auszuhauchen. Stets realisiert sich in MAGNOLIA die Katharsis, die Reinigung, Erlösung und Entladung, als eine gänzlich physische.

2.3 Ein organischer Film – Körper und Identität in 21 GRAMS

Eigen- und Fremdbefragungen nach Identität und Selbst durchziehen die Dialoge des Films 21 GRAMS, musterhaft wenn Jack Jordan, nach einem Gefängnisaufenthalt zum glühenden Christen bekehrt, von seiner Frau Marianne nicht wiedererkannt wird, die gar in seinem früheren Ich sein wahres Wesen, jenes ihr vertraute und liebe, zu identifizieren meint. „Das warst wenigstens Du,"[154] gibt sie ihrer Überzeugung nach der verlorenen Authentizität seines Charakters Ausdruck. Dass Paul Rivers, der todkranke Mathematikprofessor, angesichts der veränderten Physis in Gestalt des frisch transplantierten Herzens auch die Psyche, sein seelisches Herz, hinterfragt[155] und Jack im Ausbrennen seiner Tätowierungen, demnach in einer körperlichen Transformation, zu einem anderen Menschen zu werden glaubt, erscheint bezeichnend, denn das Thema der Identität wird in 21 GRAMS essentiell über die Körper der Figuren verhandelt.

Im Mittelpunkt der Narration stehen die Figuren Jack, Paul sowie Cristina Peck, deren Zentralität im Verlauf des Films immer stärker akzentuiert wird, sind doch alle drei aus den bisherigen Bindungen sich zu lösen gezwungen: Cristina verliert ihren Ehemann Michael und ihre zwei Töchter in dem durch Jack verursachten Autounfall, der, um seine persönliche Schuld zu verarbeiten, Frau und Kinder verlässt, wohingegen Paul nolens volens von seiner Frau Mary verlassen wird, die hierin eine kühle Ehe und einen untreuen Mann hinter sich lässt. Eine forcierte Kristallisation der Dreierkonstellation wird durch die strukturelle Anordnung der Szenen in 21 GRAMS ermöglicht, welche, trotz des konstanten Wechsels der zeitlichen Ebenen, eine Chronologie zumindest bestimmter Handlungsstränge evident werden lässt. So finden sich vornehmlich nach der ärztlichen Todesnachricht an Cristina Formen der Parallelmontage, beispielsweise zwischen der Annäherung Pauls an Cristina in Nachtclub, Sportstudio sowie Restaurant und Jacks religiös-existentieller Verzweiflung im Gefängnis, die in einen Selbstmordversuch und in die Ablehnung seiner bisherigen Lebenskoordinaten, nämlich des Priesters und Mariannes, mündet. Mag die temporale Beziehung

[154] „Two years ago, you didn't believe in anything. Now everything has to do with God. I think I prefered you the way you were before," sagt Marianne Jordan, worauf Jack entgegnet: „I was a fucking pig before. Is that what you prefer?" „At least it was you. Now I don't have the slightest fucking idea who you are," klagt sie.

[155] Im Gespräch mit seiner Frau Mary drückt er dies so aus: „I want to know who I am now."

dieser beiden Stränge zueinander diffus bleiben, zeigt sich in zeitweiser Parallelität und Chronologie, freilich simultan zu disparaten Einsprengseln, das Prinzip des Films 21 GRAMS, die Handlungen zunehmend chronologisch zu verdichten und an einen gemeinsamen Endpunkt zu führen. Demzufolge werden die Nebenfiguren, konstitutiv für die vormaligen Beziehungen, mit Auflösung beziehungsweise Auslöschung derselben im Fortgang des Films bis zum Verschwinden reduziert – übrig bleiben Cristina, Paul und Jack, deren gemeinsamer Zielpunkt in einem schäbigen Motelzimmer seine konkrete räumliche Gestalt findet. Vermittels der Transformationen, Austauschprozesse und Korrelationen der Körper dieser drei Primärfiguren erzählt 21 GRAMS von Identität.

In den Expositionssequenzen lassen sich die differierenden, ständig wechselnden körperlichen Verfasstheiten Cristinas, Pauls und Jacks auf keinen gemeinsamen Nenner bringen. Die koksende, in einem schmutzig-warmen Licht aufgenommene, schwitzende, schwankende und zitternde Cristina mit dem aschfahlen Haar scheint nur wenig Ähnlichkeit mit der sportlichen Schwimmerin oder mit der sich in der Küche souverän bewegenden, Handgriffe des Kuchenbackens, der Kindererziehung und des Spiels routiniert kombinierenden blonden Hausfrau, der mittels Hinter- und Kantenlicht ein besonderes Strahlen zuteil wird, zu besitzen. Paul Rivers durchschreitet die ersten Minuten des Films mal als völlig entkräfteter und von vielerlei Beatmungs- und Infusionsschläuchen abhängiger Patient, mal mit frischem Teint und adretter Cordjacke an Cristinas Haustür klingelnd und mal vollbärtig, die glasigen Augen auf die schneeweißen Füße gerichtet, als wären sie kein Teil seines Körpers, sondern ein fremdes Objekt, ein Fremdkörper. Jacks Physis schließlich springt vom aggressiven Einsatz eines kräftigen Körpers gegen den bekehrungsunwilligen straffälligen Jugendlichen über die Körperverleugnung als Caddie qua langärmliger Kleidung und zurückgebundenem Haar bis zur Anonymisierung seines Körpers als Arbeiter mit kurzen Haaren und Vollbart, genauso staubig und dreckig wie sein Arbeitsplatz, eine Baustelle, „ein Niemand geworden, [...] beinahe unerkennbar.“[156]

Diskontinuierlich wandeln sich die Figurenkörper, welche jederzeit sich in ihr Gegenteil zu verkehren und in eine völlig neue Gestalt überzugehen vermögen, denn „nicht von einem statischen, ein für alle Mal fest gefügten Modell ist [...] auszugehen, sondern von einer somatischen Topographie, die sich beständig verändert und um-

[156] Hahn 2005, S. 57. Übersetzung AP.

baut."[157] Einen abgeschlossenen, endgültigen Körper gibt es in 21 GRAMS ebenso wenig wie eine abgeschlossene, fixe Identität, einen Leib ohne Bruch, Fragmentierung und multiple Identifikation so wenig wie ein kohärentes und einheitliches Selbst. Mag sich der Standpunkt des Films damit zeitgenössischen psychologischen Theorien annähern, die Subjektivität als einen dynamischen Prozess des ständigen Werdens begreifen,[158] reduziert sich der Film niemals auf Illustration oder Traktat, sondern eröffnet mithilfe der ihm eigenen Mittel gänzlich eigene und neue Diskurse. Die permanenten körperlichen Verwandlungen der drei zentralen Figuren werden in 21 GRAMS nicht ausschließlich zu Synonyma der prinzipiellen Unabschließbarkeit aller Konstruktionen des Ichs. Vielmehr implizieren Fluidität und Offenheit der Identitäten hier ex aequo eine gleichsam physische Offenheit des Selbst im Sinne einer Durchlässigkeit gegenüber anderen Körpern, das heißt einer direkten Einschreibung des Anderen in den eigenen Körper, in die eigene Identität. Im Folgenden wird dargelegt, wie der Film auf verschiedenen Ebenen ein Modell innerpsychischer Prozesse als intersubjektiver Austauschprozesse entwirft und in seiner besonderen Inszenierung von Körperlichkeit grundsätzliche Fragen nach dem Verhältnis von Sozialität und Individualität aufwirft.

Ausgehend von disparaten körperlichen Erscheinungsformen integrieren und assimilieren Cristina, Paul und Jack, analog zur beschriebenen anwachsenden Isolierung der Dreierkonstellation, die körperlichen Merkmale der jeweils Anderen, bis spätestens in der Wüstenlandschaft rund um das Motel ein jeder Körper „ausgezehrt [wirkt], seine Bewegungen gebrechlich, sein Teint aschfahl, sein Blick trübe und nach innen gekehrt."[159] Die physische Assimilation der Figuren kulminiert in der Begegnung im Motelzimmer: Blut dringt aus Pauls Fußsohle und der Schusswunde an seiner Schulter, klebt an Jacks Nase und Cristinas Händen, Schweiß glänzt auf allen Gesichtern, in Hinteransichten der Köpfe vermischen sich die strähnigen, mit Schmutz durchsetzten Haare und schwerlich vermag der Körper, ob Pauls sterbender, Jacks malträtierter oder Cristinas verausgabter, sich aufzurichten – die drei Leiber, einander gänzlich angeglichen, sind blutend und schwitzend vereint. Im gelblichen Licht zweier innerdiegetischer Stehlampen, welches die Haut aller Figuren in einem ungesunden, beinahe ikterischen Ton, quasi „allesamt von einem Schimmelpilz befallen, [...] morose

[157] Tischleder 2001, S. 61.
[158] Vgl. Day Sclater 2003, S. 322 – 326.
[159] Sterneborg 2001, S. 35.

und marode,“[160] verbindet, tritt aus den Poren in ihren Gesichtern, denen eine Handkamera in schwankenden Großaufnahmen naherückt, nicht nur der Schweiß, sondern gleichermaßen Trauer, Trauma und Verzweiflung, so dass die Verzweiflung des Opfers (die nun kinderlose Witwe Cristina) mit der des Täters (Jack, der, hätte er nicht Fahrerflucht begangen, zumindest eine Cristinas Töchter hätte retten können) und jener des Nutznießers, dessen Nutzen nur temporär war (Paul, trotz Herztransplantation zum Tode verurteilt), verschmilzt. Die Körper verschmelzen, weil in Transfer- und Kontaktformen hin zum anderen Subjekt die essentiellen Prämissen menschlicher Existenz und menschlicher Identität liegen.

Dass solcherlei Verschmelzungen, Verwandlungen und Entgrenzungen der Leiber in 21 GRAMS forciert nach Aufblühen der Liaison zwischen Paul und Cristina in Kraft treten, gründet in den dieser Beziehung inhärenten physischen Austauschprozessen, welche freilich psychische symbolisieren:

> Die Figuren sind verbunden durch den Verkehr der Organe und der Körpersekrete, durch (künstliche) Befruchtung und die Vergiftung des Bluts (mit Drogen), durch die Verschwendung von Blut und das Fehlen des lebensrettenden Spenderherzens. Sie sind an Schläuche angeschlossen oder hängen an der Flasche, und einer trägt gar das Herz des Manns in sich, mit dessen Witwe er gemeinsame Rache übt. Seelische Bande erweisen sich als physiologische.[161]

Paul nimmt mit Michaels Herz auch dessen Frau, diese nach dem Verlust der Töchter, die sie gemeinsam mit Michael hatte, das von Paul gezeugte Baby an. Verschiedene Verschmelzungen und Modi der Erzeugung von Leben verzahnen sich in 21 GRAMS „in einem beständigen Austausch oder ‚interplay‘, der visuelle, physisch-taktile, sexuelle und emotionale Aspekte vereint,“[162] einerseits in der biologischen Konvergenz der Körper im filmisch extrem exponierten Geschlechtsverkehr, andererseits in der künstlich-medizinischen Form einer Vereinigung von Körpermaterialien sowohl in der Herztransplantation als auch im Akt der künstlichen Befruchtung, auf welchen Pauls Ehefrau Mary insistiert. In jedem dieser Fälle durchbricht der materielle Austausch der Körperorgane und Körperflüssigkeiten die illusionäre leibliche Einheit des Individuums, weshalb Vorstellungen einer stabilen Körperhülle sowie stabilen Identität zugunsten einer Idee der physischen Durchlässigkeit und Verschmelzung mit dem Anderen als Bedingung einer erst intersubjektiv konstituierten Psyche aufgegeben werden müssen: „Die psychosomatischen Grenzen des Selbst, die

[160] Sannwald 2004, S. 42.
[161] Holert 2004, S. 18.
[162] Tischleder 2001, S. 64.

Differenz zwischen Innen und Außen, zwischen Subjekt und Objekt sind [...] ambivalent."[163] Identität bedeutet wesenhaft, so erzählt 21 GRAMS vermittels seiner Körper, den Anderen im eigenen Ich und das Ich im Anderen zu finden.

Damit nimmt dieser Film eine thematische und ästhetische Perspektive ein, die sich im Hollywoodkino als originär neuartig erweist, da dessen traditionelle Ästhetik, so Tischleder, die „Selbstwahrnehmung als Kapsel, als gepanzerter Leib"[164] forciere:

> Das Menschenbild der „geschlossenen Persönlichkeit" hat in dem bis heute dominanten Beleuchtungsstil des movie-lighting eine ästhetische Entsprechung gefunden, insofern das Licht am Drehort mit den unsichtbaren Mauern korrespondiert, die die Körper voneinander und von ihrer Umgebung abgrenzen.[165]

Der hollywoodsche Stil der Körperbegrenzung qua Lichtführung entspricht mithin dem psychologischen Glauben, das Individuum könne eine stabile Ich-Identität mithilfe eines stabilen, eindeutig und konstant begrenzten Körpers generieren, eines „clean and proper body,"[166] welcher ausdrücklich auf Verfahren der Beherrschung des Somatischen, der Verdrängung existentieller Verbindungen zur organischen Umwelt sowie der Ausgrenzung diskontinuierlicher, vorgeblich schmutziger Körperfacetten und -materialien beruhe, so dass

> die (scheinbar) konstanten, stabilisierenden Seiten des Leibes, d.h. die Haut als Grenze zwischen Innen und Außen, die Muskeln, die äußere Form inklusive der Kleidung und anderen nicht-organischen Körperteilen die morphologische Matrix des Körperbildes bilden, während die formlosen, flüssigen, porösen und heterogenen Körperaspekte verdrängt, kontrolliert, zivilisiert und / oder unsichtbar gemacht werden.[167]

Ich-Genese und Sozialisation bedeuten in diesem Konzept wesenhaft Entkörperlichung und Trennung.[168] Während somatische Entgrenzungszustände in der klinischen Psychologie nicht selten als sogenannte Borderline-Persönlichkeitsstörungen klassifiziert werden,[169] liefert der Film 21 GRAMS absolute Evidenzen einer Unmöglichkeit der vollkommenen Individualität und der stabil konturierten Ich-Identität: auf der biologischen Ebene sind Menschen keine Individuen.

In einer emphatischen Inszenierung des Geschlechtsverkehrs übersetzt 21 GRAMS die

---

163 Tischleder 2001, S. 69.

164 Tischleder 2001, S. 246.

165 Ebd.

166 Tischleder 2001, S. 240.

167 Tischleder 2001, S. 77.

168 Vgl. Tischleder 2001, S. 47 – 79.

169 Vgl. Tischleder 2001, S. 56/57. Borderline-Zustände werden als „jene Persönlichkeitsstörungen, die durch ein Unvermögen, ‚gesunde' Ich-Grenzen zu empfinden, ausgezeichnet sind und die sich somatisch in einem mangelnden oder unbehausten Gefühl gegenüber dem eigenen Körper äußern," (Tischleder 2001, S. 56/57) definiert.

sexuell-körperliche Vereinigung in ein kinematografisches Bild der Verschmelzung. Nach dem ersten nächtlichen Kuss sowie Pauls Geständnis, Michaels Herz in sich zu tragen, worauf Cristina zunächst nur mit dem Rausschmiss zu reagieren weiß, bis sie die physiologische Verbindung über Michaels „gutes Herz“ als psychisch-emotionale annimmt, schlafen die beiden am Morgen miteinander. Gleißendes Morgenlicht, welches das große, den Bildhintergrund beinahe gänzlich füllende Fenster in ein strahlendes Weiß taucht und dem Schlafzimmer einen leuchtenden Schimmer verleiht, umhüllt die sich küssenden und streichelnden Körper, um gleichsam mit ihnen zu verschmelzen. Cristinas flimmernde weiße Haut fungiert nicht mehr als Trennlinie und stabile Kontur ihres Körpers, sondern geht ins reine Licht über. Ohne Grenze und Bruch führen Cristinas Busen und Lippen in die Lichtfluten hinein, spiegelt sich das schimmernde Leuchten der Morgensonne auf der Oberfläche ihres Gesichtes und Rumpfes wie auf Pauls Händen, so dass in Großaufnahmen und Kamerafahrten längs der Körper beinahe abstrakte Bilder entstehen, die nicht mehr Subjekte und Objekte beinhalten, sondern einen Modus der reinen Verschmelzung aller Weißtöne. Wenn die Kamera in extremer Nähe Cristinas Rumpf einfängt, so zeichnet sich im linken Drittel des Bildes noch ihre Brust ab, wohingegen derlei Kontur sich in den übrigen zwei Dritteln des Bildes völlig auflöst, wodurch eine einzige gleißende Fläche entsteht, deren Farblichkeiten ohne Diskontinuität vom blassen rosa der Haut ins reine Weiß übergehen. Konträr zu Hollywoods Praktik, den homo clausus ganz im Sinne einer Autonomie der Person respektive der Figur mittels Beleuchtung zu begrenzen, dient das Licht in dieser Szene im Gegenteil einer absoluten Verschmelzung der Körper miteinander, das heißt mit dem Anderen, sowie mit dem Raum, dem Äußeren. In dieser bildlichen Vereinigung realisiert sich in 21 GRAMS die sexuelle Vereinigung der Figuren Cristina und Paul. Am Ende des Films wird sie von ihrer Schwangerschaft erfahren und diese im vorletzten Bild, mit Babybauch im Zimmer der toten Töchter sitzend, eine Puppe in der Hand, voller Hoffnung annehmen.
Im Geschlechtsakt thematisiert der Film somit eine Möglichkeit der Befruchtung, deren andere von Mary gewählt wird. Obschon ungewiss bleibt, ob die vormalige Abtreibung eine neue Schwangerschaft erlauben wird, plant Pauls Frau, dessen Kind „jungfräulich“, vermittels künstlicher Befruchtung, zu empfangen. Wenn Paul Mary fragt, was sie darin zu „gewinnen“ glaube,[170] verdeutlicht dies seine unabgeschlossene, da unabschließbare Suche nach einer Lösung des „Rätsels, das so viel größer ist

[170] Auf Marys Ankündigung („I have a signed copy of your authorization to use your semen") antwortet Paul: „What do you gain? What do you gain?"

als wir,"[171] nach einer gültigen Lebensformel, die auch jene „einundzwanzig Gramm", die der Mensch angeblich im Moment des Todes verliert, zu verbuchen verstünde. Der „Gewinn", auch wenn Paul dies verneint, mag in einem neuen Menschenleben liegen, zumal 21 GRAMS über die finale Duplizierung der Befruchtung die biologische Lösung für Pauls Sinnfragen zu akzeptieren scheint: sein Weiterleben wird über die zwei noch ungeborenen Kinder, ewiges Leben durch Fortpflanzung ermöglicht.

Eine andere Lösung der (Un-) Gleichung des Lebens wird von Jack vertreten, der, je weiter er sich von seiner Kirche und Jesus distanziert, desto stärker an die Gültigkeit einer religiösen Formel glaubt: zur Abgeltung einer Schuld, die er als seine Passion akzeptiert, sucht er den Tod. Bekennt sich Jack vor dem Unfall zu einem unbedingten, evangelikalen Erlösungsglauben, der sich in persönlichen Accessoires wie dem Ohrstecker in Form eines Kreuzes und einer Jesusfigur im Auto, in einem aggressivem Bekehrungswillen sowie der Kindererziehung mithilfe wörtlich umgesetzter Bibelzitate manifestiert, übernimmt schließlich Paul – gemäß dem 21 GRAMS inhärenten Prinzip der physischen und psychischen Tauschbeziehungen zwischen den drei zentralen Figuren – Jacks Jesusidentifikation, wenn er selbst den Tod auf sich nimmt, sich erschießt, um die anderen zu erlösen.

Der Austauschprozess zwischen Jack und Paul manifestiert sich bildlich zum einen in Formen paralleler Inszenierung beider Figuren im Raum: sowohl Jack als auch Paul befinden sich häufig in einer von Gängen geprägten Ikonografie, im Falle Pauls beispielsweise in seiner Wohnung, kurz nachdem ihn Mary beim heimlichen Rauchen auf der Toilette ertappt hat; auf ähnliche Weise wird Jack während seiner Kündigung im Golfclub inszeniert. Ein jedes Mal zeigt eine Halbtotale die jeweilige Figur von hinten, wobei diese in einer Struktur aus Wänden und Mauerwerk völlig eingesperrt scheint. Zum anderen wird der Transfer des Christusschemas von Jack zu Paul in diversen Jesusikonografien evident, welche sich in die Inszenierungen Pauls Körper einschreiben. Nach der Herztransplantation blickt die Kamera, ausgehend von einem leicht erhöhten Standpunkt, von vorn auf den zentriert in der Bildmitte im Krankenhausbett liegenden Paul, auf seinen blassen, passiv ausgestreckten Körper mit dem angewinkelten, vollbärtigen Haupt – eine Bildgestaltung, die Assoziationen an Gemälde wie Rembrandt van Rijns *Die Anatomie des Dr. Tulp* (1632) mit jenen an Christusdarstellungen verknüpft, etwa an die *Kreuzaufrichtung* (1633) desselben Ma-

[171] „Numbers are a door to understanding a mystery that's bigger than us," erklärt Paul Cristina.

lers, in welchem der spärlich bedeckte, bleiche, unbewegliche und ans Kreuz gestreckte Körper Jesu im Zentrum der Lichtführung und des Bildes steht. Während der finalen Fahrt ins Krankenhaus nach Pauls selbstmörderischem Schuss liegt dessen blutverschmierter, vom Leiden gezeichneter Kopf ganz nach Art einer Pietà-Darstellung der bildenden Künste in Cristinas Schoß, die, hat sich Paul dem Jesusmuster gemäß für die Rettung der anderen geopfert, nun zum zweiten Mal zur Witwe, aufs Neue zur Mutter und in dieser besonderen Konstellation gleichsam zur Mater Dolorosa wird.

Zwischen den drei Körpern und Figurensubjekten wirken unterschiedliche Tauschkreisläufe, die sich gerade nicht in quasi-mathematische Gleichungen dergestalt umformen lassen, dass „man überlebt, weil an anderer Stelle gestorben wird, [...] sich mit Schuld [belädt], weil andere reiner sind, [...] liebt, um etwas wiedergutzumachen."[172] Die Austauschprozesse in 21 GRAMS sind nämlich wesentlich Kreisläufe des ungleichen Tausches. Obwohl Cristina nach Muster des alttestamentarischen Hiob, dem Besitztümer, Gesundheit und selbst die sieben Kinder genommen und nach Offenbarwerden seiner Gottestreue zweifach wiedergegeben werden, ihre Familie verliert und ihr später durch Paul neue Liebe und neues Leben geschenkt wird, kann das Baby nicht die Töchter, niemand jemals Michael ersetzen, dessen gemeinsames Porträt mit Cristina in der vorletzten Einstellung des Films, als sie schwanger im Kinderzimmer sitzt, durch die ins Treppenhaus geöffnete Tür sichtbar wird. Sooft der Mathematiker Paul nach einer allgemeingültigen Existenzformel sucht, so sehr scheinen sowohl Leben als auch Mathematik ihn eines Besseren zu belehren, verzichtet letztere doch per definitionem „auf das Ziel, das ‚Ding an sich' zu verstehen, die ‚letzte Wahrheit' zu erkennen, das innerste Wesen der Welt zu entschleiern."[173] In 21 GRAMS ist das menschliche Leben, dieses organische Werden und Wandeln, eine Gleichung, die nicht aufgeht, sondern einen sehr präzise materialistischen Rest hinterlässt – einundzwanzig Gramm, „das Gewicht von fünf Fünf-Cent-Münzen, das Gewicht eines Kolibris, eines Schokoriegels," so Pauls Worte auf dem Sterbebett. Asymmetrien kennzeichnen daher viele Bildkomposition des Films, in denen die Figuren in Groß- und Nahaufnahmen oftmals an den Bildrand rücken, beispielsweise wenn der im Bild stark links platzierte Paul, dessen Stirn überdies vom oberen Bildrand zum Teil abgeschnitten wird, über das baldige Versagen des neuen Herzens informiert wird und sich für den Tod außerhalb des Krankenhauses entscheidet – das

---

[172] Glombitza 2004 in *Die Zeit*.
[173] Courant / Robbins 1973, S. XIX.

Leben, ein physischer und psychischer Tauschhandel, der auf Ungleichheit und A-symmetrie basiert.

Wenn willkürliche Unrechtakte ein Menschenleben von außen strukturieren, gewinnen Gefühle der Fremdheit Relevanz und Plausibilität, sintemal in 21 GRAMS Ich-Bildung bedeutet, in einem asymmetrischen Austauschprozess das Selbst im Anderen und den Anderen im eigenen Selbst zu finden. Niemals lässt sich Identität als Formel einer Gleichheit fassen, denn sie kann weder symmetrisch (aus a = b folgt b = a) noch reflexiv (a = a) noch transitiv (aus a = b und b = c folgt a = c) definiert werden,[174] sondern konstituiert sich – als fluide, offene – erst im konstanten Tauschhandel mit dem Äußeren, einer organischen Umwelt, und in der kontinuierlichen Einverleibung von Aspekten des Anderen in den eigenen Körper und das eigene Selbst. Weil das individuelle Ich ergo auch Anteile integriert, die als anders, fremd und feindlich begriffen werden, treten dem analysierten Topos der Verschmelzung Bilder der Entfremdung zur Seite.

So enthüllt der Blick in den Spiegel den Figuren des Films zumeist eine fremde Person, welche das aktuelle Selbst kaum zu integrieren vermag. Als Cristina zögerlich ihre frühere Dealerin anruft, zeigt die Einstellung einen Ausschnitt ihres Nachttisches mit einer Fotografie Michaels in einem breiten Bilderrahmen aus glatter, reflektierender Oberfläche, in dessen oberem Balken sich Cristinas Augenpartie spiegelt. Die Frau, die wir in dieser Spiegelung erkennen, kennt sich selbst nicht, weiß ihre pendelnde Identität weder als trauernde Witwe noch als rückfälliges Partygirl zu definieren, blickt einer Fremden in die Augen – und legt wieder auf. Ein verwandter Erkenntnismoment der eigenen Entfremdung wird Jack zuteil, als er, in den Alkoholismus zurück- und vom Glauben abgefallen, beim Ausbrennen der Kreuztätowierung in dem großen Spiegel des Motelzimmers einer anderen Möglichkeit seines Selbst in die Augen sieht. Eine Ästhetik der Achsensprünge, der diskontinuierlichen Montage und des ständigen Wechsels der Blickperspektiven, oszillierend zwischen Ober- und Untersichten, zwischen extremen Großaufnahmen und Halbtotalen, verdeutlicht sein Unvermögen, Sinn sowie eine Verbindung herzustellen zwischen der Instanz, die er als sein „Ich“ begreift, dieser, die er als sein „Leben“ versteht, und jenem Gesicht, das ihn aus dem Spiegel heraus anschaut. Wenn Jack im Gefängnis dialogisch bekennt, dass in seinem eigenen Kopf die Hölle – als das Fremde, das Feindliche, das

[174] Vgl. Schärtl 2003, S. 199.

Andere – wohne,[175] scheint ein Einblick in ebendieses fremde Innere möglich, wenn er, während er mit Marianne auf der Kommode schläft, fast ausschließlich über den Kamerablick in den Spiegel aufgenommen wird; das Patt zwischen Rückkehr als Ehemann und Schuld als Unfallfahrer lässt ihn in dieser ikonografischen Reflektionsfigur qua Spiegeleinstellung sein eigenes Fremdsein im Dialog reflektieren, lässt ihn innehalten und weinen, fragt er sich doch, wer dieser Mensch, der, obschon das sterbende Mädchen ihn anblickte, einfach weiterfuhr, sein könne.[176]

Dass aus der sexuellen Vereinigung im Geschlechtsverkehr vermöge Jacks Spiegelbild sowie einer Ästhetik der Fragmentierung ausgerechnet Bilder der Entfremdung erwachsen, verweist auf das überaus breite Spektrum der Modi einer Zusammenführung von Körpern und Menschen in 21 GRAMS. Während sich dessen einer Pol in der absoluten, physischen wie bildlichen Verschmelzung zwischen Paul und Cristina realisiert, markieren die künstlichen Formen der Erzeugung von Leben das konträre Ende dieser Skala der sozial bedingten Identität. Nachdem Paul in der Transplantation neues Leben geschenkt wurde, blickt er kopfschüttelnd auf den „Übeltäter", das eigene Herz, wendet verwundert den Glasbehälter, in dem es sich befindet, als könnte er aus einer neuen Blickperspektive diesem Fremdkörper näher kommen, welcher, in hellroter Flüssigkeit schwimmend, inmitten des von Grau-, Blau- und Weißtönen dominierten Krankenzimmers zum farblichen Fremdkörper der Sequenz stilisiert wird. Um Marys Kind neues Leben schenken zu können, muss Paul sich zur Samenspende in einen unwirtlichen Kleinstraum begeben, dessen gräuliche Farblosigkeit und Düsterkeit sich in den zwei Prospekten der Kammer, dem dampfenden, von hohen Mietskasernen umrahmten Hinterhof jenseits des Fensters sowie dem grauen Pornovideo, fortsetzt. Dessen ordinäre Bilder, die nüchternen Informationen des Arztes sowie die sterilen Accessoires Gummihandschuh und Plastikbecher könnten keine größere Antithese zu 21 GRAMS' Sequenz der natürlichen Befruchtung im sexuellen Verschmelzen Cristinas und Pauls bilden, so dass jene Szene im Hinterzimmer des Arztes sich wesenhaft als ein Bild der Entfremdung entpuppt.

Indem der Kontakt des Individuums mit dem Anderen höchst disparate Formen im Spektrum zwischen absoluter Entfremdung und absolut harmonischer Vereinigung annehmen kann, untersucht 21 GRAMS, was es de facto bedeutet, Sozialität als Voraussetzung und Konstruktionsvehikel der Identität zu fassen und Psyche essentiell in-

---

175 „This is hell. Right here," sagt Jack zum Priester, während er die Finger an seine Schläfen presst.

176 „One of the girls that I killed, she looked me in the eyes, she wanted to tell me something," gesteht Jack, „I left her there. I ran away. I ran away. I ran away. I ran away."

tersubjektiv zu begreifen. In der Inszenierung unterschiedlicher Facetten der Interaktion, der Verschmelzung und des symbolischen wie physiologischen Austausches zwischen Menschen, der sich von Liebe und Zwischenmenschlichkeit bis zu Gefühlskälte und Fremdheit erstrecken, von der harmonischen Einschreibung des geliebten Anderen bis zur konfliktreichen Einverleibung des Fremden und Feindlichen, und sei es im eigenen Leib, reichen mag, stellt der Film ganz prinzipiell die Frage, wie Menschen einander begegnen können.

In der bildlichen Komposition der Einstellungen werden die Figuren oftmals entweder durch Gitter oder durch Glasscheiben voneinander respektive vom Zuschauer getrennt. Strukturen der Vergitterung kennzeichnen die Inszenierung aller Figurenkörper, sei es, dass sich die Stäbe der Gefängniszelle über eine Nahaufnahme Jacks legen, sei es, dass Paul Jack mit der Pistole in die Steppe, hinter die dünnen, kahlen Zweige der Sträucher, einem Gitter nicht unähnlich, lenkt, sei es, dass die Kamera die schwimmende Cristina von einem Punkt hinter einem Geländer aus aufnimmt. Letztere Perspektive entspricht Pauls Point of View, der von oben aufs Schwimmbecken durch eine Glasscheibe hindurch blickt, wobei die helle Spiegelung der gegenüberliegenden hohen Fenster der Großaufnahme seines Gesichtes eine zusätzliche, distanzierende Schicht abstrakter Reflektoren verleiht. Der Vielzahl der Scheibenaufnahmen des Films – zu erinnern sei an gläserne Haustüren, Autoscheiben und Fenster – ist, parallel zur repetitiven Gitterstruktur, eine Dimension bildlicher Entfremdung inhärent. Eine dritte Forcierung der Fremdheit basiert auf unheimlichen Präsenzen eines Anderen, wenn Einstellungen als Point of Views imaginiert werden, jedoch eine filmische Figur, der dieser Blick wahrhaft zugeschrieben werden könnte, gänzlich fehlt, zumal ein klärender Gegenschuss unterbleibt. Als Jack vom Gemeindezentrum heimkehrt, fängt die Kamera in den sich dem Auto übermütig nähernden Kindern zunächst den Blick des noch hinter dem Lenkrad sitzenden Familienvaters ein, löst sich sodann von dessen Perspektive und folgt den Figuren durch den Vorgarten, bis der Blickpunkt plötzlich ins Innere des Wagens zurückspringt, einschließlich einer Dämpfung der Geräusche und Gesprächsfetzen von draußen. Diese Komposition, deren Vordergrund durch Lenkrad und Armaturenbrett fixiert wird, deren Hintergrund, jenseits der Seiten- und Vorderscheibe, den Blick auf die ins Haus tretende Familie freigibt, bietet einen erzähllogisch unmöglichen Point of View dar. Derlei Präsenzen eines unsichtbaren Anderen lassen sich unter die verschiedenen Topoi der Entfremdung subsumieren.

Die basale Frage des Films 21 GRAMS nach Möglichkeiten des zwischenmenschli-

chen Kontaktes und der Sozialität, die fundamentale Reflektion, ob ein Mensch am Leben seiner Mitmenschen tatsächlich teilhaben kann oder „draußen“, hinter der Scheibe, bleiben muss, lässt sich aber keineswegs im Modus des Entweder-Oder lösen, das heißt in einer Wahl zwischen den zwei konträren Polen einer sozial determinierten Identität. Bedenkt man die präzise analysierten Kontakt- und Austauschprozesse zwischen den drei zentralen Figuren, die Durchlässigkeit aller Körper und Offenheit der Identitäten in 21 GRAMS, so wird ersichtlich, dass die conditio humana sich als stetiges Oszillieren zwischen den Extremen der Intersubjektivität, ergo zwischen harmonischer Verschmelzung und kalter Entfremdung, verwirklicht.
Und doch gibt es den Moment, in welchem das Individuum sich selbst findet. Die bisherigen Ausführungen einer intersubjektiv konstituierten Psyche, basierend auf der Verschmelzung mit dem Anderen und den materiellen wie emotionalen Kreisläufen des ungleichen Tausches, lassen sich als „Linie der Sozialität“ resümieren, zwischen deren Achsenendpunkten die Figuren des Films sich kontinuierlich changierend in beide Richtungen bewegen. Konstitutiv für diese Linie erweist sich die Erkenntnis der Unmöglichkeit des monadischen Subjektes, wohingegen eine zweite, diese kreuzende Linie, jene der Individualität, nach Möglichkeiten der Individuation sucht. Beide Linien spannen, sich im gemeinsamen Mittelpunkt treffend, das Feld auf, in welchem sich die Figuren des Films 21 GRAMS befinden, in stetiger Wandlung zwischen der Einverleibung des Anderen im Modus der positiv oder negativ konnotierten Verschmelzung (die Linie der Sozialität) und zwischen Ich-Findung im individuierenden Moment des Schmerzes und Ich-Auslöschung in der Objektwerdung (die Linie der Individualität).
Während die Instabilität der intersubjektiven Identität der Sozialitätslinie keineswegs Identitätslosigkeit suggeriert, bezeichnet ein Endpunkt der Individualitätsachse durchaus ebendiese Gefahr des Verlustes des eigenen Selbst. In vielen Einstellungen in 21 GRAMS lösen sich die individuellen Körper der Figuren in Raum und Hintergrund völlig auf. Wenn Paul in einer Halbtotalen mit der Pistole in der Hand an einer Wand vor dem leeren Motelswimmingpool sitzt, fügt sich sein Kopf beinahe haargenau in die runde Öffnung im Muster des Mauerwerkes ein, verschmelzen seine Schultern mit dem horizontalen Gitterbalken und nimmt seine graue Hose chamäleonartig die Farbe der Wand an. Zudem spiegeln sich in seiner vertikalen Position die parallelen Pfeiler und Stützen der architektonischen Konstruktion, so dass Paul selbst zu einem Objekt dieses Raumes zu werden scheint, weil er, quasi nach dem Prinzip der als „Wandelnde Blätter“ bekannten Insekten, in dieser Komposition nicht mehr als auto-

nomes Subjekt auszumachen ist. Auf ähnliche Weise wird sein Körper ausgelöscht, als eine Totale des Wohnzimmers Paul, der am Computer Schach spielt, von der Seite aufnimmt, wobei ein Großteil seiner Beine sowie seines Rumpfes von einem Kissen und der Lehne des Sessels verdeckt wird, die sichtbaren Körperteile Füße und Kopf sich aber präzise in die bestehende figurale und farbliche Ordnung der Objekte einpassen; subjektives Ich und individueller Leib scheinen ausgelöscht.

> [Die] Subjektauflösung wird durch den Verlust [... des] Körpers nicht nur ausgedrückt, sondern durch die physische Auslöschung ins Unwiderrufliche, ins Schicksalhafte gesteigert.[177]

So passend diese Worte Simone Kindlers im Kontext der beschriebenen Einstellungen anmuten mögen, entstammen sie doch einem völlig anderen Zusammenhang, nämlich einer Analyse des Ophelia-Motivs der Malerei als Genese eines Weiblichkeitsbildes. Dezidierte Legitimität innerhalb einer Untersuchung von Körper und Identität in 21 GRAMS erlangt der Verweis auf Kindlers Forschungsarbeit angesichts jener Szene, in welcher Cristina, den Körper ins Wasser getaucht und das „lange, gewellte Haar [...] mit dem wellenbewegten Wasser“[178] im Einklang, im Schwimmbecken treibt. Sei die Figur der Ophelia, so Kindler, ausgehend vom shakespeareschen *Hamlet, Prinz von Dänemark* (1603) im Lauf der Jahrhunderte auf eine für mannigfache Projektionen offene Hohlform reduziert worden, deren ambivalente Einschreibungen dem weiten Spektrum zwischen jungfräulicher und sexuell aktiver Weiblichkeit, zwischen Maria und Eva beziehungsweise Maria Magdalena entstammen,[179] findet diese Konzeption einer fluiden Identität zweifelsohne ihr Äquivalent in den Figuren des Films 21 GRAMS.

Eine Regression Ophelias Subjektivität und Individualität setzte nach Kindler qua aktionaler Passivität sowie Minimierung der Äußerungen bereits bei William Shakespeare ein, wobei die Ich-Auflösung im Wasserselbstmord kulminiere, welcher sich im neunzehnten Jahrhundert, auf (weiblichen) Wahnsinn und Tod fokussierend, zum eigenständigen Gemäldemotiv entwickelte; damit wurde Ophelia zur typisierten Figur und Allegorie des weiblichen Todes stilisiert und in der finalen Entgrenzung als Subjekt ausgelöscht.[180] Die Auflösung der Frau im oder gar zu Wasser, dieses spezifisch „ophelienische Prinzip der Auflösung und Entfremdung,“[181] schreibt sich in 21

---

177 Kindler 2004, S. 84.
178 Kindler 2004, S. 82.
179 Vgl. Kindler 2004, S. 13 – 62.
180 Vgl. Kindler 2004, S. 46 – 92.
181 Kindler 2004, S. 64.

GRAMS ikonografisch Cristinas Untertauchen im Schwimmbecken ein. Nach Art eines Strahlenkranzes umkränzt das Haar ihr Haupt in Manier Eugène Delacroix' *Der Tod der Ophelia* (1853), die Blässe der Haut, die Ausdrucksleere des Gesichtes und die Starre der leicht geöffneten Augen erinnern an John Everett Millais' *Ophelia* (1851/1852) und im völligen Eintauchen ins Blau des Wassers nähert sich Cristina an Odilon Redons von Blautönen dominierte Ophelia-Darstellungen wie *Ophélie dans les fleurs* (1905 – 1908), *Ophélie* (1900 – 1905) und *Ophélie ou La cape bleue sur les eaux* (1908) an. Es besteht kein Zweifel, dass Cristinas Ophelia-Assimilation mithilfe deren Parallelen zum bekannten Motiv der bildenden Künste erläutert werden kann.

In einem Film allerdings, dessen Protagonisten ausgerechnet die Nachnamen Rivers und Jordan tragen, muss die Lesart des Wassers als Ort der finalen Auflösung des Subjektes kritisch hinterfragt werden. Wenn Cristina das Schwimmen als Lebensnotwendigkeit charakterisiert,[182] sich gar erst im Wasser wahrhaft lebendig fühlt und als eins mit sich selbst erfährt, wird evident, dass, konträr zur Ophelia-Konnotation des Wassers, in 21 GRAMS dieses den Figuren eine genuin ursprüngliche Ich-Findung ermöglicht. Im Wasser erlebt sich Cristina von allen äußeren Subjektkonstruktionen befreit, um eine gänzlich private Individualität zu erspüren. Der Verweis auf das Ophelia-Motiv erscheint aber trotz der argumentativen Umdeutung insofern überaus bedeutsam, als dem Treiben Cristinas im Schwimmbecken durchaus die Assoziation eines Suizids eingeschrieben ist. Und in der Tat verknüpft sich in 21 GRAMS das Motiv des Todes mit Fragen nach Individualität und Subjektivität. Nicht als Subjektauslöschung und „Schlussakkord [... der] Regression [d]er Individualität"[183] lassen sich allerdings in diesem Film Wasser und Tod fassen, sondern im Gegenteil findet das Individuum gerade angesichts des Schmerzes, des Todes und des Bewusstseins der eigenen Sterblichkeit wesenhaft sich selbst. Der Tod erweist sich in 21 GRAMS sowohl für die Sterbenden als auch für die Überlebenden als der individuierende Totalmoment.

Tod und Wasser verbinden sich, Cristinas Ophelia-Szene verwandt, in Jacks Selbstmordversuch, wenn die Einstellung von der Großaufnahme eines tropfenden Wasserhahns und dem Bruch der Wasserrohre gerahmt wird. In einer extremen Großaufnahme senken und schließen sich Jacks Lider, wodurch er sich vollständig jedem Äußeren verschließt, sich radikal nach Innen kehrt und sich seines eigenen Ichs bewusst

[182] Das Schwimmen sei, so Cristina, „what makes me feel normal. If I didn't swim [...], I think I'd go crazy." Vgl. dazu Hahn 2005, S. 58.

[183] Kindler 2004, S. 52.

wird. Bevor Paul sich während des Zweikampfes zwischen Jack und Cristina zum Sterben entschließt, wird der Ton dergestalt reduziert, als tauche man in Wasser ein, so dass auch Paul in Tod und Wasser sich einer individuellen Konzeption seines Selbst nähert, welche in der sinnierenden Individualfrage am Sterbebett „Warum ich?“[184] kulminiert. Im Augenblick des Todes taucht ein Ich auf, und sei es eines, das mit seinem Schicksal hadert und die Sinnfragen nicht endgültig zu beantworten weiß. Achsensprünge, abstrakte Bilder, etwa des transparenten Atemschlauches in einer schwerlich dechiffrierbaren Komposition, sowie Strukturen der Rahmung und Blickblockierung dominieren Pauls Sterben auf der Intensivstation, in welchem filmästhetisch sein skeptisches individuelles Ich zum Vorschein kommt.

Nicht nur im eigenen Tod, sondern auch in der Trauer um den Tod der geliebten Menschen und im Schmerz ob des Verlassenwerdens findet das Subjekt seine Individualität. Wenn Cristina das Restaurant aufsucht, in dem ihre Familie zum letzten Mal gegessen hat, trägt sie eine große, undurchdringlich schwarze Sonnenbrille, die ebenso eine Verweigerung der Außenwelt und absolute Wendung ins innere Ich impliziert wie kurz darauf an der Unfallstelle die mehrfach gewundene, zirkuläre Kamerafahrt rund um die trauernde Frau, die, am Straßenrand sitzend, ins Laub greift, ohne begreifen zu können. In der ästhetischen Konzentration auf ihre Figur als Mittelpunkt der Inszenierung und quasi Zentrum eines Mahlstroms taucht ein schmerzerfülltes, vertiginöses und traumatisiertes Ich auf. Nachdem sie zum ersten Mal mit Paul geschlafen hat, sitzt Cristina im Bildvordergrund an der Bettkante und spielt mit dem Ring an ihrem Finger, während Paul, den Kopf ins Kissen getaucht, bäuchlings im Bett liegt und schläft. Ihre glasigen Augen gleiten auf Michaels Krawatten im halboffenen Kleiderschrank, woraufhin ihr Gesicht bildlich isoliert wird, vermittels einer Großaufnahme, welche sie von Paul trennt, genauso wie das Unterhemd, das sie sich sogleich über den nackten Körper, der kurz zuvor mit dem Pauls verschmolz, streift. In der Trauer über Michaels Tod und im Schmerz ob seiner Abwesenheit wird Cristina zum monadischen Selbst, dessen seelische Nöte weder geteilt noch mitgeteilt werden können.

Überdies erwächst aus der Trennung insbesondere im Kontext der Paarkonstellationen ein Punkt des Schmerzes, der allein dem Subjekt gehört – sei es Mary, die nach Pauls mehrtägiger Abwesenheit mit abgewandtem Kopf allein im Sessel sitzt, sei es Marianne, die aufgrund Jacks Ablehnung der Familie direkt nach seiner Entlassung

[184] „What am I doing in this pre-corpse club? What do I have to do with them?“, fragt sich Paul.

den Tränen nahe voller Sehnsucht in die Ferne zum innig erwarteten Mann blickt.

Die Figuren des Films 21 GRAMS positionieren sich in fluktuierendem Wechsel und disparatem Wandel innerhalb eines Feldes, das von zwei Achsen determiniert wird. Zwischen Auslöschung und Objektwerdung einerseits sowie Ich-Findung und Subjektwerdung andererseits spannt sich die Linie der Individualität auf, deren Mittelpunkt, an welchem das Individuum den Anderen trifft, die Schnittstelle zur Sozialitätslinie markiert. Diese definiert Identität in Abhängigkeit von Verschmelzungsprozessen zwischen inkonstanten Individuen, weshalb Sexualität, Befruchtung und künstliche Modi der Erzeugung von Leben in 21 GRAMS eine überaus exponierte Thematisierung erfahren. Zwischen den drei zentralen Figuren wirken physische und psychische Tauschkreisläufe, für die das im Film äußerst präsente Motiv des Wassers, „mit seiner grundlegenden Eigenschaft der immerwährenden Bewegung [...] bereits in der Antike [...] ein Symbol für den menschlichen Lebenskreislauf,“[185] als Metapher fungiert. Angesichts der körperlichen Verschmelzung der Figuren, der Zirkulation frei flottierender Organe und Körperflüssigkeiten sowie der vielfältigen Prozesse der Entgrenzung lässt sich womöglich vom Film selbst als einem quasikörperlichen Organismus sprechen, der seine eigenen biologischen Kreisläufe besitzt, etwa jenen des Wassers, welcher den leeren Motelswimmingpool der Schlusseinstellung zu füllen und die wilden Schneeflocken in sanften Regen zu verwandeln verspricht. 21 GRAMS wird dank seiner spezifischen Verhandlung von Körper und Identität selbst zum lebendigen, organischen Gefüge, in dem „alles fließt“, dem Vergehen das Werden folgt und dem Werden das Vergehen, schließlich alle Bilder in fließenden Anschlüssen miteinander verknüpft werden.

So verkettet exempli causa die akustische Brücke Michaels Mailboxnachricht Cristinas Besuch der Unfallkreuzung mit der Szene ihres bitterlichen Schluchzens auf dem Doppelbett, verbindet das gemeinsame Sujet des Familienlebens die Vesperszene der Jordans, als der Kinderstreit aufgrund Jacks Bibelerziehung eskaliert, mit der direkt anschließenden Küchenszene Cristinas, die gemeinsam mit den Töchtern einen Kuchen backt. Viele Sequenzen werden über Nahaufnahmen von identischen Objekten miteinander verknüpft, etwa wenn die zwei glitzernden Papierherzen an der Tür Cristinas Töchter sich in den Herzkuchen anlässlich Pauls relativer Genesung und Rückkehr aus der Klinik verwandeln, der Wasserhahn im Waschraum des Gefängnisses an jenen anschließt, mit dessen Wasser Cristina in der vorangegangenen Einstellung die

[185] Kindler 2004, S. 81.

chemischen Drogen geschluckt hat, oder die Marionette ihrer Mädchen, die Messer und Gabel in den Händen hält, ins Bild des Besteckkastens übergeht. Auf Jacks Bekenntnis, „clean“ zu sein, folgt eine Nahaufnahme Cristinas Waschmaschine, auf die Großaufnahme des im Krankenhausbett nach oben blickenden Paul die Nahaufnahme einer nackten Glühbirne an der Decke; was den Anschein eines Point of View erweckt, verkettet, wie mehrmals im besonderen Schuss-Gegenschuss-Prinzip des Films, zwei völlig disparate Zeitebenen miteinander. Die mannigfaltigen Bildanschlüsse gestalten sich fortwährend harmonisch und flüssig, darin einer Logik der Verschmelzung folgend. Einheit, Ganzheitlichkeit und das fließende Zusammenspiel aller Teile, aller Figuren samt deren sozialer wie individueller Prozesse nach Art von Organen, deren Ganzes mehr ist als die Summe der Teile, kennzeichnen diesen speziellen Organismus namens 21 GRAMS.

2.4 Das Wesen des Menschen – Zum Verhältnis von Körper und Geist in SOLARIS

Chris Kelvins erster Traum auf der Raumstation Prometheus mündet in die Parallelmontage einer Liebesnacht. Im alternierenden Schnitt verknüpft sich Chris' und Rheyas erste Annäherung auf der Erde mit jener auf Prometheus, wo, lag Chris eben noch im Schlaf versunken auf seiner Pritsche, sich aus der Unbestimmtheit eines unscharfen, abstrakten Raumes die Gestalt Rheyas schält, deren Gesicht, sukzessive näher rückend, allmählich aus dem Dunkel heraustritt, ins Strahlen eines Lächelns hinein, an welches sogleich das irdische Lächeln anschließt. Diesem, im warmen Licht der Erdenwohnung, folgt die körperliche Annäherung des Paares auf der Forschungsstation, wenn Rheya sich zum Kuss über den liegenden Chris beugt. Die beiden küssen, entkleiden und liebkosen sich, bis das stete Cross-cutting in der körperlichen, sexuellen Vereinigung der Figuren kulminiert, auf der Erde wie im All, während Totaleinstellungen ihre Körper mit dem Raum verschmelzen lassen und Großaufnahmen beide Gesichter in einer Landschaft der Münder, Lider und Nasenflügel, der schweißglänzenden Haut, hervortretenden Adern und stehenden Härchen vereinen.
Die außerordentlich emphatische Inszenierung der Liebesnacht im Sinne einer absoluten körperlichen Verschmelzung verweist auf die zentrale philosophische Problemstellung des Films SOLARIS, der das Wesen des Menschen zu erkunden sucht und insbesondere über das Verhältnis des Geistigen zum Körperlichen reflektiert. Es geht um nichts geringeres als um die essentielle Frage, was den Menschen tatsächlich ausmacht – Körper und Geist, Körper oder Geist. Diese Rheya, in deren Armen Chris auf Prometheus aus seinem Traum erwacht, scheint einen biologisch menschlichen Körper zu besitzen, dessen extreme physische Präsenz die filmische Inszenierung unterstreicht: ihre Wangenporen schimmern im Licht punktueller Reflektoren, ihr Schweiß überzieht die Hautoberfläche mit einem leuchtenden Glanz und auf ihrem bewegten Rückengefilde, auf den Tälern des Rückgrades und den Hügeln der Streckmuskeln, verharrt die Kamera. Und doch, so glaubt Doktor Gordon, die Physikerin an Bord, in strenger Rationalität, ist Rheya, auf der Erde längst suizidal verstorben, nichts anderes als Chris' materialisierte Wunschfantasie, ein Körper ohne Bewusstsein, dem sehnsüchtigen Traum und der unzuverlässigen Erinnerung entsprungen, eine Projektion, die kraft des Planeten SOLARIS körperlich manifest wurde. „Ihre Frau ist tot," versucht Gordon Chris zu erklären, „Sie ist kein Mensch." Scheint Chris

dies zunächst zu akzeptieren, wenn er, ein rationalistischer Orpheus, die erste Inkarnation seiner toten Frau ins Weltall hinfort, in die Unterwelt zurück schickt, genügt es ihm alsbald, überwältigt von der physischen Nähe Rheyas zweiter Kopie sowie der Möglichkeit einer zweiten Chance, die Kriterien des Menschseins im Körperlichen, in der Fähigkeit zu Berührung und Zärtlichkeit zu fixieren.[186]

Wie weit aber reicht die Menschlichkeit Rheyas körperlicher Existenz auf Prometheus, wenn das suizidale Sterben sich zur Auferstehung kehrt und ihr Bewusstsein, statt vom physiologischen „Zusammenwirken der Funktionen des Hormon-, des Nerven- und des Kognitions- oder Geistsystems,“[187] so die These der modernen Neuroforschung, geformt zu werden, sich lediglich aus den Erinnerungen ihres Ehemannes Chris speist? Oder besitzt Rheya de facto einen vollkommen menschlichen Körper, dessen Organe analog zu jenen der irdischen Frau funktionieren, so dass sie, wie Snow, ein weiteres Besatzungsmitglied, fragt, wirklich schwanger werden könnte? „Alles, was ich sehe, das bist du,“ entgegnet Chris auf Rheyas Identitätszweifel und meint wesentlich: „Was ich sehe, ist dein Körper, der Körper einer Frau, meiner Frau.“ Ein makelloser, weiblicher Körper, der sich menschlich verhält und dessen physiologische Modulationen, wie Chris glaubt, auf Emotionen, eine Seele, schließen lassen.

Das Terrain, in welches sich SOLARIS' philosophische Fragestellungen einflechten, als durchliefe der Film selbst eine spezifische, gleichsam planetarische Umlaufbahn der Philosophiegeschichte, wurde erstmals von René Descartes abgesteckt, der das Leib-Seele-Problem dualistisch löste. Während die Hirnforschung des einundzwanzigsten Jahrhunderts das menschliche Bewusstsein ausschließlich körperlich erklärt, und zwar als entstehend „bei der Selbstleitung von Informationsverarbeitungsvorgängen und -zuständen in den Assoziationscortices auf dem Energieniveau von synchronen 40-Hertz-Schwingungen,“[188] unterschied Descartes zwischen res extensa, der materiellen Substanz, und res cogitans, der immateriellen Entität, dem Geist, der Seele,[189] welche das wahrhaftige Selbst des Menschen berge. Erst in der Korrelation der

---

[186] „It's a mistake becoming emotionally engaged with one of them. She's not human,“ glaubt Gordon zu wissen, worauf Chris entgegnet: „She's alive. Your visivor... does it feel, can it touch? Does it speak?“

[187] Daldorf 2005, S. 243.

[188] Daldorf 2005, S. 248.

[189] Beide Begriffe, „Seele“ (psyche / anima) und „Geist“ (nous / mens) (vgl. Daldorf 2005, S. 13), werden im Folgenden gleichbedeutend verwendet, obschon oftmals eine konzeptuelle Trennung vorgenommen wird. „Im Deutschen [unterscheidet man] häufig zwischen Geist und Seele, indem man dem Geist den Bereich des rationalen Überlegens und Handelns zuordnet, der Seele dagegen

„vernünftige[n] Seele mit dieser Maschine [sc. dem Körper]"[190] verwirkliche sich das Menschsein. Diese Lösung des psychophysischen Problems entwickelte Descartes aus seiner berühmten Selbstvergewisserung „Ego cogito ergo sum."[191] Der radikalen Skepsis einer „omnia-falsa-Fiktion"[192] erwächst bei Descartes eine Wahrheit des Zweifels, könne dieser doch, solange der Mensch ihn praktiziere, nicht bezweifelt werden,[193] und „wenn ich mich täusche, bin ich ja,"[194] wie Aurelius Augustinus, jener christliche Philosoph an der Zeitenwende von der Spätantike zum Frühmittelalter, ein Dutzend Jahrhunderte vor der cartesianischen Ich-Gewissheit deren Ausgangspunkt auf den Punkt brachte:

> Denn wer nicht ist, kann sich auch nicht täuschen; also bin ich, wenn ich mich täusche. Da ich demnach bin, wenn ich mich täusche, kann es keine Täuschung sein, dass ich bin; denn es steht fest, dass ich bin, wenn ich mich täusche. Da ich also, auch wenn ich mich täuschte, sein müsste, um mich täuschen zu können, täusche ich mich darin gewiss nicht, dass ich weiß: ich bin.[195]

Der existentielle Zweifel, der Rheya in SOLARIS, weil sie sich für „keine vollständige Person" hält,[196] plagt, ließe sich mit Descartes und Augustinus im Verweis auf das kognitive Potential der vermeintlich Außerirdischen lösen. Dem fremden Geist entsprungen, beschreitet sie bald autonome kognitive Wege, besitzt einen eigenen Willen und weiß um ihre spezifische Existenzform, woraus sie kognitive Schlüsse zu ziehen vermag: mithilfe Gordons technischer Apparatur wünscht sie das eigene Dasein, das „kein Leben" sei, auszulöschen. Dass sie sich im Weltall zur Rationalität der Naturwissenschaften bekennt, wohingegen sie auf der Erde, neokreationistisch angehaucht, technizistische Lösungen verabscheute, scheint zu bestätigen, dass sich ihre Persönlichkeit auf Prometheus nicht ausschließlich aus Chris' Erinnerung ableitet. Wenn Rheya erkennt, kein Mensch zu sein, vollzieht sie, unabhängig vom Inhalt des Gedachten, den kognitiven Prozess, welcher den Menschen nach Descartes seiner E-

---

den Bereich der Gefühle und der Intuition. Um das Problem, um das es geht, zu kennzeichnen, benötigt man jedoch ein Wort, das – wie das englische ‚*mind*' – beide Bereiche umfasst. Aus diesem Grund scheint der Ausdruck ‚Geist' auf den ersten Blick ebenso unpassend wie der Ausdruck ‚Seele'. In der philosophischen Fachsprache hat sich jedoch eingebürgert, ‚*mind*' mit ‚Geist' zu übersetzen, und aus diesem Grund ist dieses Wort in diesem Zusammenhang vorzuziehen." (Beckermann 1999, S. 766)

[190] Descartes 1662 nach Perler 1998, S. 185.

[191] Descartes 1637 nach Perler 1998, S. 139.

[192] Holz 1994, S. 80.

[193] Vgl. Holz 1994, S. 78 – 83.

[194] Augustinus 1955b, S. 47 (*De civitate Dei* XI, 26).

[195] Ebd.

[196] „I'm not a whole person," sagt Rheya, um, an Chris gewandt, voller Zweifel und Verzweiflung hinzuzufügen: „Am I really Rheya?"

xistenz versichert – sie denkt.

Doch nicht primär Rheyas Fähigkeit zu denken, zu erkennen und zu wissen, veranlasst Chris, die eigene nüchterne Rationalität aufzugeben und in der Frau, deren Berührungen ihn auch nach einem zweiten sehnsüchtigen Traum wecken, nicht die seelenlose Projektion oder „mathematische Wahrscheinlichkeit,“[197] sondern den Menschen zu sehen; Rheyas Zärtlichkeiten führt er auf ein ihrem Körper innewohnendes emotionales Bewusstsein zurück. In der Tat werden die physischen Symptome, die gemeinhin als Indikatoren psychischer Leidenschaften gelten, in SOLARIS besonders emphatisch inszeniert und im Schauspiel betont: weinend rauft sich Rheya die langen Haare, während ihre Stirnadern anschwellen und ihr ganzes Gesicht im Nass der Tränen glänzt. Als sie erfährt, dass Chris ihre erste Inkarnation ins All gesandt hat, lässt Seitenlicht die Träne, die aus dem weit geöffneten Augen herausspringt und ihre hohe Wangen hinabrinnt, funkeln. Wenn sie schluchzt und zittert, lacht und lächelt, einladend, erwartungsfroh und eleusinisch, scheint Rheya, man denke an Plessner, ganz und gar menschlich zu reagieren, was freilich gleichwohl auch lediglich Chris' Erinnerung an das Gemüt seiner sensiblen Ehefrau entstammen könnte.

Die Psychologie unterteilt, was Seele oder Geist, Person oder Selbst, Identität oder Bewusstsein genannt wird, in die psychischen Funktionen der Kognition und der Emotion, des Gedächtnisses und der Wahrnehmung, allesamt interdependente Erscheinungen, „Werk[e] [und...] Leistung[en] der Seele [als Ursprung des Lebens].“[198]

> Einen Geist zu haben heißt, dass man wahrnehmen, überlegen und sich erinnern kann, dass man Überzeugungen, Wünsche und Befürchtungen haben und dass man Schmerz und Freude empfinden kann. Einen Geist zu haben bedeutet also, dass man über bestimmte Fähigkeiten und Eigenschaften verfügt.[199]

Erst die wahrnehmende und denkende, sich erinnernde und empfindende Psyche kann einer körperlichen Hülle das Leben der Seele einhauchen. Verfügt Rheya über kognitive und emotionale Potentiale, die bald in Chris' Erinnerung, bald in einer eigenständigen Wurzel gründen, wird ihr das Seelenvermögen des Gedächtnisses in ebensolcher Ambivalenz zuteil. „Ich erinnere mich nicht daran, diese Dinge erfahren zu haben,“ erklärt Rheya, „ich erinnere mich nicht daran, dass ich selbst dabei war.“ Auf Prometheus angekommen, gelingt es ihr, das gemeinsame Appartement zu beschreiben und den Ort der ersten Begegnung zu benennen, die leibhaftige Erinnerung eines

[197] In der Gesprächsrunde unter Freunden, als Rheya ihren Glauben an eine „höhere Form der Intelligenz“ zum Ausdruck bringt, entgegnet ihr Chris: „We're a mathematical probability.“
[198] Schönpflug 2006, S. 19.
[199] Beckermann 1999, S. 766.

Subjektes jedoch scheint verschütt gegangen, obschon die Großaufnahmen ihres Gesichtes, indem sie die Rückblenden der irdischen Trennung einleiten, diese Szenen als aus ihrer persönlichen, subjektiven Erinnerung stammend markieren.

Die Erinnerungssequenz beginnt mit der Halbtotalen eines Fensters, aus welchem Rheya auf die lilafarbenen, weißen und bläulichen Nebel des Planeten SOLARIS blickt, bis nach wenigen Sekunden die in Schatten getauchte Großaufnahme ihres Profils folgt, wobei eine hell leuchtende Konturlinie Nase, Mund und Kinn begrenzen. Die anschließenden Bilder aus der Erdenzeit werden von ebendieser Einstellung Rheyas Seitenansicht unterbrochen, welche nun aber von einem leichten Zittern des Halses, einem beinahe unmerklichen Federn und Wanken des Kopfes gezeichnet ist. Kaum verfällt die irdische Rheya in einen Krampf des Weines, schließt die außerirdische ihre Lider, wie um sich der Bilder, die vor ihrem Auge sich entfalten, zu entziehen, öffnet leicht den Mund im stummen Schrei und senkt den Kopf, als könne sie die drückende Last der Erinnerung nicht länger bürden. Ein Achsensprung führt über in die Bilder Rheyas tabletteninduzierten Selbstmordes auf der Erde, an deren Ende die Kamera dem Gesicht der sich Erinnernden in einer extremen Großaufnahme nahe gerückt ist. Die in SOLARIS singuläre Einstellung von außen durch das Fenster des Raumschiffes hindurch lässt die von der Scheibe reflektierte Bewegung dünner Nebelschwaden über Rheyas Gesicht flattern, worauf ein heller Lichtbalken das Bild horizontal, leicht geneigt durchschreitet und ihr Antlitz erhellt.

Die paradigmatische Szene des filmischen Melodramas, „eine Frau allein in einem dämmrigen Zimmer,“[200] verknüpft sich hier mit einer Rückblende, welche die wesentlichen narrativen Informationen der Sequenz vermittelt: der Streit ob Rheyas heimlicher Abtreibung, die Chris als Vertrauensbruch und Tod der Ehe begreift, eskaliert, obzwar Rheya beteuert, ohne den Ehemann verloren zu sein, im unsensiblen Fortgang desselben, woraufhin die Verlassene den Freitod wählt. Als ebenso bedeutsam wie die „Bewegungs-Bilder“[201] dieser Szenen des Endes einer Ehe, in welchen sich die „sensomotorischen Situationen“[202] direkt in Aktion und Reaktion umsetzen und an welchen der Zuschauer vermittels der Identifikation mit den Figuren teilhat,[203] erweisen sich die interpunktierenden Großaufnahmen Rheyas Gesichtes. Erst diese, eine nachzeitige Temporalität markierend, verwandeln die Bewegungsbilder in „Er-

---

[200] Kappelhoff 2004, S. 32.

[201] *Das Bewegungs-Bild* ist der Titel Deleuze' erster Kinostudie. Vgl. Deleuze 1997a.

[202] Deleuze 1997b, S. 13.

[203] Vgl. Deleuze 1997b, S. 11 – 26.

innerungsbilder,"[204] indem sie der Subjektivität „eine neue Bedeutung, die nicht mehr länger motorisch oder materiell, sondern zeitlich und geistig ist,"[205] verleihen. Erst diese verknüpfen das erinnerte Objekt mit einem Subjekt des Erinnerns, dessen zunehmende Betroffenheit von den Modulationen des Gesichtes, der Steigerung dessen Bewegtheit und Glanzes qua Mimik und Ästhetik ausgedrückt wird. „Es handelt sich um dasjenige, was sich zu der Materie ‚hinzufügt',"[206] schreibt Deleuze, als bezöge er sich auf Rheyas materielles Wesen, dem, erinnernd, sich ein Immaterielles erschließt. Rheyas Blick aus dem Fenster wird so zu einem zentralen Moment in SOLARIS. Was im Zusammenspiel von Licht und Farbe, von Augenblicken der Stille und klassischen Melodien monotoner Streicher, durchsetzt von Flöten und Glockenspielen, entsteht, ist das Bild eines Empfindens, das der Figur der Rheya ein von der Erinnerung ausgelöstes subjektives Inneres verleiht. Auf verwandte Art und Weise analysiert Kappelhoff eine Szene aus APPLAUSE (APPLAUS, USA 1929, Regie Rouben Mamoulian), die für die Beschreibung Rheyas Erinnerungssequenz aus SOLARIS fruchtbar gemacht werden kann, wenn nur statt des „Lichtes von der Straße" der helle Lichtbalken des Planeten SOLARIS, statt des „Straßenlärms" das summende Rauschen der Computerventilatoren auf Prometheus und statt der „Leuchtreklame" die farbigen Nebel des Weltalls gedacht werden:

> Was entsteht, ist ein stilisiertes Bild, das auf die Leere des Gesichts, das Schweigen der Figur referiert. Sein Ausdruck bezieht sich auf das buchstäblich Unsagbare ihrer Gefühle. Im selben Maße, in dem die Elemente der dargestellten Welt (eine Frau allein in einem Zimmer, die Geräusche, das Licht von der Straße) selbst dramatisiert, selbst darstellend werden, verlieren sie ihre „realistischen" Bezüge (Straßenlärm, Leuchtreklame) und formieren sich zu einem Bild des Gefühls: das Flackern des Lichtes wird eindringlicher, die Geräusche verstärken sich, die Bewegungen der Schauspielerin werden zunehmend selbstvergessen. Der Raum, in dem sich bisher eine Handlung vollzog, löst sich auf in einer Collage von Klang und Lichtwerten, mit der das kinematografische Bild selbst zu einer empfindsamen Oberfläche geworden ist, an der sich die Empfindungsregungen der Protagonisten zeigen, als sei die Leinwand ihr Gesicht. Deutlich handelt es sich nicht um eine subjektive Perspektive – das Bild zeigt nicht etwa, was die Protagonistin sieht, indem die Kamera deren Position übernähme –, und doch bringt das Bild eine subjektive Wahrnehmungs- und Empfindungswelt zum Ausdruck. Seine Ausdrucksqualitäten – Licht und Geräusche – lösen sich von den Raumbezügen, sie referieren auf ein Außen des wahrnehmungslogischen Raums, auf das unsichtbare Innenleben der Figur.[207]

In SOLARIS wird ebendieses, das Innenleben der Rheya, jedoch keineswegs figuren-

[204] Deleuze 1997b, S. 69.
[205] Ebd.
[206] Ebd.
[207] Kappelhoff 2004, S. 32/33.

psychologisch vorausgesetzt, sondern im Entstehen der Erinnerungsbilder, in den farblichen und klanglichen Modulationen der Großaufnahme erst erschaffen.

Nachdem der leuchtende Balken über Rheyas Profil hinweg gezogen ist, versinkt im düsteren Spiel der Schatten ihr Antlitz – mit Ausnahme des Auges, jenes ihrer Körperteile, welchem die filmische Inszenierung die höchste Aufmerksamkeit widmet, so wenn in einer Fülle an Szenen ein Lichtkegel die Lider zart umrahmt und ihnen ein zusätzliches Strahlen verleiht. Mit Natascha McElhones „beinahe hypnotischen Augen"[208] schaut Rheya auf den Planeten Solaris und lässt ihre Blicke schweifen. In den Szenen des Dialogs mit Chris fixiert die Kamera, konträr zum konventionellen Schuss-Gegenschuss-Prinzip, auffällig lange Rheyas „architektonisches, markantes Gesicht,"[209] dessen holzschnittartige Starre von der extremen kinetischen Kraft ihrer Augen durchbrochen wird, um gleichsam zu explodieren. Stetig wandern die Pupillen, bis das Weiß des Augapfels hervortritt, während sich die Lider heben und senken, beständig tanzt unter den dichten Augenbrauen ein Strahlenkranz langer, dunkler Wimpern, welche die mal im satten Grün, mal im tiefen Blau schimmernde Iris umrahmen. Sich kontinuierlich modulierend, lösen sich Rheyas Augen in den Großaufnahmen aus dem Gesicht heraus, dessen Wangen und Stirn, weit ausgedehnte, glänzend glatte Flächen „von einer unwirklichen Schönheit,"[210] in völliger Unbewegtheit harren, als wären sie in Stein gemeißelt. Was hier zum Ausdruck kommt, ist der leibhaftige „Augen-Blick"[211] der Rheya Kelvin, deren Augen ihr das Sinnesorgan bedeuten, dank dessen ihr, der materialisierten Wunschfantasie, die menschliche Seelenfunktion der Wahrnehmung zuteil wird. Und „esse est [...] percipere,"[212] so lässt sich mit George Berkeley hinzufügen.

„Die Kamera erkundet ihr Gesicht wie eine sich immer wieder entziehende Traumlandschaft, in der Kelvin nach Spuren sucht, die nicht bloß seine Phantasmen sind,"[213] schreibt Peter Körte. Tatsächlich lassen sich solche Spuren entdecken, denn Rheya nimmt wahr und erinnert sich, empfindet und denkt. Nichtsdestoweniger gründet ihre Wahrnehmung in irreal wirkenden, „seltsam [...] spukenden Augen"[214] und die Person namens Rheya, an die sie sich erinnert, scheint nicht sie selbst zu

[208] Romney 2003, S. 13. Übersetzung AP.
[209] Horst 2003, S. 12.
[210] Körte 2003 in der *Frankfurter Allgemeinen Sonntagszeitung*.
[211] Köstergarten 2003, S. 11.
[212] Berkeley 1913, S. 22.
[213] Körte 2003 in der *Frankfurter Allgemeinen Sonntagszeitung*.
[214] Romney 2003, S. 13. Übersetzung AP

sein,[215] ihre Gefühle entstammen Chris Kelvins Bild seiner psychisch labilen Ehefrau und ihr Denken kreist nur um dies: „Bin ich wirklich Rheya?" SOLARIS wirft Fragen auf, ohne sie zu beantworten. Ist Rheya Mensch oder nicht? Lässt die inszenatorisch exponierte physische Präsenz auf eine psychische Identität schließen? Ist die im Weltall Wiedergekehrte mit der auf der Erde Gestorbenen identisch? Chris entscheidet sich dafür, dies zu glauben – und wird belohnt. Weil er sich im Angesicht der Chance sieht, die Vergangenheit modifizieren, seine Schuld aufheben und seine Liebe zu Rheya leben zu können, wählt er am Ende nicht die Rückkehr zur Erde, wo er Rheya für immer an den Tod verloren hat. „Und doch hast du mich geliebt, und ich liebe dich," lautet die Nachricht, die Rheya, ausgelöscht durch Gordons Maschine, Chris hinterlässt, „ich wünschte, wir könnten für immer in diesem Gefühl leben. Vielleicht gibt es einen Ort, an dem wir das können." Am Ende, nachdem das Raumschiff samt Chris mit Solaris kollidiert ist, scheinen die Liebenden diesen Ort erreicht zu haben, ein verheißungsvolles Jenseits, wo die Worte des Dichters Dylan Thomas, Leitmotiv der Beziehung seit der ersten Begegnung des Paares, endlich Gültigkeit erlangen, ewiglich:

> And death shall have no dominion.
> Dead men naked they shall be one
> With the man in the wind and the west moon;
> When their bones are picked clean and the clean bones gone,
> They shall have stars at elbow and foot;
> Though they go mad they shall be sane,
> Though they sink through the sea they shall rise again;
> Though lovers be lost love shall not;
> And death shall have no dominion.[216]

Rheya, die geliebte Frau, die zu Lebzeiten die Bilderlosigkeit der gemeinsamen Wohnung kaum ertrug, ziert nun als Fotografie den Kühlschrank, dem Chris Zucchini entnimmt, sich gänzlich auf der Erde wähnend, bis seine blutende Schnittwunde am Finger wie von Geisterhand heilt. Ein Blick dämmernder Erkenntnis haftet sich an Rheyas Porträt, deren plötzlich einsetzende, sanfte Stimme ihn zusammenzucken und die Augen schließen lässt, als fürchte er, durch Blicke in den Raum die Illusion Rheyas Nähe zu zerstören, wagt er doch nicht zu glauben, dass das leise Nennen seines Namens keiner halluzinatorischen Fantasie entspringt. Noch einmal ruft Rheya nach Chris, während dieser sich ihr voller Verwunderung zuwendet und ihr entgegentritt, um schließlich vor einer so wunderschönen wie wundersamen Erscheinung zu

[215] „I'm not the person I remember," so Rheya.
[216] Thomas 1967, S. 16.

stehen. Alles sei vergeben, das Paar endgültig vereint, flüstert Rheya, bevor die Liebenden sich umarmen und aneinander festhalten, so dass Thomas' Idee der Auferstehung durch Liebe sich wahrhaftig zu erfüllen scheint.

> Wenn sie sinken ins Meer solln sie auferstehen.
> Wenn die Liebenden fallen – die Liebe fällt nicht;
> Und dem Tod soll kein Reich mehr bleiben.[217]

Die Frage nach dem ewigen Leben erweist sich in SOLARIS als eine Frage der Liebe, der Partnerschaft und des emotionalen Zweiseins. Wenn die Liebenden am Schluss, nachdem „Leben" und „Tod" leere Kategorien geworden sind und die Verortung im „Diesseits" oder „Jenseits" jeder Sinnfälligkeit entbehrt, ihre Liebe endlich und endgültig leben dürfen, offenbart sich, dass die Liebe alle biologischen Fakten der menschlichen Existenz überwindet. Ewigkeit bedeutet Chris und Rheya ewige Liebe, eine Liebe, die Raum und Zeit übersteigt und stärker ist selbst als der Tod. In der finalen Auferstehungshoffnung vermittelt SOLARIS den Glauben, dass der Mensch, solange er geliebt, solange seiner gedacht, solange von ihm geträumt wird, nicht tot ist, weil er in der Erinnerung und in der Liebe fortlebt.

Der Abschlusssequenz des Films, der ewigen Vereinigung der Liebenden in gelebter Liebe, geht eine Szene voran, die ausdrücklich auf Michelangelo Buonarrotis *Die Erschaffung Adams* (1510 – 1512) rekurriert, jenes wohl berühmteste Gemälde der Sixtinischen Kapelle, in welchem Gott, „den Menschen als sein Abbild, als Abbild Gottes" (Gen 1,27) erschaffend, über den ausgestreckten Zeigefinger dem gebetteten Adam den Atem des Lebens einhaucht. Im Flackern eines Lichtes tritt in SOLARIS auf den herniedergestreckten Chris ein Junge, die prometheische Kopie Doktor Gibarians Sohnes, dieses Freundes, dem zuliebe Chris zur Forschungsstation aufgebrochen war, zu, um wie dereinst der michelangelosche Gott dem ruhenden Geschöpf die Hand entgegenzustrecken, welche die körperliche Hülle in neues Leben zu führen vermag. Ein Einstellungswechsel um einhundertachtzig Grad enthüllt in einer Halbtotalen eine Bildkomposition, die jener des Michelangelo präzise gleicht: den gebeugten rechten Arm aufgestützt, auf ein Leitungsrohr statt auf einen Felsvorsprung, ein Bein leicht angewinkelt, den Blick, wie Adams mit einem Ausdruck zwischen Ohmacht und Sehnsucht, zur Seite gewandt, erhebt Chris langsam seinen linken Arm, dessen Spitze ein sich streckender Zeigefinger markiert, welcher die Hand des Gegenübers in der rechten Bildhälfte, die Finger des Knaben statt des bärtigen Gottes, zu erreichen versucht. Hält Michelangelos Fresko unmittelbar vor der Berührung der Finger inne, nä-

[217] Thomas 1967, S. 17, Übersetzung von Erich Fried.

hern sich in SOLARIS ebendiese in einer Großaufnahme einander an, bis Chris' Hand endlich die des Kindes fest umfasst und der Schattenriss der Hände in strahlend hellem Licht aufgeht, worin der emphatisch inszenierte Körper Chris Kelvins, dem Schweißtropfen auf der Stirn stehen und eine Träne aus dem Augenwinkel rinnt, seine postmortale Neubeseelung erfährt. Das Verhältnis von Menschsein, Berührung und Leib erklärt Joachim Küchenhoff mit Maurice Merleau-Ponty:

> „Ein menschlicher Körper ist vorhanden, wenn es zwischen [...] Berührendem und Berührten, [...] zwischen einer Hand und der anderen zu einer Art Begegnung kommt, wenn der Funke des Empfindend-Empfundenen sich entzündet." [...] Nirgendwo ist der Funke des Empfindend-Empfundenen, ist die Entstehung des Selbst aus der Berührung und dem Zwischenraum der Berührung schöner dargestellt als in der *Erschaffung Adams.* [...] Das Verhältnis von Mensch und Gott konzentriert sich in der unmittelbar bevorstehenden, vielleicht auch der gerade schon vollzogenen Berührung der Finger, man meint den Funken, von dem Merleau-Ponty spricht, unmittelbar sehen zu können zwischen den Fingerspitzen.[218]

Ein Funken ob der Berührung trifft auch Chris Kelvin, der darin zum Wesen wird, welches jenseits von Leben und Tod existiert, zum unsterblichen Menschen in Körper und Geist. Durchzieht den gesamten Film die nicht unproblematische Frage, welche Art der Interdependenz von Immateriellem und Materiellem, von Psyche und Physis den Menschen konstitutiv zum Menschen mache, finden diese Reflektionen ihren Fokus der Lösung in der michelangeloschen Erschaffungsszene, deren bildlicher Anordnung die ganzheitliche Vorstellung einer Einheit von Leib und Seele eingeschrieben ist. Medizinisch geschulte Blicke erkennen in der Form des roten Umhangs, welcher Gott und Engel wie eine Muschel umgibt, die neuroanatomische Darstellung eines Längsschnittes durch das menschliche Gehirn, während die Umrisslinien Adams sowie des Jünglings an seiner Seite, der ins nächste Bildfeld überleitet, Assoziationen an die Anatomie des menschlichen Herzens samt den Vorhöfen, den Mitral- und Trikuspidal-Klappen sowie den Hauptkammern wecken.[219] Michelangelos tiefgehende anatomische Bildung, geprägt von Körperstudien, Autopsien und Sektionen, floss in die künstlerische Gestaltung der Sixtinischen Kapelle ein, in deren Teilfresko *Die Erschaffung Adams* der Florentiner Meister

> erstmalig den menschlichen Geist auf dessen neuro-anatomischer Grundlage in Verbindung mit Gott dargestellt [hat]. Der menschliche Geist / Gott steht in direkter Interaktion mit dem das Leibliche des Menschen symbolisierenden Herzen, dem Zentrum des Körperlichen, und zwar auf gleichwertiger Ebene. Gehirn und Herz werden also als die zentralen, über die Hände und Finger der beiden Personen verbundenen Organe, als Einheit von Geist und

[218] Küchenhoff 2006, S. 4.
[219] Vgl. Allmers / Baur / Baur 1996, S. 35 – 38 sowie Marzo-Ortega / Strauss 2002, S. 515.

Körper begriffen.[220]

Die Berührungen der Finger und das Ineinander der Hände bewirken, so auch in SOLARIS, die Einheit von Hirn und Herz, von Geist und Körper, deren Vereinigung die wahre Existenzform des Menschen, eine ganzheitliche, leibliche wie seelische, birgt. Hierin findet der Film schließlich seine Antwort auf die fundamentale Frage nach dem Wesen des Menschen, die vornehmlich in den betonten Körperinszenierungen gestellt wurde. Der Mensch, das ist die Einheit von Seelischem und Körperlichem, die Verschmelzung von Psyche und Physis, die Beseelung einer leiblichen Hülle mit dem göttlichen Geist, damit der Mensch unsterblich werden kann, in der Liebe und in der Erinnerung.

[220] Allmers / Baur / Baur 1996, S. 36.

3 Die Entwürfe des Räumlichen

3.1 Das Konzept des Bildraums

Die Illusion eines homogenen kinematografischen Raums markiert den Kern der Termini „Erzählraum" und „Handlungsraum", diese auf den filmischen Raum bezogenen Äquivalente der „klassischen Erzählweise". Sei es, dass der Schwerpunkt auf der ideologischen Funktion des narrativen Prozesses, der Syntax des unsichtbaren Schnittes und der Grammatik der Schuss-Gegenschuss-Einstellungen liegt (Erzählraum), sei es, dass sich der Akzent auf ein apriorisches Orientierungsschema des Zuschauers im Raum verlagert (Handlungsraum), beide Ansätze wurzeln im Konzept des klassischen Hollywoodfilms, dessen Bilder, scheinbar ursprungslos, einen realistischen Raum simulieren, in welchem der Zuschauer die räumlichen Formen und Verknüpfungen analog zur Alltagswahrnehmung perzeptiv erschließt, kognitiv erkennt und emotional durchdringt. In diesem konventionellen Konzept des kinematografischen Raumes finden Abweichungen und Differenzen, also filmische Räume, die „sich zwar auf die Realität der Alltagswahrnehmung beziehen, deren ästhetische Funktion sich aber nicht in deren Reproduktion erfüllt,"[221] keinen Platz. Deshalb führt Kappelhoff filmanalytisch den Begriff des „Bildraumes" ein, der den abweichenden und differierenden Raumkonstruktionen in MAGNOLIA, 21 GRAMS und SOLARIS erst wahrhaft gerecht wird, weil sich in diesen Filmen die dargestellte Welt niemals im Sinne homogener, realistischer und kontinuierlicher Handlungsräume präsentiert.[222]

So verweigert MAGNOLIA, obschon der titelgebende Zierbaum eine Straße im San Fernando Valley bezeichnet, in der all die erzählten Schicksale gleichzeitig stattfinden sollen,[223] jedweden Establishing Shot und beschränkt sich stattdessen auf Bruchstücke von Orten und Räumen, deren geografische Verknüpfungen kaum je erahnt werden können, wenn weder Aufzug noch Tiefgarage, als hätte man der Blüte einzelne Blätter entrissen, eine Verbindung zu dem Gebäude besitzen, als dessen Teil sie fungieren. Die architektonischen Räume werden auch in 21 GRAMS zerschnitten, da mit der zeitlichen Diskontinuität die räumliche einhergeht und die Vielzahl der

[221] Kappelhoff 2005, S. 140.
[222] Vgl. Kappelhoff 2005, S. 138 – 148.
[223] Vgl. Anderson 2000, S. 198.

Groß- und Nahaufnahmen die Koordinaten einer zentralperspektivischen Raumorganisation auflöst, zumal die besondere Montage konventionelle Anschlussverfahren sprengt. In SOLARIS erschaffen Achsensprünge und Jump Cuts einen diskontinuierlichen Raum, dessen fehlende alltagsillusorische Übergänge zwischen den Räumen in einer „Art kubistische[n] Methode“[224] von Schnitten durch die Räume sowie mehrperspektivischen Raumbildern ersetzt werden.
Büßen alle drei Filme die Illusion eines homogenen und kontinuierlichen Raumes ein, charakterisiert genau dies den kappelhoffschen Bildraum, der diverse und divergierende Spielarten einer Subjektivierung des Bildes miteinander verknüpft, ohne „melodramatische Stimmungsmalerei“[225] sowie eindeutige Zuschreibungen, sei es an ein subjektives Figureninnern, sei es an eine objektive Realität, zu forcieren. In permanenter Modulation beispielsweise von Licht und Farbe entfaltet sich ein Bildraum, welcher sich wesenhaft erst in der ästhetischen Erfahrung des zuschauenden Subjektes, in der „Verschränkung symbolischer und ästhetischer Aktivitäten des Zuschauers mit den optisch-akustischen Wahrnehmungsspuren, aus denen die Filme gebaut sind,“[226] realisiert. Dies sei der analytische Nährboden, auf welchem nun die anschließenden Überlegungen zu den Räumlichkeiten in MAGNOLIA, 21 GRAMS und SOLARIS fruchtbar gemacht werden sollen.

[224] Kappelhoff 2005, S. 144.
[225] Ebd.
[226] Kappelhoff 2005, S. 147/148.

3.2 Der Raum der Empfindung – Metapher, Maskerade und MAGNOLIA

Wie Claudia, Jimmy Gators Tochter in MAGNOLIA, im leblosen Blau einer Wohnung, deren Fenster von dunklen Tüchern bedeckt werden, vegetiert, als sei sie lebendig begraben, zeigen sich die künstlichen Kaminfeuer und Lichter auch in Earls Haus bereits morgens zu schwach, um wirkliche Helligkeit zu erzeugen, worin eine emotionale Kälte offenbar wird, gegen die sich sogar Linda Partridges Pelzmantel, den sie, im kalifornischen Encino trotz des Schauerwetters eine Absurdität, niemals ablegt, macht- und hilflos erweist.

Der filmische Raum, ob Claudias blaustichige Höhle oder Earls finsteres Schattenreich, wird in MAGNOLIA zum Ausdruck einer subjektiven Innenwelt. Kaum entsteigt Linda im kühlen, blauen Neonlicht der Tiefgarage ihrem Auto, gelangt sie, ohne dass die Örtlichkeit de facto etabliert würde, aus einem Aufzug ins Sprechzimmer ihrer Psychiaterin, wo sie sich nervös, einem Tier in der Falle gleich, um sich selbst dreht, sich die Nase putzt und einige Schritte geht, während sich der Hintergrund der halbnahen Einstellung in einen Prospekt blauen Regenwetters und eine in rotbraunes Licht getauchte Wand teilt. Wie ein Echo bezieht sich diese Raumgestaltung auf jene im partridgeschen Heim, wurde die gehetzte Frau dort, sich ebenso hastig hin und her bewegend, in einem Zimmer eingeführt, dessen große Glaswände den Blick auf blaugrüne Vegetation freigeben, unterbrochen nur von den Säulen hellbrauner Vorhänge und der braun marmorierten Wand eines künstlichen Kamins. Sei es das rötliche Braun des Sprechzimmers, das weiß durchsetzte des Kamins oder das transparente der Vorhänge, sei es das kräftige Blau der Regenwelt, das grünliche Blau der Pflanzen oder das grau schimmernde Lindas Oberteils, konstant werden farbliche Grundtöne moduliert, deren antithetisches Arrangement eine innere Zerrissenheit widerspiegelt. Knüpft das Kalte ans Warme, das Blaue ans Rote an, entspricht diesem kinematografischen Bild kontrastreicher Farblichkeit, weit entfernt sowohl von reiner Symbolisierung als auch von reiner Abbildlichkeit, ein Psychisches der Disharmonie, des Zwiespalts und des Konfliktes.

Scharfe Kontraste und harte Gegensätze kennzeichnen das Gemüt der Linda Partridge in MAGNOLIA, die den Mann liebt, welchen sie bislang nur auszunutzen verstand, finanziell wie emotional, wofür sie sich selbst so sehr hasst, dass sie im Freitod den einzigen Ausweg zu erkennen glaubt. Ebendieser Wunsch der Selbstauslöschung teilt sich ästhetisch bereits in ihrer Expositionsszene mit, und zwar in deren leeren Bildkadern, in welchen Linda sich den Zooms und Fahrten der Kamera in hurtigen, hektischen Wendungen ihres Körpers entzieht und schließlich den Blick freigibt auf die lange Kleiderstange ihres begehbaren Schrankes, wo sich ein Designerstück ans andere reiht – als Zeichen der vormaligen, ehelichen Prostitution ein Bild dieser Schuld, die sie in Verzweiflung und Selbstmord treibt. Wenn sich am Ende der Unterredung zwischen Linda und dem Rechtsanwalt der bildliche Hintergrund im Blauschwarz einer räumlichen wie psychischen Dämmerung auflöst, impliziert diese Annullierung des kinematografischen Raumes Todeswunsch und Suizidgedanke, die Sehnsucht nach einer Auflösung des eigenen Selbst. Als Linda in der geschlossenen Garage am Steuer ihres Mercedes sitzt, führt in die flache Unbestimmtheit des Grauschwarz der Hintergrund, während das fahle, grünstichige Licht, das auf ihr Gesicht fällt, bereits Assoziationen an Leblosigkeit und Verwesung weckt und das automatische Erlöschen des elektrischen Lichtes Lindas Gesicht gänzlich in des Todes Schwärze, Ortlosigkeit und Nebel taucht. Mag letzterer in der Gestalt blau leuchtender Rauchschwaden auch realistisch durch die Auspuffabgase motiviert sein, bezieht er sich doch nur prima facie auf die Objektivität eines äußeren Geschehens. Tatsächlich erschafft das Bild des blauen Dunstes, in dem die dem Selbstmord nahe Linda Partridge zu verschwinden droht, einen Innenraum der Seele, in welchem das Bewusstsein und psychische Empfinden der Figur, die quälende Reue ob des Ehebruchs und der Prostitution sowie das „Zu Spät“ ihrer Liebe zu Earl, sich unmittelbar artikulieren.

Bringen die tiefen Furchen und Falten Lindas Gesichtes sowie ihre im Krampf verzerrten Lippen angesichts des taktlosen Apothekers den munchschen „Schrei“ der Verlorenheit, Angst und Trostlosigkeit zur bildlichen Darstellung,[227] löst sich in der anschließenden Szene, dieser im Sprechzimmer des Anwalts, der Ausdruck der Verzweiflung vom Körper der Figur, vom Mienenspiel der Schauspielerin, indem die Raumgestaltung selbst mithilfe der Lichtführung das Anwachsen Lindas inneren Schattens offenbart; wie sich der Ausdruck der Empfindung vom Schauspiel löst, löst sich die Empfindung selbst von der Figur. In dem mit dunklem Holz getäfelten,

[227] Hier beziehe ich mich auf Edvard Munchs Gemälde *Der Schrei* (in vier Fassungen 1892 bis 1895), dem „vielleicht [...] am extremsten expressionistischen Bild der internationalen Kunst.“ (Stang 1982, S. 60) Nic Stang ordnet den *Schrei* lebens- und motivgeschichtlich Munchs „Angstbildern“ zu: „Schließlich findet diese Serie von sechs Bildern ihre erschreckende Lösung in der *Verzweiflung* – im *Schrei*. [...] Einer von denen, die über das Bild schrieben, als es ebenso neu wie erschreckend war, stellte [...] fest, dass ‚die Welt ein Irrenhaus‘ sei. Dem Bild liegt, wie erwähnt, ein tiefes persönliches Erlebnis zugrunde. [...] In solchen Landschaften findet Munchs eigene nervöse und empfindsame Seele Ausdruck.“ (Stang 1982, S. 59 und S. 62)

schwach beleuchteten Raum ersetzt das Spiel der Schatten die Expressivität des Schauspiels wie der Mimik und verwebt sich mit den Modulationen der Farblichkeit, wenn vor den roten und blauen Lichtern des Hintergrundes Lindas weißes Gesicht vom Dunkel einfallender Schatten so beschnitten und zerteilt wird, dass der Großaufnahme ein Bild reiner Verzweiflung und Hoffnungslosigkeit entspringt – eine Affektdimension, die über die Figur selbst und deren personale Integrität hinausgeht, um das modellhafte Bild der Verzweiflung und des nahen Todes zu erschaffen, den Ausdruck nichts als des reinen Schmerzes, einen „Affekt, [...] der niemandem gehört, der nicht zugeordnet ist, weil er die Figur übersteigt [...und] nicht zu verorten ist.“[228] Die rhythmische Textur aus Farblichkeit, Kameraästhetik und Bildkomposition, Licht und Schatten, kurz, der kinematografische Raum, dessen Inszenierungen und Dramatisierungen ein Jenseits der narrativen Ökonomie und des erzähllogischen Realismus beschreiben, entfaltet in MAGNOLIA Empfindungswelten, das heißt Interieurs der reinen Empfindung, welche sich von der personalen Identität der dramatis personae zu lösen und in eine Dimension reiner Ausdrucksqualität einzutreten vermögen. Für Linda Partridges Bild der Verzweiflung gilt, was Kappelhoff als lyrische Figuration des filmischen Raumes entwickelt:

> Das Bild des Leidens, an niemanden gerichtet und von niemandem gesehen, hat innerhalb der objektiven Welt der Erzählung keinen Ort: Dieses Bild erzählt nicht von der Befindlichkeit der Figur, sondern setzt deren Empfinden in einer rhythmischen Textur aus Geräuschen und Lichtwerten als eine Verwandlung des äußeren Raums in ein phantasmatisches Bild in Szene. Gleichsam an Stelle der dargestellten Figur tritt es dem Zuschauer unmittelbar im dunklen Raum des Kinos als ein kinematisches Bild des Empfindens vor Augen: die Simulation eines Wahrnehmungs- und Empfindungszustands, der Reiz des in die Augen fallenden Lichts, das anschwellende Geräusch einer aus den Fugen geratenen Welt. Diese Überschreitung des Horizonts der diegetischen Welt auf ein dunkles, schweigendes Außen ist die Pathosformel melodramatischer Darstellung. Eben deshalb ist diese so häufig mit dem Tod der Figur verbunden.[229]

Dank Licht und Farbe, Kamerabewegung und Montage, Musik und Geräusch verwandle sich der realistische Handlungsraum in ein kinematografisches „Empfindungsbild,“[230] in den Raum des die Figur übersteigenden Empfindens. Nicht der Bewusstseinszustand eines leidenden Ichs artikuliere sich, sei es im Raum, sei es im Schauspiel, in den Äußerungen der Figur oder im Geschehen des Dramas, sondern die Figur selbst werde „ihrer ganzen Erscheinung nach zu einem Teil der lyrischen

[228] Kappelhoff 2004, S. 159.
[229] Kappelhoff 2004, S. 46.
[230] Kappelhoff 2004, S. 60.

Figuration,"[231] welche erst im Ganzen des Raumes den unmittelbaren Affekt des Leidens offenbare.[232] Dass sich die räumlichen Innenwelten in MAGNOLIA von der Identität der Figuren als Personen lösen, weil „die Figur selbst wiederum aufgeht in einem sie übersteigenden Bild des Leidens,"[233] zeigt sich paradigmatisch in der höchst dynamischen Plansequenz, die den zweiten Teil des Films einleitet.

In einer ausgedehnten, durch keinen Schnitt unterbrochenen Fahrt führt die Kamera in das Labyrinth der Studiohinterräume hinein, in kahle, von Schatten gezeichnete Flure und mal kalt blaue, mal faulig braune Gänge, in die unbestimmte Flächigkeit monochromer Hintergründe und in graue Dielen, wo sich immer neue Türen und karge Hinterräume öffnen, während die Kamera den Figuren folgt, diese verliert, Unbekannte aufgreift, um abermals zu Bekannten zu gelangen. Konstant schwankt ihre Höhe zwischen Hüfte und Schultern der sich in schmalen Gängen befindlichen Figuren, so dass eine klaustrophobische Atmosphäre evoziert und jede räumliche Orientierung, ex aequo bedingt durch die extreme Dynamik der Drehungen und Wendungen sowie die kontinuierlich hohe Geschwindigkeit, zur Unmöglichkeit wird. Die Tonspur kombiniert unheilvoll vorwärts drängende Orchestermusik mit sich überlagernden Gesprächsfetzen verschiedenster Stimmlagen, Inhalte und emotionaler Töne; die Seelen sind in Aufruhr, in Beklemmnis, in Not, verunsichert und verwirrt, aufgewühlt und abgespannt, voller Leid und Schmerz, Pein und Qual.

Was hier allerdings vornehmlich und wesenhaft zum Ausdruck kommt, ist eine Empfindungswelt, deren affektive Dimension weder mit der subjektiven Sichtweise Stanley Spectors, an dessen Schulter sich die Kamera zu Beginn der Plansequenz heftet, noch Jimmy Gators, in dessen Büro die Sequenz endet, korrespondiert und ebenso wenig mit dem Interieur eines leidenden Ensembles zur Deckung gebracht werden kann. Der Dynamik der Kamera, dem Flackern von Licht und Schatten, den Großaufnahmen Stanleys ausdruckslosen Gesichtes, an dessen Stirn die nassen Haarsträhnen kleben, der fahrigen Gebärdenkommunikation der Aufnahmeleiterin Cynthia und der kontrapunktischen Interpunktion der verbalen Sprache vor dem Hintergrund orchestraler Musik entsprießt genuin ein Absolutum des Leidens, das jedwede Figur übersteigt. Ein Raum des reinen Empfindens entsteht – ein Bildraum der Seelenqual, Metapher des Schmerzes, der Verzweiflung, der Verlorenheit.

Räumlichkeit verknüpft sich in MAGNOLIA stets mit dem „Prozess des Durchführens

[231] Ebd.

[232] Vgl. Kappelhoff 2004, S. 44 – 49, S. 59 – 62 sowie S. 156 – 163.

[233] Kappelhoff 2004, S. 60.

und Entfaltens einer Metapher, [... mit dem] Entstehen eines Bildraums oder eines symbolischen Raums."[234] Diese sinnbildhafte Verwendung des Raumes korreliert eng mit der spezifischen Dramaturgie der melodramatischen Form, deren Klimax durch das „Sichtbar-Werden der authentischen Empfindung, die einem trügerischen Schein der Intrigen, Verstellungen und Konventionen ein Ende setzt,"[235] markiert wird – Raum fungiert in MAGNOLIA als Metapher der Maskerade. Wie sich an Earls Sterbebett Jacks mackeysche Maske im Wasser der Tränen auflöst, worin er zur Erlösung gelangt, erfährt in MAGNOLIAS drittem Teil jede Figur einen Moment der Wahrheit, welcher die personale Errettung ebenso bezeichnet wie die dramatische Apotheose. Um dorthin zu gelangen, müssen sich die Figuren der bisherigen Masken entledigen, zumal zu Beginn des Films beinahe alle, mit Ausnahme Linda Partridges, welche die eigene Schuld von Anfang an nicht verdrängt, hinter tadellosen Oberflächen und mühevollen Inszenierungen eine schmerzhafte oder schuldbeladene Vergangenheit verstecken.

Beispielhaft sei Jimmy Gator genannt, dessen saubere Fassade bereits in der Einführung vermittels der Divergenz von Ton- und Bildebene bröckelt, wenn ein Fernsehkommentator die Quizshowikone als „Familienvater" mit der Erfolgsbilanz vierzig treuer Ehejahre, zweier gezeugter Kinder und eines „strammen Enkels" rühmt, während Gator selbst in seinem Büro ebenso mürrisch wie grob mit einer Frau im glitzernden Abendkleid schläft. Die Maske, der „trügerische Schein,"[236] diese „Welt der Verstellung, Täuschung und des bloßen Scheins,"[237] so die traditionell pejorative Konnotation des Maskenbegriffs, birgt das Wesensprinzip seines Daseins. Versteckt sich hinter der Maske des treuen Ehemanns der routinierte Ehebrecher, hinter der Maske des liebevollen Kinderfreunds der missbrauchende Vater, übersetzt MAGNOLIA diesen Konflikt in räumliche und farbliche Strukturen. Jimmys metaphorische Maske entspricht der strahlenden Oberfläche seiner Kinderquizshow, deren Farben und Lichter, Lämpchen und Teppichböden grellbunt und satt leuchten. Rot glänzen Krawatte und Einstecktuch, die mit dem burgunderroten, samtenen Bühnenvorhang sowie dem rotbraunen Holzimitat der Wand korrespondieren, wo rechteckige Lampenfelder die einzelnen Worte des Namens der Sendung *What do kids know?* in bunter Farbenpracht, vom sanften Türkis zum grellen Gelb, vom hellen Orange zum

[234] Kappelhoff 2004, S. 159.
[235] Kappelhoff 2004, S. 46.
[236] Weihe 2002, S. 32.
[237] Ebd.

blassen Violet, zum Strahlen bringen. Dieser Raum jedoch, welcher, in MAGNOLIAS Rauminszenierungen durchaus unüblich, dank der Kamerafahrten in den Zuschauerraum sowie über das Publikum hinweg so eindeutig und präzise etabliert wird, dass die spatialen Verhältnisse, Verbindungen und Verkettungen ohne die geringste Ambivalenz evident werden, entsteht aus einem disparaten Geflecht der Schatten.

Noch fünfzehn Sekunden vor Beginn der Aufzeichnung der Show taucht die schwache, ausschließlich partielle Beleuchtung die Bühne in schwarze und blaue Töne, in deren Vagheit, Dunkelheit und Düsterkeit sich nur schwerlich das leidende Gesicht Stanley Spectors abzeichnet, den es auf die Toilette drängt, dabei den Blick zu Jimmy Gator gewandt, welcher in einer Geste der Erschöpfung und Verzweiflung auf sein Pult hernieder sinkt. Richtet sich letzterer synchron zur langsam einsetzenden Lichtwerdung der sich graduell steigernden Bühnenbeleuchtung auf, bildet dieses warme Strahlen einen scharfen Kontrast zum kalten Licht hinter der Fassade, in den tristen Studiohinterräumen, wo Gator kurz zuvor, eingetaucht in den leblosen Blaustich und vor einem dunklen Holzbrett positioniert, seine Sekretärin Mary über seinen nahen Krebstod informierte. Wie hier die von Schatten verschleierten Gesichter der Figuren mit dem Hintergrund, der leicht gefurchten Holzwand, welche den Raum verflacht und als dreidimensionalen annulliert, zu einem Tableau der Trostlosigkeit verschmelzen, droht die monochrome Unbestimmtheit des blau illuminierten Gangs unmittelbar hinter der Bühne Gator, selbst eine quasi zyanotische Erscheinung, ganz und gar zu verschlingen. Das Blau symbolisiert keineswegs ein Gefühl der Figur, vielmehr erschafft es als reine Ausdrucksqualität, als die Tiefe des Blaus, einen Raum des Kontrastes, dessen Bedeutsamkeit in der Differenz zum strahlenden Showraum liegt. Diese kühle Mattigkeit der Farben und jenes verwirrende Chaos der Labyrinthe, in welche die Plansequenz am Anfang MAGNOLIAS zweiten Akts hineinführt, charakterisieren Gators „Existenz eines Dahinter,“[238] das „die Maske [erst] als Maske aus[weist]“[239] und sein wahres, schuldhaftes Ich zum Vorschein bringt.

Dass Jimmy Gator, genauso wie die parallele Vaterfigur Earl Partridge, an einer Krebserkrankung zugrunde geht, erweist sich im Zuge MAGNOLIAS Metaphorik der Masken insofern als sinnfällig, als die krebskranken Körper im Film ebenfalls zu Metaphern der Maskerade werden, den kinematografischen Räumen gleich, in deren struktureller Zweiteilung in eine Vorderseite hellen Strahlens und eine Rückseite trostloser Schatten, in eine Fassade übersichtlicher Ordnung und einen Hinterraum

---

238 Weihe 2002, S. 17.
239 Ebd.

beängstigender Irrgärten Maskierung und Verdrängung der Figuren zur sinnbildhaften Darstellung gelangen. Im Fall der Tumoren und Metastasen verbirgt ein äußerlich gesunder Körper, dies zumindest in einer durchaus längerfristigen Anfangsphase, ein krankendes Innenleben, bleiben doch, wie auch im Falle Jimmy Gators,

> die Hauptsymptome von Krebs charakteristischerweise [...] unsichtbar [...] – bis zum letzten Stadium, wo es zu spät ist. Die Krankheit, die oft zufällig oder im Verlauf einer medizinischen Routineuntersuchung entdeckt wird, kann weit fortgeschritten sein, ohne irgendwelche merkbaren Symptome sichtbar werden zu lassen.[240]

Während der Initialvorstellung aller Figuren zu Beginn MAGNOLIAS ersten Aktes dringt die Kamera, als betrete sie in einer schnurgeraden Fahrt einen filmischen Raum, in Earls Mund und Rachen ein, begibt sich in den Körper des kranken Mannes wie in ein beliebiges Zimmer der Diegese, um hinter der Maske aus Haut und Haaren das pathologische Innere sichtbar zu machen. Unter der Hülle des faltigen, unrasierten Alten, der, obschon bettlägerig und von der Sauerstoffzufuhr abhängig, fit genug ist, niemals um eine Beleidigung, ein Schimpfwort oder eine freche Antwort verlegen zu sein, verbirgt sich ein aggressiver Tumor, welcher dem Zuschauer des Films MAGNOLIA in medizinischen und labortechnischen Darstellungen visuell dargeboten wird. Dem Bild der Computertomografie eines Lungenflügels folgt eine Lehrbuchillustration des Pulmo, die, in der steten Annäherung der Kamera bis zur beinahe mikroskopischen Vergrößerung, in die Darstellung der Alveolen übergeht, bis die Sequenz auf einem Diapositiv endet, welches, illustriert auch mithilfe des manuell geführten Zeigestabs, das gesunde Organ dem kranken gegenüberstellt. Die Dualität von Innen und Außen, dieser definitorische Kern der Maske, kennzeichnet, so zeigt MAGNOLIA auf eidetische Art, den krebskranken Körper. Dass dieser von der Kameradynamik als räumliche Struktur verhandelt wird, gründet in der gängigen Metaphorik des Krebsleidens:

> Metaphorisch gesehen ist Krebs nicht so sehr eine Krankheit der Zeit als eine Krankheit oder Pathologie des Raumes. Seine hauptsächlichen Metaphern beziehen sich auf die Topographie (Krebs „breitet sich aus“, „wuchert“ oder „dehnt sich aus“; Geschwülste werden chirurgisch „entfernt“) und seine am meisten gefürchtete Folge, fast gleichrangig mit der Furcht vor dem Tod, ist die Verstümmelung oder Amputation eines Teils des Körpers.[241]

In MAGNOLIA wird der menschliche Körper zum Raum, der Raum zur Metapher. Benennt der Terminus „Maske“ jenseits der Maskenmetapher des Alltagsbewusstseins im ganz ursprünglichen, direkten Sinne eine „künstliche Abdeckung des Gesichtes,

---

[240] Sontag 1980, S. 14.
[241] Sontag 1980, S. 17.

des Kopfes oder des ganzen Körpers aus Farbe, Holz, Rinde, Leder, Metall oder einem anderen Material"[242], schmückt eine solche in MAGNOLIA den Körper des Jack Partridge, welcher im schwarzen, ledernen Brustpanzer die Bühne des Frank T. J. Mackey betritt, wobei die reale Maske auf die metaphorische, das Physische auf das Psychische verweist. Der Teenager Jack, der einst die vom Krebs gezeichnete Mutter in den Tod begleitete, verschrieb sich in einer Kompensation der fehlenden respektive totgesagten Vaterperson der Personifikation einer aggressiven, maskulinen Sexualität, nahm eine Maske an, die, so impliziert der Einsatz von Masken innerhalb religiöser Zeremonien, der „Sichtbarmachung eines anderen Wesens in der eigenen Person [dient], [... um] die Kraft Dritter zu gewinnen, seien diese Verstorbene, Götter [...] oder auch nur Geschöpfe seiner Einbildung, deren Stärke er sich zu eigen machen"[243] will, sei es die Stärke des Actionhelden, sei es die des Patriarchen. Jacks mackeysche Maske, diese Imagination des Männlichen, tritt in MAGNOLIA zur Figur des Earl Partridge, für Jack Paradigma der Maskulinität,[244] in ein originär paradoxes Verhältnis, zumal jede Maske, dieses „Ding mit räumlicher Gestalt, losgelöst vom Gesicht,"[245] zwei Seiten sowohl voneinander trennt als auch miteinander verbindet.[246] Die Maske „Frank T. J. Mackey" entzweit das Familienband zwischen Jack und Earl und verkettet beide, den feigen Ehebrecher ebenso wie den misogynen Sexguru, in einer gemeinsamen Fassade aus Frauenhass, sexueller Potenz und männlicher Macht. Nur als Jack jedoch kann Frank, ohne Earls Fehler zu wiederholen, diesem gegenübertreten. Je direkter der Sohn, gemäß dem freudianischen Prinzip der Gegenverdrängung ausgerechnet im Augenblick seiner extremsten Inszenierung als „Batman" und „Superman", mit dem verlorenen Vater konfrontiert wird, desto stärker bröckelt die Maske.

Turnte er eben noch vital und potent, hyperaktiv und animalisch, mit stählernem Körper und entschiedenen Worten durch ein für das Interview in hellstem Weiß ausgeleuchtetes Hotelzimmer, dessen Strahlen von den schneeweißen Zähnen seines Lächelns reflektiert wird, findet er sich wenig später mit dem Handy am Ohr, den Vater, die Vergangenheit, den Schmerz schon ganz nah, in den labyrinthischen, von Schat-

[242] Weihe 2002, S. 18.
[243] Onyeke 1987, S. 391.
[244] In der Tat begründet Earl beispielsweise seine Gewohnheit des Ehebruchs folgendermaßen: „I wanted to be a man and I couldn't let her be a woman, a smart, free person."
[245] Weihe 2002, S. 35.
[246] Richard Weihe definiert die Maske deshalb als „die Paradoxie (das Modell für eine Paradoxie) einer Einheit des Unterschiedenen." (Weihe 2002, S. 35); vgl. Weihe 2002, S. 35 – 37.

ten gezeichneten Fluren der Hoteletage wieder, wo kein Konstrukt jahrzehntelanger Verleugnungen und Wunschfantasien seine emotionale Unsicherheit und Betroffenheit zu verbergen vermag. Der unbesiegbare, göttliche Comicheld verwandelt sich zurück in einen Menschen, der dem Labyrinth seiner Seele ausgeliefert ist, Frank T. J. Mackey wird wieder zu Jack Partridge. Wie schwer es ihm fällt, diese Schwelle zu übertreten, schreibt sich in MAGNOLIA der Rauminszenierung bei Jacks Ankunft im Haus seines Vaters ein. Die starre Kamera öffnet den Blick auf eine Totale des Hausflurs, wobei diese Bildeinstellung, den Gang beschreibend, im Vordergrund von einem offenen Türflügel sowie einer schmalen Kommode gerahmt wird. Ohne jegliche Bewegung, ohne jedweden Positionswechsel der Kamera, tritt Phil, während er die bellenden Hunde zurückzuhalten versucht, zur Tür, öffnet sie einen Spaltbreit und wendet den Kopf nach draußen, um zu Jack zu sprechen, wohingegen dieser, allein qua Stimme präsent, sich eine beträchtliche Weile im schwerlich überwindbaren Außerhalb des gezeigten Raumes befindet. Die mächtige, dunkle Diele und die aggressiven Hunde bedeuten für Jack konkret räumlich die schwierige Brücke zum Vater, die er längst eingestürzt glaubte und die zu überqueren er noch immer zaudert.
Der kinematografische Raum erweist sich in MAGNOLIA stets als ein Raum der Empfindung, der sich wesenhaft metaphorisch begreifen lässt. Aus der Inszenierung der filmischen Räume, der Modulation von Farbe und Licht, dem webenden Zusammenspiel von Kamera und Komposition, Geräusch und Musik entstehen paradigmatische Bilder der Verzweiflung und Verlorenheit, Bilder jenes die Figuren übersteigenden Schmerzes ebenso wie Sinnbilder der Maskerade – letzteres das Lebensprinzip vieler Figuren des Films. Sogar Jim Kurring, der fromme Polizist, wie Phil Parma eine Figur jenseits der familiären Verstrickungen in Schuld und Schmerz, scheint den „Cop“ immer nur zu spielen, als imitiere er in Sprechduktus, äußerer Erscheinung sowie den monologischen Bekenntnissen zu seiner Berufung einen jener Polizeibeamten, deren Streifzüge die Fernsehserie COPS (seit 1989) dokumentiert.[247] Der unsichere und schüchterne junge Mann, der, wenn auch seit seiner Scheidung einsam und allein, nicht verzagt, sondern blauäugig ans Gute glaubt, findet im Beruf den Platz des Nützlichseins und Gebrauchtwerdens, der ihm im Privaten versagt bleibt. Dem morgendlichen Ausschwärmen der LAPD-Mannschaft folgt in MAGNOLIA eine lange Aufnahme aus dem Innern Jims Polizeiautos, wo eine Großaufnahme im Profil sein Gesicht

[247] Die Inspiration für die Figur entstammt de facto Paul Thomas Andersons und John C. Reillys spielerischer Imitation einer COPS-Episode, wie Anderson in einem Interview berichtet. Vgl. Anderson 2000, S. 202.

zeigt, das aufgrund der großen Spiegelbrille, die seine Augenpartie verdeckt, sowie der Unbewegtheit der großflächigen, mit einer Schicht von Aknenarben überzogenen Pausbacken durchaus an „eine künstliche Hohlgesichtsform oder ein[en] Aufputz,“[248] an eine Maske, erinnert.

Wie Richard Weihe betont, bedeutet *prósopon* im Altgriechischen sowohl Maske als auch Gesicht. Wenn dies, was sich in der bisherigen Untersuchung als Gegensatzpaar darstellte, gleichfalls als Einheit gedacht werden kann, lässt sich der Maskenbegriff aus der rein pejorativen Konnotation im Sinne des Alltagsverständnisses als „Inbegriff des Falschen,“[249] als „das Künstliche, Aufgesetzte und Trügerische, welches das Natürliche, Lebendige und Wahre dem Anblick entzieht,“[250] lösen. Jims Maske des Polizisten birgt eine Facette seines wahren Selbst, die im Lebensbereich des Außerdienstlichen spätestens seit dem Scheitern seiner Ehe verschütt gegangen ist, weshalb die Maske es ihm ermöglicht, das zu sein, was er im momentanen Stadium seines Daseins nicht ist, was er jedoch als einen Teil seiner Person begreift. Seine *persona*, ein Begriff, der ausgehend vom lateinischen Wortsinn als Larve, als Maske sich zum Synonym einer inneren Persönlichkeit entwickelte, gründet auf der Aufrichtigkeit und Authentizität einer Maske:

> *Die Maske ist das Gesicht.* Das Sowohl-als-auch von Maske und Gesicht zwingt uns, Natürliches und Künstliches zusammenzudenken. [...] Die Vorstellung einer Zweiteilung (eines Dualismus) kann ersetzt werden durch die Vorstellung einer Zweifaltung oder Verdoppelung (einer Duplizität): das gefaltete statt das gespaltene Eine. Wir reden dann nicht mehr von unsichtbarem Innerem (Seele) und sichtbarem Äußerem (Körper), sondern von sichtbarem Äußerem (Gesicht) und sichtbarem Äußerem (Maske). [...] Dadurch verliert der Begriff Verstellung seine pejorative Bedeutung und lässt sich vielmehr als Erkenntnishilfe verstehen. Wo Verstellung wahrgenommen werden kann, verweist sie auf das Unverstellte; wir verstehen das Veränderte als Differenz zum Unveränderten und können dadurch das Unveränderte eruieren. [...] Das heißt, wir müssen nicht ‚in die Seele' eines Menschen blicken, sondern wir müssen seine Maske sehen lernen. Die Maske sehen lernen heißt sie durchschauen können.[251]

Jim Kurring, der fleißige, doch oftmals unbeholfene Polizist, setzt die Maske des souveränen Cops auf, welche als Wunschfacette seiner Persönlichkeit in genau diesen Momenten in MAGNOLIA evident wird, in denen er, und sei es nur kurzfristig, aus der Rolle fällt. Wenn Jim nach Marcies Verhaftung, ganz der stolze Musterschüler, in die

[248] Onyeke 1987, S. 391.
[249] Weihe 2002, S. 32.
[250] Weihe 2002, S. 37.
[251] Weihe 2002, S. 356 sowie S. 360/361 (Hervorhebung im Original). Vgl. Weihe 2002, S. 16 – 40 und S. 355 – 364.

Runde der Ermittler einen Kommentar wirft, der so belanglos wie überflüssig wirkt, wenn er in Claudias Treppenhaus seinen Schlagstock verliert und ihm im Regen die Dienstwaffe abhanden kommt, blitzt hinter der schwarzen Spiegelbrille ein ganz und gar unverstelltes Ich auf, das gerade aufgrund der beinahe kontinuierlichen Maskierung als ein solches erkannt und durchschaut wird. Ob unsicherer Single oder harter Bursche, professioneller Freund und Helfer oder betender Christ, Jim ist immer er selbst, macht im Verdeckten das Unverdeckte sichtbar, im Unverdeckten das Verdeckte, denn seine Maske ist sein Gesicht – eine ehrliche Maske, da er, voll der naiven Aufrichtigkeit, auch das zu sein glaubt, was er sein möchte.

Weil er ein Redlicher, ein Aufrichtiger ist, kann Jim Kurring, der auf der Suche nach guten Taten durchs San Fernando Valley streift, anderen Figuren des Films, Claudia ebenso wie dem „Quiz Kid Donnie Smith“, zum Retter werden. Jims Erlösungspotential manifestiert sich in spezifischen Inszenierungen des Raumes, wenn der Bildhintergrund in der Szene, in welcher der Ordnungshüter der nervösen Claudia in deren dunkler Wohnung gegenübersteht, eine Tür sichtbar macht, aus der helles Licht dringt – der symbolische Ausweg aus ihrer beider Seelennot, der im gemeinsamen Weg, in der liebenden Vereinigung dieser so unterschiedlichen und doch so ähnlichen Figuren gründet. Errettung bedeutet in MAGNOLIA, nicht mehr in den psychischen und emotionalen Schattenseiten des Lebens verharren zu müssen, nicht mehr in den dunklen Labyrinthen der Seelen gefangen zu sein, sondern die Möglichkeiten des Neuen zu nutzen und sich einer glücklicheren Zukunft zu öffnen. Ein solches Öffnen übersetzt MAGNOLIA direkt in räumliche Strukturen. Physisches Öffnen wird zum Symbol für psychisches, so dass, als Jim Claudia zu ihrer Verabredung abholt, das Öffnen ihrer Wohnungstür entgegen einer üblichen, klassischen Temporalität zwei Mal hintereinander, aus der Perspektive eines jeden, gezeigt wird. Hier öffnet nicht eine drogensüchtige, verzweifelte Frau der nächsten irrelevanten Männerbekanntschaft die Tür, sondern ein aufgeregtes Mädchen, dem das Gegenüber etwas bedeutet, öffnet sich dem Neuanfang, der einem Prinzip der gegenseitigen Offenheit gehorcht. „Ich werde Ihnen alles erzählen, und Sie werden mir alles erzählen,“ schlägt Claudia als Basis für eine glückliche Beziehung vor.

Nach einer kurzen Rekapitulation des Prologs zeigt die erste Einstellung des Epilogs, wie Phil Parma in einer leichten Zeitlupe Earls Haustür öffnet, durch welche in die immerdunklen Gemächer endlich ein leuchtendes Morgenlicht dringt, dessen helles Strahlen von den schneeweißen Laken, mit denen die Toten, Earl und sein Hund, bedeckt werden, weiter intensiviert wird. In diesem Bild scheint ein „unbedingte[r]

Glaube an den Morgen als Inbild der Möglichkeiten und des Neuen in der Welt“[252] illustriert zu werden, welcher den amerikanischen Transzendentalismus charakterisierte, jene spezifisch amerikanische philosophische Strömung des neunzehnten Jahrhunderts, die mit MAGNOLIA die „Fragen nach den letzten Dingen“, nach Familie und Sozialität, Tod und Transzendentalität teilt. Phils Öffnen der Tür ist durchaus metaphorisch zu verstehen, denn alle Überlebenden öffnen sich nach jahrelangem Leiden, verdrängtem Schmerz und der heilsamen Erlösung dem Neubeginn; sie öffnen, bildlich gesprochen, Türen in neue Räume ihres Lebens, die sie, zunächst zumindest, hoffnungsvoll betreten. Im letzten Bild des Films artikuliert sich eine Hoffnung, die allen Figuren gemein ist. Nach drei Stunden Erzählzeit und über vierundzwanzig Stunden erzählter Zeit lächelt Claudia zum ersten Mal – ein Öffnen psychischer und physischer Art, der Seele und des Mundes gleichermaßen, das die Figur mittels des Blicks in die Kamera geradewegs an den Zuschauer richtet, um ihm so direkt als möglich die eigene Zuversicht und Hoffnung auf einen Neuanfang zu vermitteln. „Ich möchte bei dir sein, bleib du bei mir,“ lauten die letzten Worte des Films, die Jim an die Frau richtet, in die er sich Hals über Kopf verliebt hat. Wie sich in der Titelsequenz des Films MAGNOLIA eine Magnolienblüte im Zeitraffer öffnet, öffnet sich in der letzten Einstellung vor dem Abspann eine lächelnde Claudia endlich der Liebe, dem Leben und dem Glück.

[252] Schulz 1997, S. 212.

3.3 Niemandsländer? „Beliebige Räume“ in 21 GRAMS

Ein nackter Mann sitzt, das Knie an die Brust gezogen, an einer Bettkante und raucht, während vor ihm eine gleichfalls nackte Frau schläft; aus einem großen Fenster in der rechten Bildhälfte bricht gleißendes Licht, das den imaginierten Blick nach draußen in eine weiße Fläche verwandelt. Wie in dieser ersten, dem Titel vorangehenden Einstellung des Films 21 GRAMS, einer Halbnahen des Paares Paul und Cristina, kennzeichnet die Beschneidung des Prospekts oftmals die Inszenierung der filmischen Innenräume. Sei es in Pauls Wohnung bei der Feier der erfolgreichen Herztransplantation oder im Motelzimmer, sei es in Cristinas Haus während Pauls erstem Besuch oder in ihrem Schlafzimmer, immer ist die Welt jenseits des Fensters in reines, weißes Licht getaucht, so dass die Aussicht zur monochromen Fläche wird, in welcher sich keinerlei Konturen, keinerlei Gestalt des Draußen abzuzeichnen vermögen: ein Raum ohne Außen, welcher, so Kappelhoff in einer Analyse des Melodramas MAGNIFICENT OBSESSION (DIE WUNDERBARE MACHT, USA 1953, Regie Douglas Sirk), gleichsam zum psychischen Innenraum der Figur, zum Ausdruck ihrer Bewusstseins- und Empfindungszustände werden könne.[253]

In 21 GRAMS allerdings ist es keine der Figuren, deren Bewusstsein und „Ich empfinde“[254] symptomatisch in der räumlichen Gestaltung seine Beschreibung erfährt. Wurde in Anbetracht biologisch konnotierter Kreisläufe sowie körperlicher Entgrenzungsprozesse der Film selbst im Sinne eines organischen Zusammenspiels gelesen, impliziert ein dergestalt fluktuierendes, quasilebendiges Gebilde eine eigene Form der Subjektivität, die in den Räumen ohne Außen zum Ausdruck kommt. Wenn Deleuze im Wasser, jenem motivischen Element, das in dem Organismus namens 21 GRAMS zirkuliert, „das Versprechen oder den Hinweis auf einen anderen Wahrnehmungszustand, eine nicht bloß menschliche Wahrnehmung, [...] eine feinere, ausgedehntere Wahrnehmung, eine molekulare Wahrnehmung, die für das ‚Kinoauge’ charakteristisch ist,“[255] entdeckt, definiert er darin die spezifische Art eines filmischen Ichs und „Selbstbewusstseins“, einer Subjektivität des Films, wie sie in 21 GRAMS auftaucht.

[253] Vgl. Kappelhoff 1998, S. 106 – 108.

[254] Kappelhoff 1998, S. 107.

[255] Deleuze 1997a, S. 114. Deleuze bezieht sich auf die Rolle des Wassers im poetischen Realismus, etwa bei Jean Renoir (vgl. Deleuze 1997a, S. 109 – 115).

Das deleuzsche „Kamerabewusstsein,“[256] „eingewirkt in das Ausdrucksgewebe des Films,“[257] verleiht dem kinematografischen Bild eine eigene Position der subjektiven Wahrnehmung und Empfindung, welche sich etwa in der Vielzahl fast abstrakter Kompositionen äußert, in denen „das Bild zu einer Konfiguration von Ausdruckselementen – Farbe, Licht, Schatten, Klang, Gestalt, Gebärde – [wird], die das instrumentierende und entfaltende Arrangement eines ‚Ichhaften Bewusstseins' darstellen.“[258] Wenn Marianne mit dem Priester die Unfallstelle aufsucht, gleitet das Auto in einem Wechsel aus Licht und Schatten durch eine städtische Straßenlandschaft; dem Licht der Reklame folgt das nächtliche Schwarz einer unbebauten Fläche, um sogleich in das gleißende Leuchten einer Tankstelle geführt zu werden, welches sich mit einem Schnitt ins Innere des Autos wiederum abrupt ins Dunkel verkehrt. Im Wechsel aus Über- und Unterbelichtung, aus weißen Bildteilflächen, in denen die konkreten Gegenstände verschwinden, und strukturloser Schwärze, die gleichfalls die Objekte verschluckt, treten Licht und Schatten hier jenseits einer Objektbezeichnung in ihren ursprünglichen Qualitäten als das „Helle“ des Lichtes und das „Dunkle“ des Schattens hervor. In der Annäherung an den Unfallort moduliert das Bild Modi der Farblichkeit: die weißen, die blauen und die roten Lichter haften zunächst an keinem konkreten Ding, keiner Gestalt, weder an den Scheinwerfern der Krankenwägen noch an jenen der Polizeiautos. Das Weiß, das Blau und das Rot lösen sich aus allen materiellen Bezügen, bis sich schließlich der Raum selbst auflöst, wenn die Szene mit einer Großaufnahme Mariannes Profils schließt, deren Hintergrund, in absolutes Schwarz getaucht, keinen konkreten Ort mehr zu bezeichnen vermag, so dass sich „in den Permutationen und Modulationen des Bildraums [...] etwas dar[stellt], das kein dargestelltes Objekt des Kamerablicks, sondern eine Sichtweise, eine Empfindungs- und Wahrnehmungsform wäre, die der Kamerablick selbst angenommen hat.“[259]

Artikuliert sich in der Räumlichkeit dieser Sequenz die spezifische, subjektive Perspektive des Films 21 GRAMS, entsprießt dem Modus ichhafter Wahrnehmung sodann der deleuzsche Affekt. Dieser bezieht sich keineswegs auf das emotionale Empfinden einer Figur, wohl aber auf die vorgängige Qualität der Sinnesempfindung und der Bildlichkeit selbst, auf „die reine, sich selbst zum Ausdruck bringende Ausdrucks-

[256] Deleuze 1997a, S. 107.
[257] Kappelhoff 2004, S. 156.
[258] Kappelhoff 1998, S. 104.
[259] Ebd. Vgl. Kappelhoff 1998, S. 103/104 und Kappelhoff 2004, S. 156 sowie S. 163 – 166.

qualität,“[260] „bevor diese im Horizont des handelnden und symbolisierenden Subjekts eine Bedeutung findet.“[261] Demgemäß drückt sich die Subjektivität des Films weniger in den Inhalten der Empfindung als vielmehr in deren reiner Möglichkeit, deren Virtualität und Intensität aus; die Räume ohne Außen sowie die abstrakten Räumlichkeiten in 21 GRAMS symbolisieren kein explizit bestimmbares Gefühl (einer Figur, des Films), sondern bezeichnen die Qualität „eines möglichen Gefühls,“[262] den reinen, nicht-lokalisierbaren Affekt als solchen. In Deleuze' Taxonomie der kinematografischen Bilder kommen Affekt und Affektbild dank der Großaufnahmen zum Ausdruck, wodurch eine „affektive Lesart des gesamten Films“[263] bedingt werde. Das Mienenspiel initiiere eine Intensitätsreihe der mimischen Mikrobewegungen, welche sich in der filmischen Inszenierung auf komplexe Sequenzen und gar den Film als Ganzen übertragen könne.[264]

Mariannes Großaufnahme im Angesicht des Unfalls entzieht sich räumlichen Koordinaten und erschafft einen Nicht-Raum, der jeder Determinierung entbehrt, um in einem Gesicht, welches in Kombination aus konturierter Umrisslinie und weinendem Auge sowohl dem reflektierenden als auch dem intensiven Modus der Gesichtlichkeit angehört, den reinen Affekt hervortreten zu lassen. Noch bevor ihr Antlitz einen inneren Prozess sichtbar macht und über psychologische Motive mutmaßen lässt – die Angst vor dem und um den geliebten Jack, das Entsetzen ob seiner Schuld, die Furcht vor dem Moment, in dem den Kindern die Wahrheit gesagt werden muss –, drückt ihre Großaufnahme unmittelbar eine reine Qualität von Licht und Schatten aus, die über das Figurenpersönliche hinausgeht. In der Möglichkeit des Schmerzes über die Auslöschung einer Familie erscheint dann ein reines Potential, entfaltet sich die Trauer als Intensitätsreihe aus Unvorstellbarkeit, Fassungslosigkeit und Schrecken, als affektive Wertigkeit, welche sich virtuell mit den Empfindungen der Figur verknüpft.[265]

Vertritt Balázs die Überzeugung, dass, „wenn uns [...] ein Gesicht allein und groß gegenübersteht, [...] wir an keinen Raum, an keine Umgebung mehr [denken],“[266] betont Deleuze die Validität ebendieses vom Raum abstrahierenden Entitätsprinzips für alle Sujets der Großaufnahme, das heißt für sämtliche Körperteile sowie nicht-

260 Kappelhoff 2004, S. 165.
261 Kappelhoff 1998, S. 116.
262 Deleuze 1997a, S. 137.
263 Deleuze 1997a, S. 123.
264 Vgl. Deleuze 1997a, S. 123 – 128 und Kappelhoff 2004, S. 163 – 166.
265 Vgl. dazu Deleuze 1997a, S. 125 – 128.
266 Balázs 2001, S. 16.

menschliche Objekte, denen in der Großaufnahme stets der Status von Gesichtern verliehen werde.[267] Viele Szenen in 21 GRAMS beginnen mit der Nahaufnahme eines Gegenstandes, um erst nach diesem Initialbild einen partiellen Einblick in die räumliche Struktur zu gestatten, und integrieren diverse Detailaufnahmen von Objekten. Indem beispielsweise Großaufnahmen Pauls Herzkuchen oder des Kinderfahrradhelms in Cristinas Schoß aufgrund ihrer extremen Nähe wie Größe den Raum vollkommen aufheben und zum Ganzen des Bildes werden, bricht der reine Affekt hervor, der ex aequo eine dingliche Ausdrucksdimension besitzen kann. Das „Feierliche", „Nährende" oder „Fettige" des Kuchens sowie das „Schützende", „Kindliche" oder „Runde" des Fahrradhelms lassen sich nach Deleuze ebenso als Affekte klassifizieren wie die Bestürzung, welche in Mariannes Großaufnahme als Qualität und Potential, als nicht-individuierte Entität zum Ausdruck kommt, als ein „Sehendes", „Nichtsehenwollendes" und „Tränendes" eines Auges. Die eigenständigen Figurationen der Affektbilder bezeichnen letztlich allesamt die Affekte eines Film-Ichs, die „sich bald vereinigen, bald wieder trennen,"[268] frei, aber keineswegs undifferenziert im organischen Ganzen zirkulieren und sich in „reinen Virtualitäten,"[269] Möglichkeiten, die zuerst nur auf sich selbst verweisen, realisieren.

Die als Affektbilder bestimmten Großaufnahmen in 21 GRAMS, ob von Gesichtern, Körperteilen oder Objekten, teilen die Annullierung einer klassisch zentralperspektivischen Raumorganisation des Hintergrundes, wodurch dieser zum „beliebigen Raum" (*espace quelconque*) der deleuzschen Terminologie wird, „welcher sinnvoller mit ‚irgendein Raum / irgendwelche Räume' wiederzugeben wäre"[270] und heterogene, instabile und anisotrope filmische Raumzeiten nicht nur im Kontext der Großaufnahme zu fassen sucht:

> Ein beliebiger Raum ist keine abstrakte Universalie jenseits von Zeit und Raum. Es ist ein einzelner, einzigartiger Raum, der nur die Homogenität eingebüßt hat, das heißt das Prinzip seiner metrischen Verhältnisse oder des Zusammenhalts seiner Teile, so dass eine unendliche Vielfalt von Anschlüssen möglich wird. Es ist ein Raum virtueller Verbindung, der als ein bloßer Ort des Möglichen gefasst wird.[271]

Somit verwirklicht sich der zweite Typus des Affektbildes im beliebigen Raum, dessen unbewusster, affektiver Gehalt auf der Dekonstruktion konventioneller Raumkontinua und der Exponierung des in den bisherigen Bildern „dem menschlichen Auge

[267] Vgl. Deleuze 1997a, S. 135/136.
[268] Deleuze 1997a, S. 147.
[269] Deleuze 1997a, S. 148.
[270] Ott 2005, S. 151.
[271] Deleuze 1997a, S. 153.

sich Entziehende[n], Nicht-Gesehene[n]"[272] gründe. Weil Deleuze im Wechselspiel von Licht und Schatten sowie einer Farblichkeit im Modus der reinen, präsubjektiven wie präsymbolischen Ausdrucksqualität Charakteristika des beliebigen Raumes definiert, lässt sich zweifelsohne die analysierte Szene Mariannes Fahrt zum Unfallgeschehen als Verräumlichungsvorgang im Sinne des *espace quelconque* beschreiben. De facto erinnern beinahe alle Rauminszenierung in 21 GRAMS an Deleuze' Reflektionen zum beliebigen Raum, jenem Ort möglichen Wandels, welcher sich spatialer und temporaler Koordinaten entledige, eine Unabhängigkeit von determinierten Anschlüssen und Richtungen offenbare und sich in der Gestalt der entleerten oder abgelösten Räume auspräge.[273] Prozesse der Ablösung, Trennung und „Fragmentierung"[274] kennzeichnen fortwährend die Räumlichkeiten des Films, zumal Achsensprünge die Bewegungskontinuität durchbrechen und die Körper der Figuren mal von der Kadrierung angeschnitten, mal von Gegenständen oder anderen Figuren verdeckt werden.

Insbesondere in der Wüstenlandschaft rund um das Motel durchläuft der Bildraum eine Modulation der Verflachung, der farblichen Nivellierung sowie der Entgrenzung.[275] Lässt eine Totale die geteerte Fläche eines Parkplatzes über ein Stück graubrauner, unfruchtbarer Erde nahtlos in einen konturlosen, gräulich gefärbten Himmel übergehen, steigert sich die Farbabsorption dieser Szene der finalen Fahrt ins Krankenhaus aller drei Primärfiguren, sobald der Blickwinkel der Kamera ins Innere des Autos springt. Als unterschiedslos weiße Fläche erscheint der Himmel, als undifferenzierte Mondlandschaft und gleißende Steppe der Acker, als Ensemble der Grautöne die Straße samt Rand und Graben, bis schließlich dem äußeren Raum in einer Komposition, in welcher der schmale Rückspiegel, Cristina und Jack reflektierend, von nichts als einer Palette weißer und graublauer Töne gerahmt wird, jede Farblichkeit und Gegenständlichkeit entzogen scheint. Koordinaten des Raumes lösen sich in einer buchstäblichen Leere, in einem weißen Nichts auf.

So frei vermag sich der Raum in alle Richtungen zu öffnen und neue Verknüpfungen einzugehen,[276] dass bald das Badmintonareal in Cristinas Sportclub, bald der Getränkemarkt ebenso zum „Niemandland", zum weißen, numinosen und unbegrenzten Nicht-Raum werden können wie die neumexikanische Wüste, das historische „Nie-

[272] Ott 2005, S. 154.
[273] Vgl. Deleuze 1997a, S. 153 – 170 sowie Ott 2005, S. 151 – 157.
[274] Deleuze 1997a, S. 153.
[275] Vgl. dazu Ott 2005, S. 156.
[276] Vgl. dazu Deleuze 2003, S. 166/167.

mandsland". Hier bedroht Paul Jack nervös mit einer Pistole, während eine überbelichtete, monochrome Himmelsfläche in alternierender Montage an eine blau konturierte anschließt und die autonome Handkamera mit den Figuren kaum Schritt zu halten, von diesen nur mehr fahrige Ausschnitte zu fassen vermag und darin das Bild gleichsam entleert. In der Steppe entstehen extrem flächige Räume, wenn einerseits durch die farbliche wie figurative Verschmelzung Jacks und Pauls mit der einförmigen Umgebung Vorder- und Hintergrund in eins gehen, andererseits die Großaufnahmen ihrer Gesichter den Raum hinter den Köpfen in die Unbestimmtheit einer gänzlich entfärbten, schneeweißen Fläche führen. Dies resümiert Michaela Ott als die Unwirtlichkeit des beliebigen Raumes, welcher, „trotz seines flächigen Kontinuums die Personen eher isolierend, [...] nicht menschenkonform, ob seiner Opakheit abweisend, farblich zu kalt und zur Verortung zu flach"[277] erscheine, wohingegen Deleuze mit Charles S. Peirce in den vom beliebigen Raum ausgedrückten Qualitäten und Potentialen „zunächst positive Möglichkeiten, die auf nichts verweisen als auf sich selbst,"[278] sieht.

Aus den „Niemandsländern" in 21 GRAMS erwachsen nicht vordergründig Affekte der Angst, der Verstörung oder der Desorientierung, sondern vielmehr birgt die Befreiung von fixen Koordinaten, stabilen Grenzen und jeglichem Äußeren auch wesenhaft Chance und Gefühl einer besonderen Form der Freiheit. Dem gänzlich unbestimmten Raum entspringt nach Deleuze der reine Affekt als solcher, als unmittelbar, von Figurenpsychologie und Erzählhandlung unabhängig zum Ausdruck kommende Entität; ebendiese in 21 GRAMS' beliebigen Räumen und „Niemandsländern" exponierte Potentialqualität, von der hier die Rede ist, scheint folgender Kindheitserinnerung Theodor Adornos eingeschrieben:

> Zwischen Ottorfszell und Ernsttal verlief die bayerische und badische Grenze. Sie war an der Landstraße durch Pfähle markiert, die stattliche Wappen trugen und in den Landesfarben spiralig bemalt waren, weiß-blau der eine, der andere, wenn mein Gedächtnis mich nicht trügt, rot-gelb. Reichlicher Zwischenraum zwischen beiden. Darin hielt ich mit Vorliebe mich auf, unter dem Vorwand, an den ich keineswegs glaubte, jener Raum gehöre keinem der beiden Staaten, sei frei, und ich könne dort nach Belieben die eigene Herrschaft errichten. Mit der war es mir nicht ernst, mein Vergnügen darum aber nicht geringer. In Wahrheit galt es wohl den bunten Landesfarben, deren Beschränkendem ich zugleich mich entronnen fühlte. [...] Das Land aber, das sie [die Grenzpfähle; AP] umschlossen und das ich, spielend mit mir selbst, okkupierte, war ein Niemandsland. Später, im Krieg, tauchte das Wort auf für den verwüsteten Raum vor beiden Fronten. Es ist aber die getreue Übersetzung des griechischen – Aristophanischen –, das ich damals desto besser verstand, je

[277] Ott 2005, S. 157.
[278] Deleuze 1997a, S. 148.

> weniger ich es kannte, Utopie.[279]

Das „Niemandsland“ als Utopie im wörtlichen Sinne, die erspürt und sinnlich erfahren wird und deren Widersprüchlichkeit sich im Unbewussten auflöst; der Grenzstreifen als Nicht-Ort, dem sich in Farblichkeit, Fantasie und Gefühl angenähert werden muss – Adornos Skizze des „Niemandslandes“ entspricht der Rauminszenierung in 21 GRAMS. Denn obschon freilich der Begriff des beliebigen Raum per definitionem gerade jene eher von Assoziationen des Ungemütlichen geprägten „entdifferenzierte[n] urbane[n] Netze, weiträumige[n] verlassene[n] Gebiete, Docks, Lagerplätze und Lagerhallen, Schrotthaufen und Berge von Eisenträgern“[280] bezeichnet, die dem Film de facto als Schauplätze dienen, implizieren diese doch nicht per se eine gleichsam innere Wüstenlandschaft der Figuren wie des Filmes selbst, dem eine eigene Subjektivität innewohnt.
Wo sich Adorno auf „Utopie“ bezieht, definiert Deleuze den „geistigen“ beziehungsweise „spirituellen“ Raum, der durch sein basales Verhältnis zum Weiß als „reine[m] immanente[n] oder spirituelle[n] Licht“[281] sowie durch den Entscheidungsmoment des Geistes gekennzeichnet sei. Wenn im beliebigen Raum die Alternative des Geistes, die Wahl des Wählens den Affekt bedinge, kann dieser der Affekt der Freiheit sein, von der auch Adorno spricht. In den beliebigen Räumen in 21 GRAMS ist nichts determiniert, woraus die reine Möglichkeit der Freiheit ebenso erwachsen mag wie ein Affekt der Destabilisierung und des Unheimlichen,[282] ohne dass eine solche Schwellenposition möglicher Veränderung entweder eindeutig positiv oder eindeutig negativ konnotiert sein muss.

---

279 Adorno 1967, S. 23/24.
280 Deleuze 1997a, S. 167. Der Terminus des beliebigen Raumes stammt von dem Anthropologen Marc Augé, der damit „nicht-spezifizierte Durchgangsräume in Großstädten“ (Ott 2005, S. 151) benennt.
281 Deleuze 1997a, S. 162.
282 Die Großaufnahme mache „aus dem Gesicht ein Gespenst und liefert es den Gespenstern aus.“ (Deleuze 1997a, S. 139); vgl. Deleuze 1997a, S. 156–167.

3.4 Das Rot, das Blau, die Begegnung – Modulationen der Verschmelzung und Trennung in SOLARIS

Auf der Leinwand des Kinos signalisiere Rot Lust und Romantik, aber auch Macht und Wut, Blau bedeute Kälte und Melancholie ebenso wie Intellekt und Introspektion, Lila stehe fürs Mystische und Bedrohliche, Nichtkörperliche und in den Tod Übergehende[283] – Farben symbolisch zu begreifen, und zwar entlang alltagspsychologischer Deutungen, die im Rot die Liebe und im Blau den Tod sehen, besitzt in der Filmanalyse eine lange Traditionslinie, welche im rhetorischen Einsatz der filmischen Farben, etwa im Melodrama, wurzelt. Auch in SOLARIS dominieren diese Farben, die, man denke an Atlantas brennenden Himmel in GONE WITH THE WIND (VOM WINDE VERWEHT, USA 1939, Regie Victor Fleming), zumeist als die Couleurs melodramatischer Darstellung im Film gelten, „das Blau, das Rot, das Lila."[284] In leuchtendem Rot und funkelndem Blau blitzen die Scheinwerfer der Untergrundbahn auf, metallisch rot glänzt das Innere des Raumschiffes, wohingegen die Forschungsstation in alle Schattierungen des Blau, vom tiefen Azur- bis zum silbernen Graublau, getaucht ist, auf denen das kräftige Rot der Blutflecken kontrastreich hervorsticht. Solaris selbst, der seltsame, so unerforschte wie unerforschbare Planet, moduliert kontinuierlich seine Farben, wenn die kobaltblauen Nebelfäden von lila Tönen durchsetzt werden, um alsbald, einem Feuerball gleich, in Varianten des Rots, vom Magenta zum Karmesinrot, von Altrosa bis Purpur, zu brennen. Leuchtet auf der Erde gelbrötliches Licht, scheint es auf Prometheus grau und blau, die irdischen Wände flimmern tomatenrot, die außerirdischen in Zyanblau. Die Pillen, die Rheya schluckt, sind blaue und rote Perlen, ihre Kleidung glänzt bald im reflektierenden Samtrot, bald im schimmernden Indigoblau, während das Lila, das Fliederfarbene in Tönen der Haut und im Schimmern Rheyas Haaren, als Atmosphäre des Planeten und als das ätzende Mal des flüssigen Sauerstoffs, in den Pailletten eines Kleides und auf Rheyas Lidern auftaucht.

All diese Farbtöne lassen sich in SOLARIS jedoch keineswegs im Rahmen konventioneller symbolischer Bedeutungen und der „starre[n] Zeichenhaftigkeit einer stereoty-

[283] Vgl. Bellantoni 2005, S. 1 – 4, S. 81 – 84 sowie S. 198 – 192.
[284] Kappelhoff 2004, S. 163.

pen parabolischen Form“[285] begreifen. Das Rot, das Blau und das Lila übersteigen die emotionalen Empfindungen der Figuren, seien diese Liebe, Hass oder Hassliebe, indem sie sich von den Gegenständen selbst lösen, um als pure Farblichkeiten im kinematografischen Bild frei zu flottieren. Anstatt Liebe, Blut und Weiblichkeit zu bedeuten, tritt von der Leinwand das Rot als reine, ausschließlich auf sich selbst verweisende Ausdrucksqualität, welche nichts als „die Röte des Rots“[286] zum Ausdruck bringt und die „Tiefe des Blaus,“[287] ebenfalls bar aller realistischen Bezüge auf Kleidung oder Mobiliar, zum Pas de deux einlädt. Die konstante Modulation der Farben erschafft eine Bewegung, angesichts derer die Figuren in den Hintergrund rücken, so dass sich weniger deren Gefühl als vielmehr, so lässt sich mit Deleuze sprechen, ein Affekt artikuliert, der auf die „Qualität der Wahrnehmungsempfindung selbst“[288] referiert. In der Röte des Rots, der Tiefe des Blaus und im Rotblau des Lila drohen die Objekte, die Figuren, die Räume zu versinken und zu verschwinden, woraus in der ästhetischen Wahrnehmung der Zuschauer das Affektbild als ein stets im Entstehen begriffenes, die narrative Handlung überschreitendes, erwächst.[289]

Rheyas Blick in die flackernden Nebel des Planeten Solaris, dessen blaues Licht von einem hellen lilafarbenem Schimmern durchbrochen wird, das stetig mehr Raum greift und den Farbton ins Rötliche, in ein leuchtendes Mauve, lenkt, leitet die Rückblende des konfliktreichen Abendessens in der Runde Chris' atheistischer Freunde ein. Niedergeschlagen, den Kopf, so schwer, auf die Hand gestützt, sitzt Rheya, die kurz zuvor von ihrer Schwangerschaft erfahren hat, im gemeinsamen Appartement vor einer einfarbig kaminroten Wand, deren rötliche Färbung sich, sobald ein Schnitt den Gegenschuss enthüllt, auf das Gesicht ihres Mannes legt. Der rote Ton der dargestellten Welt intensiviert sich, wenn Rheyas Point of View im folgenden Bild Chris' Schulterblick in verschwommener Unschärfe zeigt, wodurch eine quasi abstrakte Rotkomposition entsteht, deren farbliche Modulationen das Ochsenblutrot der Wand über das Hellrot der Haut in das rötlich glühende Schwarz der Kleidung führen. Selbst nachdem die Umrisslinien qua fotografischer Fokussierung klar zur Erscheinung getreten sind, bleibt das Bild eine monochrome Fläche, in der Kelvins Gesicht, die Konturen seiner Wange und die Silhouette seiner Haare einer Auflösung zu unterliegen scheinen, die sich im Schnitt auf Rheya fortsetzt, deren Nase, Stirn und Haare

[285] Kappelhoff 2004, S. 165.
[286] Kappelhoff 2004, S. 163.
[287] Ebd.
[288] Ebd.
[289] Vgl. Kappelhoff 2004, S. 162 – 166.

vor dem roten Hintergrund rötlich glänzen.

In der anschließenden Szene der Dinnertafel dagegen erstrahlt der metallisch glänzende Stoff ihres Kleides im satten Pfaublau, dessen konventionelle symbolische Bedeutung im Sinne einer „kalten“ Farbe insofern gänzlich fehl am Platz wirkt, als Rheya, an eine uns erschaffende „höhere Form der Intelligenz“ glaubend, den „kühlen“ rationalistischen Thesen Chris' und seiner Freunde widerspricht. Beim Streitgespräch schwenkt die Kamera vom dunklen Rotwein zur puterroten Haut der Diskutanten, fängt gelbrötliche Kerzenflammen, purpurne Kleidung und orangefarbene Sesselbezüge ein, während der Hintergrund grünblaue Akzente setzt; das Blau knüpft ans Rot an, das Ultramarinblau des Kleides ans Rotbräunliche des durchs Fenster scheinenden Lichtes, das Aquamarin eines Lidschattens ans Knallrot des Lippenstiftes, um sich bald im Grünstich, bald im Licht des Magenta zu entfalten – Farblichkeiten werden in permanenter Bewegung, darin dem Planeten Solaris nicht unähnlich, moduliert.

Dass die Farben rot und blau in SOLARIS weder an den Figuren, sei es an der stark geschminkten Nihilistin, sei es an der unverstandenen Außenseiterin Rheya, noch an den Gegenständen, den Stoffen, Haaren oder Getränken, haften, wird auch in der Szene Rheyas und Chris' erster Begegnung in der Untergrundbahn evident. Die intensiven Rottöne einer Aktenmappe und einer Wollmütze, eines Rucksacks und eines Regenschirms lösen sich aus allen realistischen Dingbezügen, um Rheyas hennarotes Haar, das Zentrum der Inszenierung, zu umkreisen. Tupfer des Rots tanzen um Rheya, ziehen, sie streifend, vorüber, in konstanter Bewegung umringen sie den rötlich schimmernden Schopf, nähern sich ihrer Gestalt und entfernen sich wieder, verschmelzen mit dieser und trennen sich von ihr, wie jener leuchtend rote Regenschirm, der, als folge er einer spezifischen Ballettchoreografie der Begegnung, hinter Rheyas Kopf passiert, nach links aus dem Bild verschwindet, um, alsbald wiederkehrend, ihr Haupt in einem roten Strahlen zu umrahmen. Was in der kontinuierlichen Farbmodulation des Bildraums dieser Szene zum Ausdruck kommt, ist ein Tanz der Verschmelzung und der Trennung, der Anziehung und der Abstoßung, welcher sich gleichermaßen in die Bewegungsabläufe der Schauspieler einschreibt.

In der Plansequenz, die sich dem ersten Blickwechsel in der Bahn anschließt, betritt Chris den Ort einer Party, einen Raum, dessen Hintergrund bedingt durch fehlende Tiefenschärfe sich ins Unbestimmte flächiger Farbtupfer und konturloser Köpfe auflöst, um eine abstrakte, jede Art der Räumlichkeit aufhebende Bildfigurationen zu erschaffen, wie zuvor die schwarze Rückseite des Aufzugs die Großaufnahme Chris'

Gesichtes aus allen räumlichen Koordinaten löste. Zu existieren scheinen in der Schwärze, Unschärfe und Verschwommenheit dieses Nicht-Raumes einzig und allein Chris und Rheya, die, von der Kamera stets fokussiert, einander zwei Himmelskörpern gleich in Blicken umkreisen. Wandert Chris' Point of View, als er vor Rheya steht, deren große Augen der Verwunderung ihn fixieren, von ihrem Lächeln zum winkenden Gibarian, welchem er sodann, sich immer wieder zu der Frau umwendend, entgegen tritt, schweifen seine Blicke unverzüglich zu Rheya zurück und folgen ihr durch den Raum, bis er selbst sich ihr in körperlicher Bewegung, in schwebenden Schritten angenähert hat. Im harmonisch erleuchteten Séparée beschreibt Chris einen Halbkreis im Uhrzeigersinn um Rheya und tritt dann, sie nicht aus den Augen lassend, in einer gegenläufigen, erweiterten Kurvenbewegung vor ihr Angesicht, welches die Kamera, als sei sie es, die mit Rheyas beredtem Augenaufschlag voll der knisternden Erotik flirte, nicht mehr aus den Augen lässt.
Dass Chris selbst in dieser Szene ausschließlich als unscharfer Schatten am rechten Bildrand, als „Rückseite des Gesichts"[290] präsent ist, steigert die Intensität dieses Blickwechsels, weil „man sehnsüchtig darauf [wartet], endlich das Gesicht zu sehen,"[291] ein Zuschauerverlangen, das sich umso mehr steigert, als es unerfüllt bleibt; gerade in der Verweigerung der Visualisierung, die sich erst in der ästhetischen Imagination des wahrnehmenden Subjektes verwirklicht, kann sich Natascha McElhones Mienenspiel, gelesen als Spiegel ihres Gegenübers, mit der akustischen Präsenz einer verführerischen Männerstimme, der sanften Musik hoher Metallophontöne sowie der bildhaften Vorstellung Clooneys hinlänglich bekannten „samtige[n] Schlafzimmerblick[s] [... seiner] unglaublich entspannte[n], souveräne[n] Männlichkeit"[292] zu einer höchst affektiven Gesichtsdimension verweben, „bis schließlich der Bildraum in Gänze erfasst ist: als sei die Leinwand selbst zu einem Gesicht geworden."[293]
In den Bewegungsabläufen und Blicken der Schauspieler McElhone und Clooney inszeniert der Film SOLARIS die Anziehung zweier Körper, deren emotionale Verschmelzung von den dynamischen Fahrten der Kamera bei gleichzeitiger Reduktion der Montage und deren Intimität von den sich auflösenden Raumstrukturen zusätzlich forciert wird. Modulationen der Verschmelzung und Trennung kennzeichnen die Bewegung der Körper im Raum nicht nur in der Sequenz des Kennenlernens, sondern

[290] Koch 2001, S. 140.
[291] Ebd.
[292] Vossen 2002, S. 40.
[293] Kappelhoff 2004, S. 164.

auch in deren Spiegelszene, jener des Bruchs der Beziehung, in welcher eine zitternde, zumeist stark schwankende Handkamera die Anziehung und Abstoßung der Körper in fahrigen Bewegungen nachvollzieht. Wenn die Figuren dabei oftmals dem Kamerablick entwischen, wurzelt dies in der konstant hohen Geschwindigkeit, mit der Chris wutentbrannt Kleidungsstücke aus einer Schublade wirbelt, sich im Zimmer hin und her bewegt, während er fortwährend Rheya körperlich abwehrt, fortdrängt, zurückstößt, bis er sie schließlich mit festem Griff packt und gewaltsam aufs Bett platziert, wohingegen die Frau, sich wie eine Klette an ihn kettend, nicht aufgibt, eine intime physische Nähe zwischen ihnen zu schaffen. Hat sich die erste Begegnung im Adagio vollzogen, steigert sich diese Szene der Trennung des Paares, der erneute Wechsel von Anziehung und Abstoßung, diese Modulationen des Findens und Verlierens, in ein peitschendes Prestissimo, so dass gilt, was Kappelhoff anhand des Films MEAN STREETS (HEXENKESSEL, USA 1973, Regie Martin Scorsese) als „choreografische Bearbeitung des *actings* der Schauspieler“[294] analysiert, „deren Bewegungsablauf, sei es durch Beschleunigung oder Verlangsamung, [...] immer wieder aus den realistischen Raumbezügen herausgelöst [wird].“[295] In der Tat annulliert die ballettartige Bewegung der Schauspieler in SOLARIS’ Trennungsszene, ein Tanz der Annäherung und Entfernung, des Umkreisens und Streifens, die alltagsrealistische Raumreferenz auch insofern, als die Bilder ob der hastigen Kamerabewegungen verschwimmen, einige Einstellungen aufgrund der extremen Nähe der Schauspieler zur Kamera ins Schwarz eintauchen sowie Großaufnahmen der Rücken und Hinterköpfe die spatialen Hintergründe verdecken.

Als handle es sich um astronomische Doppelsterne, die, sich gegenseitig gravitativ beeinflussend, einander umkreisen, umringen in den Spiegelszenen, welche das Spektrum der Begegnung, Anfang und Ende, markieren, Rheya und Chris einander, umkreisen sich in Blicken und Bewegungen, finden und verlieren sich, verschmelzen miteinander und trennen sich wieder. In diesem Fließen zwischen den Polen, in der Bewegung der Schauspieler, der Kamera und der Farblichkeiten entsteht eine „Bewegung der permanenten Modulation des Bildraums,“[296] dessen Zielpunkt im Topos der Verschmelzung liegt. Am Ende des Films führt eine langsame Überblendung von der Umarmung des Paares in das Bild des hellrosa leuchtenden, weiß konturierten Planeten, der sukzessive in den pechschwarzen Hintergrund rückt und, zumal kugelförmig,

---

294 Kappelhoff 2005, S. 145.
295 Ebd.
296 Kappelhoff 2005, S. 145.

umrahmt von einem breiten Gürtel wabernder Substanzen, Assoziationen an eine Eizelle weckt. Und tatsächlich bezieht SOLARIS die Modulationen der Anziehung und Abstoßung, sei es der Körper, sei es der Farben, in deren Bewegungen, Übergängen und Wandlungen sich die conditio humana schlussendlich als Zweisein und Liebe realisiert, auf eine Imago des Weiblichen. Wie Henrik Ibsens *Peer Gynt* (1867) am Ende seiner jahrzehntelangen Irrfahrten und Abenteuer mit den Worten „Meine Mutter; meine Gattin; Weib, rein im Minnen! – O birg mich, birg mich da drinnen!“[297] zur geliebten Solvejg zurückkehrt, bedeutet dem Protagonisten Chris Kelvin in SOLARIS die finale Vereinigung mit Rheya, nachdem er, dem „regressive[n] Wunsch der Selbstauslöschung“[298] nachgebend, sich für das Sterben in der Planetenkollision entschieden hat, eine Rückkehr in den Schoß der Mutter, die „triumphale Hymne an das Phantasma völliger Verschmelzung.“[299] Der ohrenbetäubende Lärm, das Zischen und Scheppern, Brausen und Krachen, mit welchem das Forschungsschiff in den Planeten Solaris stürzt, lässt sich als ein Geburtsmoment begreifen, der analog zur michelangeloschen Erschaffungsszene Chris in eine neue Existenzform führt, indem dieser in Schmerz und Schrei neugeboren wird. Nach Rheya rufend durchschreitet er Prometheus' Gänge und kauert sich, sobald die Geräusche des Zusammenpralls ihre Lautstärke ins Unerträgliche steigern, an den Rand, den Boden, wobei die Kamera in einem leichten Schwenk nach links zurückfährt, um sichtbar zu machen, wie Chris zwischen die gewölbten Wände einer chromfarbenen Höhle gebettet ist, als befände er sich inmitten eines Gebärmutterhalses.

Die Endstation seiner Reise ist nicht Solaris, sondern die Mutter, das Weibliche per se, das Absolutum der Verschmelzung, welcher Chris Kelvin sich parallel zur Wandlung der szenografischen Formen vom Eckigen ins Runde annähert, gilt doch das Kantige gemeinhin als männlich,[300] wohingegen der Sphäre der Weiblichkeit das Runde, das sich freilich in das oben geöffnete Koordinatensystem von Eizelle und Gebärmutter, Schwangerschaft und Geburt eingliedert, zugerechnet wird. Geometrische Gitter, beispielsweise die quadratischen Lampen der Trapezblechdecke und das architektonische Liniennetz einer Hausfassade, die Geradenstruktur des Bücherregals im Arbeitszimmer und das würfelförmige, in Linien und rechteckige Flächen segmentierte Haus, kennzeichnen Chris Kelvins irdische Lebenswelt, bis nach der An-

[297] Ibsen 1970, S. 149.
[298] Kappelhoff 1998, S. 116.
[299] Ebd.
[300] Vgl. Prinz 2006, S. 2.

kunft der Boten, die ihm Gibarians Nachricht überbringen, die rechten Winkel der bisherigen Raumhintergründe von runderen Strukturen abgelöst werden. Rahmen die unbewegten Schatten der zwei Kuriere, deren Umrisslinien auf halber Höhe, das heißt an diesen Stellen, an denen die ausgestellten Arme wieder an den Körper geführt werden, einen leichten Bogen beschreiben, links- und rechtsseitig die Nahaufnahme mit Chris im Zentrum, scheint dieser in einer solchen Struktur von einem holprigen Kreis gerahmt. Im Transportschiff setzt sich die Reise ins Runde fort, wenn Chris, im Vordergrund der rechten Bildhälfte positioniert, den runden Astronautenhelm trägt, dessen Form in einer kreisrunden Luke im linken Bildhintergrund widerhallt. Auf Prometheus, wo die meisten Kanten abgerundet sind, Bullaugen ins Weltall führen und die orbikularen Helme sich im Regal aneinander reihen, folgt Chris den Spuren des Blutes, um zu einem Handschuh zu gelangen, den er, in die Hocke gehend, vom Fußboden aufgreift, als übersetze seine schauspielerische Bewegung Friedrich Schillers Ballade *Der Handschuh* (1797) in eine szenische Darstellung:

Da fällt von des Altans Rand
Ein Handschuh von schöner Hand
Zwischen den Tiger und den Leun
Mitten hinein.

Und zu Ritter Delorges, spottenderweis
Wendet sich Fräulein Kunigund:
„Herr Ritter, ist Eure Lieb so heiß,
Wie Ihr mirs schwört zu jeder Stund,
Ei, so hebt mir den Handschuh auf."

Und der Ritter in schnellem Lauf
Steigt hinab in den furchtbarn Zwinger
Mit festem Schritte,
Und aus der Ungeheuer Mitte
Nimmt er den Handschuh mit keckem Finger.[301]

Der Handschuh, im Mittelalter Modeaccessoire der hohen Stände ebenso wie „rechtssymbolische Gebärde,"[302] Symbol der weiblichen Hingabe bei Verlobung und Vermählung,[303] wird bei Schiller zum Motiv eines schwierigen Weiblichen, Ausgangspunkt eines höchst problematischen Geschlechterverhältnisses. Analog dazu nähert

[301] Schiller 1973, S. 377.
[302] Rosenfeld 1958, S. 24.
[303] Hans-Friedrich Rosenfeld erklärt, dass „sich das Mädchen auch selbst mit der Übergabe von Handschuhen dem Bräutigam übereignen konnte," wobei „noch in neuerer Zeit in Schweden wie in Jütland [... Handschuhe] Geschenk der Braut an den Bräutigam sind." (Rosenfeld 1958, S. 25); vgl. Rosenfeld 1958, S. 18 – 38.

sich Chris in SOLARIS, wenn er den blutbefleckten Handschuh von der Aluminiumdiele aufhebt, der so schwierigen wie geliebten Rheya, geht der Mutterimago und der ersehnten Verschmelzung entgegen – ein Weg, den problematische Phasen, jene Momente der Trennung und Abstoßung, des Bruchs und Verlustes, zeichnen.

Verlieren und Finden, Brechen und Binden, Abstoßen und Anziehen, Trennen und Verschmelzen – diese Bewegungen sind es, denen die räumlichen Strukturen in SOLARIS Ausdruck verleihen, indem die Modulationen der Farben Rot, Blau und Lila, die Choreografien der Bewegungsabläufe, seien es diese der Schauspieler, seien es jene der Kamera, sowie die Inszenierungen der Blicke frei in einem sich fortwährend umpolenden Magnetfeld flottieren, welches sich das kinematografische Bild nennt. Dieses entfaltet sich dem Zuschauer im affektiven, kognitiven und perzeptiven Prozess der ästhetischen Wahrnehmung, der eine spezifische Zeitlichkeit birgt, denn „was in dieser Bewegung entsteht, ist ein Bildraum, der erst in der Dauer des Films seine Entfaltung findet, der also eine zeitliche Dimension besitzt."[304] Um diese zeitliche Dimension, die sich wesenhaft als eine subjektive – nicht der Figur, sondern des Zuschauers – begreifen lässt, soll es im Folgenden gehen.

[304] Kappelhoff 2005, S. 145/146.

4 Die Entwürfe des Zeitlichen

4.1 Modi der Zeitdehnung in MAGNOLIA

Der Film MAGNOLIA dauert drei Stunden und begleitet das Leben von elf Menschen während der Zeitspanne einer Erdrotation. So präzise und korrekt solche objektiven Aussagen sein mögen, sagen sie doch wenig aus über die besondere Zeitlichkeit, die der Film seinen Zuschauern in der ästhetischen Wahrnehmung zu erfahren ermöglicht. „Die Zeit vergeht. Sie weiß es nicht besser,“[305] beschreibt Erich Kästner in *Das doppelte Lottchen* (1949) die physikalische Zeit des Chronos, diese objektive Zeit pragmatischen Alltagsbewusstseins, die das Leben der Menschen in Fristen und Termine strukturiert, in Monate und Wochen, Stunden und Tage zerteilt, worin sich eine symbolische Zeitkonstruktion offenbart, welche zur Orientierung und Bewegung im Sozialen erst befähigt. Erfährt sich der Erwachsene machtlos gegenüber der verrinnenden Zeit, dem leisen Entschwinden der Sekunden, dem langsamen Rieseln des Sandes aus dem oberen Kolben des Stundenglases, begreift das Kind, die kästnersche Lotte ebenso wie ihre Zwillingsschwester Luise, das Kind der Nachkriegsjahre genauso wie jenes heutige, Zeit als ein Ad Infinitum der Ewigkeiten. Das Bewusstsein jener Feile, die so geräuschlos wie kontinuierlich arbeitet,[306] deren „leibhafte Wahrnehmung“[307] dem Erwachsenen ein Gräuel bedeutet, das fortwährende Schrumpfen der Lebenszeit und die Aussicht der Endlichkeit, welche der Mensch, die Adoleszenz überschreitend, als höchste „Gewalt [... und] Horror des allgegenwärtigen Todes“[308] erlebt, haben für das Kind keinerlei Bedeutung, denn, „was immer es erwartet, der Zustand der Erwartung lässt jede Gegenwart schier hoffnungslos anwachsen.“[309] Eine solche besondere Erfahrung einer gedehnten Zeit gestattet MAGNOLIA seinen Zuschauern in der ästhetischen Wahrnehmung.

Für die Vielzahl der Großaufnahmen des Films besitzt Gültigkeit, was Anton Kaes als Paraphrase der balázschen These folgendermaßen resümiert:

> Die Großaufnahme, die außerhalb des Erzählflusses zu stehen scheint, stellt die Temporalität des Filmes selbst infrage. Durch die Großaufnahme ändert sich der sonst natürliche

[305] Kästner 1993, S. 37.

[306] Ein toskanisches Sprichwort lautet „Il tempo è una lima sorda“ (Die Zeit ist eine geräuschlose Feile). Vgl. Franceschi 1908, S. 318.

[307] Kappelhoff 1998, S. 94.

[308] Kappelhoff 1998, S. 95.

[309] Kappelhoff 1998, S. 93. Vgl. Kappelhoff 1998, S. 93 – 95.

Zeitablauf, er wird „semiotisiert“ insofern, als nun die Nähe und Länge einer Einstellung selbst Bedeutungsträger werden.[310]

MAGNOLIAS Großaufnahmen suspendieren und dehnen die erzählte Zeit. Oftmals lässt die Kamera sich genau dann auf Phils Gesicht nieder, wenn alle wesentlichen narrativen Informationen der Sequenz bereits vermittelt wurden. Kaum hat Earl seiner Sehnsucht nach Jack und dessen Mutter Lily Ausdruck verliehen, enthüllt ein Schnitt das Antlitz des Pflegers, der von Sekunde zu Sekunde, von diesem Zucken des Mundwinkels zu jenem Zwinkern der Lider stetig mehr zu begreifen scheint, welcher Schmerz die Familie Partridge quält. Was sich auf der Oberfläche seines Gesichtes abspielt, kann nach Deleuze als sich kontinuierlich steigernde Intensitätsreihe beschrieben werden, welche, so in der Szene Lindas Abschiedsbitte um Vergebung, alle Gesichtspartien Phils, die roten Wangen wie die fleischigen Tränensäcke, die tanzenden Stirnfalten wie die buschigen Augenbrauen, zu einem Maximum an expressiver Bewegung führt.[311] Dieses Mienenspiel unterbricht den Fluss der Erzählung, denn in MAGNOLIA lassen die Mikrobewegungen der Gesichter, die dem Zuschauer in Großaufnahmen naherücken, sei es das Beben Jack Partridges blutroter Lippen, sei es das Hinabrinnen Claudia Gators Nasensekret, stets „den Darstellungsakt in seiner konkreten zeitlichen Dauer hervortreten,“[312] was eine Stagnation der Erzählhandlung bewirkt:

> Die mimische Aktion mag noch so banal sein, sie markiert eine Stockung im Handlungsverlauf, eine zeitliche Ausbuchtung im sich entwickelnden Geschehen. Diese „pauses of mutual agitation“ führen auf die reale Zeit des Darstellungsaktes zurück, auf die Zeit, in der sich der Gestus real ereignet.[313]

Und gleichzeitig führt die stumme Unterbrechung der Narration in MAGNOLIA über die realzeitliche Ausdehnung des Mienenspiels noch hinaus. Nicht primär die konkrete Dauer wird hier erfahren, müsste diese doch der chronologisch ablaufenden, objektiv messbaren Zeit des Alltagsbewusstseins entspringen, wohingegen die Großaufnahme, dem Gesicht „den Status einer *Entität*“[314] verleihend, von zeitlichen Matrizen weitgehend abstrahiert.[315] In MAGNOLIA eignet sich der Zuschauer in der ästhetischen Wahrnehmung der Großaufnahmen Bilder des Empfindens, ebenso zeitlos wie unzeitig, an, um in eine neue Dimension weit jenseits herkömmlicher temporaler Koordi-

310 Kaes 2000, S. 163
311 Vgl. dazu Deleuze 1997a, S. 123 – 128.
312 Kappelhoff 2004, S. 86.
313 Ebd.
314 Deleuze 1997a, S. 134. Hervorhebung im Original.
315 Vgl. Deleuze 1997a, S. 134.

naten einzutreten: die Dimension subjektiver, gedehnter Zeitlichkeit. Darauf bezieht sich Kappelhoff in seiner Definition der „zeitlichen Lücke“[316] der empfindungsvollen Geste:

> Im Zögern der Figur dehnt sich für den Zuschauer die Zeit des Verstehens, [... es] entsteht für ihn eine Phase der Unbestimmtheit des Dargestellten. [...] Man könnte sagen, dass der Gestus, statt konkret etwas zu bedeuten, eine noch unbestimmte Bedeutsamkeit ankündigt. [...] Zwischen die Wahrnehmung der schauspielerischen Aktion und ihrem Verstehen im Horizont der Handlung schiebt sich eine zeitliche Lücke. Innerhalb dieser Zeit löst sich der Gestus von der repräsentierten Figur und wird für sich selbst sichtbar. In der zeitlichen Schwebe zwischen zwei kognitiv fassbaren Situationen eröffnet sie den Raum der entstehenden Gefühle als den einer noch unbestimmten Affektivität. [...] Bevor die Geste im Prozess der Semiose zum referentiellen Zeichen der Innerlichkeit wird, weist sie auf das Empfinden als eine der Figur und der Erzählung äußerliche, unbestimmte Kraft hin.[317]

Lange verweilt die Kamera in MAGNOLIA auf den Gesichtern. Statt Aktion und Handlung gestalten Mimik und Gestik die bildlichen Modulationen. Wenn Earl Partridge in seinen letzten Lebensminuten endlich den Sohn erkennt, zeigt die Großaufnahme in einer Einstellung beträchtlicher Dauer das Gesicht letzteren, Jacks, dessen starrende Augen, sich krümmende Schulterpartie und sich öffnender, bebender Mund dem Zuschauer als unmittelbare Affektdimensionen entgegentreten, welche für die Dauer der Gesten semantisch ungefüllt bleiben. Das mimische Spiel übersteigt die Konturen des Gesichtes und der Figurenpsychologie, wenn das „Starrende“ eines Augenpaars, das „Sich Krümmende“ einer Schulter und das „Zitternde“ eines Mundes zum Ausdruck kommt. Erst als Jacks Großaufnahme der Gegenschuss auf das Gesicht Earls folgt, der nach wenigen Atemzügen im Tod erstarrt, erklären sich die aufgerissenen Augen, der angespannte Rücken und die Sprachlosigkeit des Mundes als Zeichen der Trauer eines Sohnes am Sterbebett des Vaters, wodurch die zeitliche Lücke des Zuschauers geschlossen wird und die unbestimmte Affektivität sich in ein handlungslogisches, sprachlich fassbares Element wandelt.[318] Bevor das Entstehende, das „Noch Nicht“ der Bedeutsamkeit jedoch zum rationalen Baustein der Narration werden kann, steht die Zeit still. In MAGNOLIAS Großaufnahmen, die das Mienenspiel aus dem narrativen Kontext und vom Gesicht sowohl der Figur als auch des Schauspielers lösen, wo es weder Figur noch Handlung, weder Raum noch Zeit gibt, tritt die Geste als Ausdrucksqualität in reiner, zeitloser Gegenwärtigkeit hervor. Diese, eine Zeit der Empfindung, ist nicht die Zeit der objektiven Erzählung, sondern die der äs-

---

[316] Kappelhoff 2004, S. 86.
[317] Ebd.
[318] Vgl. dazu Kappelhoff 2004, S. 84 – 91.

thetischen Erfahrung, im Zuge derer der empfindsame Zuschauer in der Zeitdehnung der Großaufnahme versinkt, jenem vergangenen Glück gleich, welches sich die E-wigkeit der Kindheit nennt.

Wird Claudia, auf dem Kanapee sitzend, von bitteren Tränen geschüttelt, drückt sich darin weniger eine alltägliche Gestikulation als vielmehr ein Tableau des Schmerzes aus, dessen Davor und Danach im Augenblick der ästhetischen Wahrnehmung der Gesten der zuckenden Schultern, des zitternden Kinns und der sich verzerrenden Mundwinkel jegliche Relevanz verliert, so dass zwar der Film selbst fortdauert, die Zeit allerdings, jene erzählte und wahrgenommene, stagniert; keine Handlung vollzieht sich, kein Wort wird gesprochen. Indem die Großaufnahmen in MAGNOLIA auf dem Mienenspiel der Figuren verweilen, auf gestischen und mimischen Mikrobewegungen, die sich nicht symbolisch, nicht semantisch fassen lassen, sondern den Fluss der Narration unterbrechen, dehnen sie die Zeit. Die Mimik des Schauspielerensembles moduliert die zeitliche Struktur der Empfindungsbewegung des Zuschauers, welcher „die Großaufnahme des Gesichts als eine Dauer, einen Rhythmus des Empfindungswechsels, als die Figur einer Gebärde, eingraviert in die Leere der linearen Zeit wie die Linienzeichnung des Eiskunstläufers in die blanke Eisfläche,“[319] wahrnimmt. Ebendiese Verknüpfung der zeitlichen Dehnung der Großaufnahme mit der Erfahrung einer spezifischen Affektivität und Intensität bildet den Kern der balázschen Eloge auf Asta Nielsens Mienenspiel:

> In irgendeinem Film schaut Asta Nielsen zum Fenster hinaus und sieht jemanden kommen. Ein tödliche Schreck, ein versteinertes Entsetzen erscheint auf ihrem Gesicht. Doch sie erkennt allmählich, das sie schlecht gesehen hat und der sich Nähernde kein Unglück, sondern im Gegenteil größtes Glück für sie bedeutet. Und aus dem Ausdruck des Entsetzens wird langsam, allmählich durch die ganze Skala von zagem Zweifeln, banger Hoffnung, vorsichtiger Freude hindurch die Ekstase des Glücks. Wir sehen dieses Gesicht etwa zwanzig Meter lang in Großaufnahme. Wir sehen jeden Zug um Augen und Mund sich einzeln lösen, lockern und langsam verändern. Minutenlang sehen wir die organische *Entwicklungsgeschichte ihrer Gefühle* und nichts weiter. Ja, das ist eine Geschichte, die wir sehen. Das ist spezielle Filmlyrik, die eigentlich eine Epik der Empfindungen ist.[320]

Was sich auf dem Gesicht abspielt, sei es auf diesem der Nielsen, sei es auf jenem des Tom Cruise, beschreibt eine Bewegung, die sich gegen die bebenden Lippen und aufgerissenen Augen abhebt, um erst im Ganzen der Darstellung eine Figuration des Empfindens zum Ausdruck zu bringen, welche im Wahrnehmungsprozess des Zuschauers die, so Balázs' produktionstechnische Formulierung, „zwanzig Meter Groß-

---

[319] Kappelhoff 1998, S. 100.

[320] Balázs 1982, S. 78. Hervorhebung im Original.

aufnahme,"[321] gut sieben Sekunden belichteten Filmmaterials, in eine subjektive Zeit der Empfindung kehrt. Dem Zuschauer des Films MAGNOLIA wird die zeitliche Rhythmik der Modulationen des Gesichtes in Großaufnahme zur Erfahrung einer gedehnten Zeit.[322]

Die Gesichter, welche sich im Sehen und Hören des Zuschauers in zeitlose Bilder der Leidenschaften und Empfindungen wandeln, lassen sich als „intensive Gesichter"[323] der deleuzschen Terminologie verstehen, das heißt als ausdrucksstarke Antlitze, deren Mienenzüge, Impulse der Exaltation, die Umrisslinien durchbrechen und Fragen nicht des Kognitiven, sondern des Emotionalen forcieren: „Was ist denn in dich gefahren, was hast du, was fühlst du oder spürst du?"[324] Verknüpft sich nach Deleuze diese Art der Großaufnahme per definitionem mit einer Folge dichter, sich stetig intensivierender Ausdrucksbewegungen autonomer Gesichtspartien, wie am Beispiel Phils mimischer Modulationen dargelegt wurde, kann sich eine solche Intensitätsreihe ex aequo auf die serielle Abfolge verschiedener Gesichter erstrecken.[325] Sobald Jimmy Gator die Erkenntnis artikuliert, dass, mögen auch „wir mit der Vergangenheit abgeschlossen haben," diese noch lange nicht „mit uns abgeschlossen hat,"[326] eröffnet eine Parallelmontage der Groß- und Nahaufnahmen ein Intensitätskarussell der Gesichter, denen sich die Kamera behutsam in Zooms und Fahrten aus nahen und halbnahen Einstellungen nähert, wobei Schnitte und Reißschwenks alle Aufnahmen miteinander verbinden. In der Steigerung der Gesichtsbewegungen, von Jacks sich kontraktierenden Augenbrauen zu Lindas rollenden Pupillen, vom Nicken Gwenoviers, der insistenten Journalistin, zum Wippen Claudias, vollzieht sich der Übergang von einer Qualität in eine andere, vom Konstrukt „Frank T. J. Mackey" zur idiomatischen ehrlichen Haut des Jack Partridge, vom physischen Schmerz des Krebskranken zum psychischen des sündigen Vaters, von der passiven Verzweiflung des Donnie Smith zur aktiven Wut der Totschlägerin Marcie.

Was entsteht, ist eine Serie des sich intensivierenden Leidens, eine „Steigerungslinie des Schmerzes,"[327] so das Diktum Sergej Eisensteins, welche das Bild als Ganzes zum Gesicht werden lässt, weil sich die mimischen Ausdrucksbewegungen vom Ge-

[321] Ebd.

[322] Vgl. dazu Kappelhoff 1998, S. 99 – 101.

[323] Deleuze 1997a, S. 127.

[324] Deleuze 1997a, S. 125.

[325] Vgl. Deleuze 1997a, S. 123 – 134.

[326] „We may be through with the past, but the past ain't through with us," formuliert Gator.

[327] Eisenstein nach Deleuze 1997a, S. 126.

sicht sowohl der Figur, sei diese Phil Parma, sei sie Jack Partridge, als auch des Schauspielers (Phil Seymour Hoffman) respektive des Stars (Tom Cruise), lösen, um Objekte und Räume, Szenen und Sequenzen in deren Gänze zu affizieren. Dies hat Deleuze im Sinn, wenn er schreibt: „Ein Affektbild ist eine Großaufnahme, und eine Großaufnahme ist ein Gesicht.“[328] Vermöge „eine[r] affektive[n] Lesart des gesamten Films,“[329] welche von der Großaufnahme bedingt werde, vollzieht der empfindende Zuschauer das Gesamt der kinematografischen Bilder in MAGNOLIA, dieses Gesichthafte, als eine zeitliche Empfindungsbewegung nach. Am Ende des Gesichterkarussells schließt das Bild der silbernen Regenfäden, die den Hinterhof einer einfachen Wohnanlage verschleiern, den Kreis zum ersten Antlitz der Sequenz, jenem Phil Parmas, dessen Gesichtszüge in Schatten getaucht waren. Die Modulationen der Intensitätsreihe, die vom Gesicht des Krankenpflegers zum Gesicht des Hinterhofes führen, ohne narrative Informationen zu vermitteln und aktionales Geschehen zu forcieren, bedingen die Zuschauererfahrung einer Zeitdehnung, diese spezifische Dauer des Empfindens, die Balázs als „Epik der Empfindungen,“[330] jenes Lyrische des Films, definiert. Sich stetig wandelnd, entfalten sich die Bilder als Gesichter, deren melodische Intensitätsfolge, komponiert aus mehreren Gesichtern und „Äquivalent[en] eines Gesichts,“[331] die Zeit, welche der Zuschauer in der ästhetischen Wahrnehmung erfährt, bis zur Zeitlosigkeit dehnt.[332]

Während der Momente des Stillstehens der linearen Handlung dank Großaufnahme und Gestus verliert das konventionelle, dreigeteilte Zeitbewusstsein des Alltags an Bedeutsamkeit. Die Erfahrung gedehnter Dauer in der Rezeption MAGNOLIAS annulliert sowohl die Frage nach dem gerade Passierten und dem just zu Geschehenden, nach dem Davor und Danach, als auch den Versuch, das gemeinsame Singen aller Protagonisten rational zu erklären. Artikulieren sich in der Intensitätsreihe des ersten Figurenkarussells, zumal eingeleitet durch Jimmy Gators Verweis auf eine Vergangenheit des Schmerzes und der Schuld, subjektives Leiden und unbedingter Erlösungswunsch der Individuen, finden alle Figuren in einem weiteren Karussell der Gesichter die Lösung, Erlösung und Rettung im kognitiven Potential des „wise up.“ Nach Earl Partridges langer Sterberede um Reue und Liebe, welche, als Off-Stimme diversen Bildern unterlegt, die Situationen weiterer Figuren kommentiert, drückt das

[328] Deleuze 1997a, S. 123.
[329] Ebd.
[330] Balázs 1982, S. 78.
[331] Deleuze 1997a, S. 136.
[332] Vgl. dazu Kappelhoff 2004, S. 168 – 172.

Lied, das alle, obgleich sie sich an höchst unterschiedlichen Orten und inmitten höchst unterschiedlicher Aktivitäten befinden, zusammen singen, die von allen neun Protagonisten[333] zu teilende Einsicht aus, dass Wahrheit notwendig, Vergangenheitsleugnung zwecklos und Umkehr möglich ist:

> By now you know,
> It's not going to stop,
> It's not going to stop,
> It's not going to stop,
> Till you wise up.

Den Prozess des ritornellen „wise up," des Augenöffnens und Erkennens offenbart MAGNOLIA in den „reflektierende[n] Gesicht[ern]"[334] der singenden Figuren, in Gesichtern ohne Mimik und Expression, in reflektierenden, ausdruckslosen Flächen. Nur leicht öffnen die Figuren ihre Münder, um eine Zeile des Liedes mitzusingen, beinahe regungslos blicken sie ins Unbestimmte, ins Nirgendwo, während hier das Kantenlicht, dort die kontrastierende Farbgebung einen konturierten Umriss um ihre Köpfe, gleichsam eine „reflektierende Einheit, die alle Teile zu sich bringt,"[335] zeichnet. Wenngleich die Figuren Aimee Manns Singstimme durchaus disparat begleiten, mit tiefem Krächzen oder akzentuiertem Sprechgesang, mit dissonantem Murmeln oder melodischem, aber kurzem Atem, singen sie doch identische Worte und vereinen sich allesamt, Täter und Opfer, Sündige und Leidtragende, Erwachsene und Kinder, so unterschiedlich sie sein mögen, wie feindselig auch immer gegeneinander gestimmt, im Entstehen eines gemeinsamen Gedankens an die nahende Möglichkeit der Erlösung. Bevor der reuige Einbrecher Donnie Smith an einer Straßenkreuzung eine Kehrtwende von einhundertachtzig Grad einlegen darf, führt MAGNOLIA uns reflektierende, das heißt an etwas – die Not, den Ausweg, die Erlösung – denkende Gesichter vor Augen, die „unberührt, ohne Entwicklung, in gewisser Weise ewig bleiben."[336]

Wie das erste Figurenkarussell, jenes der intensiven Gesichter, vermag auch das zweite, dieses der reflexiven und staunenden, Zeit in der Suggestion grenzenloser, „in

[333] Die neun Protagonisten des Films sind Earl Partridge, Linda Partridge, Jack Partridge, Phil Parma, Jimmy Gator, Claudia Gator, Jim Kurring, Donnie Smith und Stanley Spector. Wurde zu Beginn des vorliegenden Kapitels von „elf Menschen" gesprochen, deren Geschichten MAGNOLIA erzählt, integrierte diese Zählung auch die Nebenfiguren Rose Gator und Dixon.

[334] Deleuze 1997a, S. 126.

[335] Deleuze 2997a, S. 125.

[336] Deleuze 1997a, S. 126. Vgl. Deleuze 1997a, S. 123–134.

gewisser Weise ewig[er]"[337] Gegenwärtigkeit zu dehnen. Aus der Großaufnahme des reflektierenden, zur Erkenntnis gelangenden Gesichtes schält sich „ein Moment des Erstarrens, des innehaltenden Getroffen-Seins [...], welcher erst in der Bewegung des Wahrgenommenen, im Wechsel vom Angesichtig-Werden zum gesehenen Objekt, zu einem Ausdruck findet. Das Staunen entsteht im Übergang zur Seite des Bestaunten,"[338] das heißt in der ästhetischen Wahrnehmung, welche dem Zuschauer, der sich das minutenlange Figurenkarussell, das sich um einen einzigen punktuellen Erlebnismoment zu kristallisieren scheint, hörend und sehend einverleibt, die Erfahrung gedehnter Zeit ermöglicht.

In der ästhetischen Erfahrung, die sich wesenhaft als eine Empfindungsbewegung des Zuschauers fassen lässt, eignet sich dieser subjektiv die Affektbilder intensiver und reflexiver Gesichter, die zeitlichen Modulationen der Großaufnahmen, stets bezogen auf die rhythmische Textur des gesamten Films, an, was Balázs als „Filmlyrik, [...] Epik der Empfindungen"[339] präzisiert. Ein eher „prosaischer", da rein formaler Modus der Zeitdehnung dagegen liegt in der so strengen wie schematischen Parallelkonstruktion der Figurenkonstellation, denn prinzipiell wird in MAGNOLIA jede Geschichte zweifach erzählt, was die Zeit anschwellen lässt. Zwei sterbende, schuldige Väter sehnen sich nach der Aussöhnung mit den Kindern, denen sie unendliches Leid zugefügt haben, welches von beiden, der missbrauchten Tochter Claudia Gator genauso wie dem im Stich gelassenen Sohn Jack Partridge alias Frank T. J. Mackey, mit erheblichen Konsequenzen verdrängt wird. Vor den Geistern der Vergangenheit, vor Schuld und Schmerz sind auch die Ehefrauen der Patriarchen nicht gefeit; wie die leidende Linda Partridge mit der Schuld ringt, einen wohlhabenden Alten nur um seines Reichtums willen geheiratet zu haben, erkennt sich Rose Gator schuldig, die Augen vor dem sexuellen Missbrauch an der Tochter verschlossen zu haben – der bequemen Position als gut situierter Hausfrau und respektabler Gattin einer Moderatorenlegende zuliebe. MAGNOLIA führt in eine Welt, in der Liebe ökonomisch aufgerechnet wird und „nicht einmal Kinder gegen das System der Prostitution immun sind,"[340] wenn die Spiegelfiguren Stanley Spector und Donnie Smith, die Wunderkinder der Fernsehshow in einer zeitlichen Differenz von dreißig Jahren, elterliche Liebe nur als Tauschobjekt gegen finanzielle Quizshowerfolge kennen, so dass sich

337 Deleuze 1997a, S. 126.
338 Kappelhoff 2004, S. 257.
339 Balázs 1982, S. 78.
340 Goss 2002, S. 187. Übersetzung AP.

beide in den Tauschhandel von Liebe und Geld, die Prostitution, verstricken. Bereits dem Konzept von *What do kids know?*, dessen Unterhaltungswert auf dem Kampf der Kinder gegen die Erwachsenen basiert, schreibt sich paradigmatisch MAGNOLIAS konstitutiv problematisches Verhältnis zwischen den Generationen ein, welches in einer konstanten Multiplikation der Konfliktbeziehungen vorgeführt wird.

MAGNOLIA stellt die Frage, wie eine Erlösung von Leid und Schmerz möglich wird. Auf der Figurenebene verknüpft sich die Erlösung und Errettung mit zwei Helfercharakteren, die, weil sie weder in die Schuld-Schmerz-Komplexe der patriarchalischen Familien Partridge und Gator noch in die prostitutiven Abhängigkeitsverhältnisse der ebenso missbrauchten wie gebrauchten Wunderkinder eingebunden sind, zu Retterfiguren werden können. Dass der gutmütige Polizist Jim Kurring Claudia durch seine Liebe und inmitten des Regens der Frösche Donnie durch Wort und Tat zu erlösen vermag, gründet in einer Nächstenliebe, die auf christlichen Prinzipien sowie moralischen Überzeugungen basiert. Evoziert Jims Erscheinung in der letzten Szene des Films, als seine plötzliche Präsenz nur den Rücken sichtbar macht und die leise gesprochenen Worte von sanfter Musik begleitet werden, eine sakrale Atmosphäre, empfiehlt sich auch Phil Parma, dessen zarte Stimme in der blassen Haut, dessen blondes Haar in der hellen Kleidung widerhallt, als engelsgleiche Gestalt, welche die erlösende Wiedervereinigung der Familie Partridge einleitet. Wie Jim aufgrund seines Glaubens an die Weisungen des Neuen Testamentes und die Hoffnung in Jesus Christus seinen Mitmenschen hilft, basiert die Gutherzigkeit seiner Äquivalenzfigur Phil gleichfalls auf einem Glauben, der, wurzelt er auch nicht in einer institutionellen Religionsgemeinschaft, dennoch eine ähnliche Kraft zu entfalten vermag. Weil Phil, MAGNOLIAS emotionales Zentrum, an das Kino, die Wahrheit (in) der Fiktion und die Wahrhaftigkeit stellvertretender Emotionen glaubt, erlebt er die Sterbeszene des Patriarchen analog zum empfindsamen Zuschauer im dunklen Saal des Kinos als eine sinnliche Erfahrung der eigenen Empfindsamkeit, die ihm, ganz plötzlich, als eine affektive, „leibhafte Selbstgegenwärtigkeit“[341] zustößt.[342]

In der Tat ist Phil Parma eine ganz und gar gegenwärtige Figur: er ist einfach „immer da,“ als schweigender Beobachter voller Mitgefühl, wie Dante im Purgatorium, die Gegenwart des Leidens höchst emotional teilend. Als Figuren eines reinen Präsens, die, schuldlos und schmerzfrei, aus dem Nichts zu kommen scheinen, zumal die Informationen über Herkunft und Familie, über Phils Singledasein und Jims erste Ehe,

---

[341] Kappelhoff 2004, S. 80.
[342] Vgl. dazu Kappelhoff 2004, S. 80 – 82.

spärlich gestreut sind, zeichnen sich Krankenpfleger und Polizeibeamter, zwei Parallelfiguren innerhalb der strengen Spiegelkonstruktion des Films, als Heilsbringer und Hoffnungsschimmer aus.

Die einzige Figur, die in MAGNOLIAS sehr klarer formaler und narrativer Konstruktion ohne Spiegelfigur, deren Schicksal ihr eigenes reflektieren und komplettieren würde, auftritt, besitzt eine deutlich hervorgehobene, maßgebende Rolle. Dixon, der junge schwarze Rapper, gehört als Figur weder der Gruppe der zerbrochenen Familien in deren Struktur der schuldigen, krebskranken Väter (Earl und Jimmy), der leidenden Kinder (Jack und Claudia) sowie der zwischen Schuld und Schmerz oszillierenden Ehefrauen an (Linda und Rose), noch jener der gutmütigen, gutherzigen Helfer (Phil und Jim) oder gar jener der quasi zur Prostitution gezwungenen Wunderkinder (Donnie und Stanley), obschon Dixon freilich ein Altersgenosse des letzteren sein dürfe. Er ist es, der als narratives Bindeglied die zwei beinahe identischen Geschichten, die MAGNOLIA erzählt, verkettet, indem seine Hilfe sowohl einer Figur des partridgeschen Ensembles, Linda, der er qua Verständigung der Notfallambulanz das Leben rettet, als auch einer des gatorschen Erzählstrangs, Jim Kurring, dem er in Rätseln und Reimen die Identität des Mörders verrät, zuteil wird.

Ebendiese Rätsel und Reime, Dixons Worte, bergen dessen genuine Bedeutung für den Film, seine spezifische Position der Prominenz, bleibt die Erzähllinie, die seine eigene Familie betrifft und in der es um das Verbrechen am Großvater geht, ausgeführt von seiner Großmutter Marcie sowie seinem „The Worm“ genannten Vater, von Dixons aktivem Handeln doch gänzlich independent. „Ich bin der Prophet,“ stilisiert sich der Junge in den Worten seines Rapgedichts, und tatsächlich gelingt es ihm, hauptsächlich dadurch, dass er „redet, [... die] Menschen auf[zu]bauen, [zu] ermutigen, Trost [zu] spenden“ (1 Kor 14,3), wobei sich zudem, ganz nach Art des religiösen Propheten, dieses „Verkünder[s] [und] Sprecher[s],“[343] dessen Authentizität, so im christlichen Konzept seit den Kirchenvätern, vom „faktische[n] Eintreffen von Voraussagen“[344] abhängt, seine Prophezeiungen bewahrheiten, wenn er die Situation der Sünder in MAGNOLIA präzise und korrekt auf den Punkt zu bringen versteht: „Und wenn er auch den Teufel flieht, die Schuld gewinnt doch immer.“[345] Fügt er an sein Bekenntnis, „Prophet“ zu sein, eine weitere Selbstcharakterisierung als „der Pro-

343 Glei 1987, S. 862.
344 Glei 1987, S. 864.
345 „He's running from the devil, but the debt is always gaining," rappt der Junge im Original.

fessor" an,[346] verweist ebendieser Terminus im Sinne seiner lateinischen Wurzel gleichfalls auf Dixons Prophetenfunktion; das Verb *proferre* lässt sich nämlich als „hervorholen", „hervortragen", das daraus abgeleitete Partizip *professus* als „bekannt" und „offenkundig" übersetzen. Dixon, MAGNOLIAs Prophet, macht, als habe sich ihm „auf übernatürliche Weise [... das] Wort Gottes [geoffenbart],"[347] offenkundig und bekannt, was die Figuren quält, Verletzung und Schmerz,[348] um schließlich, wie der die biblische Heilsgeschichte verkündende Prophet, die Erlösung aller vorherzusagen: „Klappt es nicht mit Sonnenschein, der liebe Gott bringt Regen ein," und sei zur umfassenden Katharsis auch ein Regen der Kröten nötig. Weil Dixon beinahe vollständig aus narrativen Kontexten, figürlichen Geflechten und den schematischen Parallel- und Spiegelkonstruktionen gelöst ist, wirkt er wie ein Wesen, das anders als die übrigen Figuren über und zwischen den Dingen schwebt, im richtigen Moment das Richtige tut und geradewegs von einer göttlichen Instanz gesandt scheint: er ist überall und nirgends, schuldlos und schmerzfrei, kindlich und weise zugleich.

Die Figur des Dixon markiert die tragende Säule des Films, die, der menschlichen Körperachse, der Wirbelsäule, gleich, zwei sich symmetrische Hälften aufeinander bezieht. Zwei Mal erzählt MAGNOLIA, wie Väter sterben und Kinder neu geboren werden, wie Verzeihen tunlich und Erlösung möglich wird. Zeit dehnt sich, weil der Szene der Vergebung die Sequenz einer Versöhnung, dem Bild der Verzweiflung ein Schrei der Angst folgt, der Seelennot die Pein, der Hilfe die Errettung, dem Schmerz der Schmerz; ob Schmerz, ob Schuld, alles wird mehrfach gezeigt, multipliziert, weshalb Zeit anschwillt. Weil MAGNOLIA ein knappes Dutzend Figuren parallel orchestriert, werden überdies Sequenzen in der Parallelmontage oftmals unterbrochen, um sie nach einem erheblichen Fortschreiten der Erzählzeit an nämlicher Stelle, ohne dass die erzählte Zeit vorwärts geschritten wäre, wieder aufzugreifen:

> Von Schnitt zu Schnitt, von Sequenz zu Sequenz scheint die Zeit in den verzahnten Erzählungen stillzustehen. [...] Zeit scheint sich simultan zu entfalten, nicht sequentiell.[349]

Wenn Claudia Gator Jim Kurring, der sie zur Verabredung abholt, ihre Wohnungstür öffnet, was entgegen einer linear fortschreitenden Szenenabfolge zwei Mal gezeigt wird, offenbart sich eine zeitliche Überlappung: während die Erzählzeit fortschreitet, kehrt die erzählte Zeit zu einem wenige Sekunden zuvor erreichten Punkt zurück, um

[346] „I'm the prophet, the professor," so Dixon.
[347] Glei 1987, S. 862.
[348] „And if he's worth being hurt," so Dixon, "he's worth bringin' pain in."
[349] Clarke Dillman 2003, S. 146. Übersetzung AP.

die Handlung aus veränderter Perspektive noch einmal sichtbar zu machen. Hierin artikuliert sich ein narratives Prinzip des Films MAGNOLIA: Zeit wird gedehnt, Zeit steht still.

4.2 „Wir haben mit der Vergangenheit abgeschlossen, aber die Vergangenheit nicht mit uns“ – Vertikale Zeit in MAGNOLIA

Als Phil Parma Earl Partridge nach dem Zeitpunkt des letzten Kontaktes zu seinem Sohn Jack fragt, klagt der Sterbende über das kognitive Schwinden der „Zeitlinien“[350] seines Lebens. Allgemeingültig definiert, bezeichnet eine Zeitlinie die chronologische Anordnung temporaler, sei es historischer, sei es lebensgeschichtlicher Daten in grafischer und schriftlicher Form, deren traditionelle Visualisierung die „Vorstellung der gezogenen Linie als Spur einer Bewegungsbahn,“[351] eine horizontale Gerade, welche von einem unsichtbaren Nullpunkt bis ins Unendliche reicht, vorsieht. Ein als „Jetzt“ definierter Zeitpunkt rückt kontinuierlich fort, von links nach rechts, aus der Vergangenheit in die Zukunft, so dass Zeit in einem solcherart verräumlichten Bild wesenhaft als eine Aufeinanderfolge, ein sukzessives Nacheinander des Verfließens und Vergehens, verstanden wird. Als problematisch erweist sich dieses imaginäre Konzept, wenn Vergangenheit und Zukunft, „aufeinander folgende Zeitabschnitte, [...] durch die Gegenwart getrennt und nicht mehr verbunden [werden], [... so dass], ohne je in ein Verhältnis zueinander zu kommen, [... sich] ihr ursprünglicher Zusammenhang [löst].“[352] Das Bild des progressiv fortschreitenden Zeitpunktes zerreiße die organische Verbindung von Vergangenheit und Zukunft, die einander gegenseitig bedingen und, wie Friedrich Kümmel beschreibt, in der subjektiven Wahrnehmung des Menschen die Linearität des konventionellen Zeitverständnisses aufzuheben vermögen:

> Eine objektive Bestimmung der Zeitrichtung ist so gar nicht möglich. Das zeitvorstellende Subjekt *gibt* der Zeit erst ihre wechselnden Richtungen und teilt ihr darin sein Selbstverständnis mit. Die formale Zeitvorstellung wird dabei als ein modifizierbares Schema gebildet, das die *verschiedenen* Aspekte der Zeit wechselweise zur Erscheinung bringen und ineins damit die verschiedenen Weisen der Selbsterfahrung ins Bewusstsein heben kann.[353]

Zeit manifestiere sich dem Subjekt auf eine je differente Art und Weise, so dass das formale Bild der Zeit als stetes Verfließen entlang eines horizontalen Pfeils von einer wesenhaft subjektive Faktoren berücksichtigenden Vorstellung des „Zugleichsein[s]

[350] „That's another thing that goes,“ klagt Earl gegenüber Phil, „time lines, you know? I remember things, but not so – right there, you know?”
[351] Kümmel 1962, S. 4.
[352] Kümmel 1962, S. 10.
[353] Kümmel 1962, S. 12. Hervorhebungen im Original.

aller Zeiten"[354] ersetzt werden müsse.[355] Die Simultaneität von Vergangenheit, Gegenwart und Zukunft kennzeichnet die Figuren in MAGNOLIA, deren biografische Zeitlinien weniger horizontal als vielmehr vertikal angemessen visualisiert werden können. Keiner der Protagonisten, abgesehen von den vollkommen gegenwärtigen Retterfiguren Phil und Jim, schreitet aus einer abgeschlossenen Vergangenheit in eine gleichsam isolierte Zukunft, da in MAGNOLIA das Vergangene, das einstmals Erlebte und Erlittene, weiland Verbrochene und Verschwiegene immerfort auf das aktuelle Selbst einwirkt und im Jetztmoment der horizontalen Linie sich die Schichten des Einstigen ins hohe Lot der Vertikale stapeln. „Wir haben mit der Vergangenheit abgeschlossen, aber die Vergangenheit nicht mit uns," erläutert „die Schrift,"[356] auf die sich Jimmy Gator, Donnie Smith und die Erzählerstimme berufen, die Situation der Sünder wie der Leidtragenden, denn weder mit dieser Vergangenheit des Schmerzes noch mit jener der Schuld lässt sich per se schlichtweg „abschließen", zumal sämtliche Prozesse der Verdrängung und Verleugnung des Vergangenen das Leiden nur intensivieren. Die Zeit heilt in MAGNOLIA keineswegs alle Wunden, sondern reißt stetig die alten auf.

Jimmy Gators und Earls Partridges „Wunden", die malignen Tumore, die im Innern ihrer Körper anschwellen und das gesunde Gewebe zerstören, leiten sich unmittelbar aus ihrer sündigen, „bösartigen" Vergangenheit her. Wie Susan Sontag analysiert, webt der gesellschaftliche sowie literarische Krebsdiskurs die Krankheit, deren Ursache und Therapie als ungewiss und umstritten gelten, in ein Feld der Metaphern ein, von denen eine, in der griechischen Antike und der alttestamentarischen Tradition wurzelnd, die Krebserkrankung im Sinne einer so göttlichen wie gerechten Bestrafung moralischer Verwerflichkeit denunziert:

> Der Krebspatient wird für schuldig erklärt. Weit verbreitete psychologische Krankheitstheorien sprechen dem glücklosen Kranken letztlich die Verantwortung sowohl für die Erkrankung als auch für die Gesundung zu. Und die Sitte, Krebs nicht als eine bloße Krankheit zu behandeln, sondern als einen dämonischen Feind, macht Krebs nicht nur zu einer tödlichen Krankheit, sondern auch zu einer schändlichen.[357]

Die gängige, bis heute gültige Krebsmetaphorik, zu deren konstitutivem Vokabular die kriegerischen Termini „Kampf", „Kreuzzug" und „Opfer" zählen, erweist sich als prekär und problematisch, zumal den Status quo der Metaphern nicht einmal die fort-

[354] Kümmel 1962, S. 4.
[355] Vgl. Kümmel 1962, S. 4 – 13.
[356] „And the book says..," leiten die jeweiligen Figuren den nämlichen Satz ein.
[357] Sontag 1980, S. 62.

schreitende medizinische Forschung zu ändern vermag, welche die Krebskrankheit einer Vorstellung der Launenhaftigkeit, Unheilbarkeit sowie des dunklen Ursprungs zunehmend entledigt, man denke an den Risikofaktor Tabakrauch, der de facto für Earls Bronchialkarzinom verantwortlich sein dürfte. Und doch trifft in MAGNOLIA der Krebs ausgerechnet die schuldigen Väter, deren Selbstverantwortung und Eigenverschuldung des Krebsleidens impliziert werden. Wie die Griechen des Altertums Krankheit, beispielsweise die Pest, die ob Ödipus' Schuld über Theben kommt, als ein „Instrument göttlichen Zorns"[358] interpretierten, lassen sich in MAGNOLIA Earls Lungenkrebs und Jimmys Knochenmetastasen in eindeutig strafender Funktion verstehen.[359] Im Jetzt werden die Sünden der Vergangenheit, die Schuld, die Tochter sexuell missbraucht sowie Sohn und Ehefrau verlassen zu haben, gesühnt, weshalb die Krebserkrankungen eine Form der Gegenwärtigkeit des Vergangenen bezeichnen. Nicht rückt der Zeitpunkt der horizontalen Linie, Vergangenheit und Gegenwart voneinander trennend, kontinuierlich vorwärts, vielmehr türmen sich auf dem aktuellen Moment der Krankheit, dem finalen Lebensvakuum, in welchem die irdische, persönliche Zeit an ein Ende gelangt und der als „Gegenwart [...] ausgezeichnete Zeitpunkt"[360] zu stagnieren beginnt, in die Höhe der Lotrechten die Geister der Vergangenheit, die, aus entfernten Zeiten stammend, sich nun als Karzinome und Filiae materialisieren.

Deutet analog zur griechisch-antiken Vorstellung das biblische Judentum, das Konzept der „Ursünde" im Kopf, den körperlichen und seelischen Schmerz als Bestrafung der Sünden, weil physisches Übel, Leid, sich mit dem moralischen Übel, dem Bösen, unweigerlich verknüpfe, erklärt die alttestamentarische Weisheitsliteratur das Leiden, etwa im Fall des Hiob, mit einer Prüfung Gottes, deren Bestehen zur Gemeinschaft mit dem Schöpfer führe,[361] was in Jesu Seligsprechungen derer, „die ihr jetzt weint" (Lk 6,21), gipfelt: „Selig die Trauernden, denn sie werden getröstet werden" (Mt 5,4). Die Trauernden und Leidenden sind in MAGNOLIA vornehmlich die Kinder. Claudia und Jack, Stanley und Donnie mussten in dysfunktionalen Gemeinschaften aufwachsen, welche, im Gegensatz zur innigen Familiengemeinschaft des Jüdischen oder Jesu Bekenntnis zu den „Brüdern und Schwestern" einer religiösen

---

358 Sontag 1980, S. 43.

359 Vgl. Sontag 1980, S. 40 – 53 sowie S. 62 – 66.

360 Kümmel 1962, S. 4.

361 Vgl. May 1987, S. 652/653, Lenzen 1987, S. 69/70, Vetter 1987b, S. 649 – 652 sowie Werblowsky 1987, S. 68/69.

Ersatzfamilie,[362] nicht retteten, sondern zerstörten, weil die familiären und emotionalen Bindungen fortwährend untergraben und in einen ökonomischen Tauschhandel verwandelt wurden, bis sie völlig auseinander brachen.

MAGNOLIAS vertikale Zeit integriert aber nicht nur die Trümmer einer schmerzhaften Vergangenheit und die Geister einer qualvollen Kindheit, welche die Gegenwart der Figuren noch immer bedingen und beeinflussen, prägen und plagen, sondern desgleichen das Vergangenheitsmosaik einer nachgerade unschuldigen Kindheit. Wahrhaft zuteil wurde eine solche freilich keiner Figur des Films, als Hauch einer Ahnung jedoch, als instantane Sehnsucht nach dem mütterlichen Schoss blitzt, sobald sich die schluchzende Claudia, einem hilflosen Kind gleich, an die Arme der Mutter klammert, die Forderung auf, das Recht auf eine unschuldige Kindheit einzulösen. Was Freud als „Regression" definierte, den psychischen Rückzug der traumatisierten Person auf jene frühere Phase, die der traumatischen direkt voranging, auf ein entwicklungspsychologisch bereits überwundenes Stadium, schreibt sich der vertikalen Temporalität in MAGNOLIA ein, wenn die „Kinderfiguren" des Films am Jetztpunkt ihres Lebens von der Rückkehr zum vortraumatischen Infantilen eine erlösende Wirkung erhoffen. Dem psychoanalytischen Konzept zufolge kann die temporäre Regression in der Tat unbewältigte Traumata lösen und innere Konflikte verarbeiten,[363] in MAGNOLIA etwa im Falle Stanley Spectors, dessen Rückgang in eine vortraumatische Vergangenheit, und zwar auf das Stadium des Kleinkindes vermittels des Nässens der Hose, seine Hoffnung auf eine unschuldige und ideale Kindheit nährt. Zwangsweise erwachsen, ernährt er doch die Kleinstfamilie und übernimmt, anders als sein Vater Rick, ein arbeitsloser Schauspieler, Verantwortung, beispielsweise für den Hund, fordert er im Urinieren regressiv die Unschuld eines Kindes zurück, welches nicht auf das mal putzige, mal seltsame Wunderkind und den ökonomischen Tauschwert reduziert wird, damit er letztlich nicht genauso endet wie seine Spiegelfigur Donnie Smith.

Dessen Definition seines Selbst stagniert seit dem Jahr 1968, als er mit einem gewinnträchtigen Rekordergebnis die Kinderquizshow gewann, an deren kindlichen Titel „Quiz Kid" er sich, die große, bunte Kinderbrille auf der Nase, noch immer klammert. Verliebt in einen jugendlichen Barkeeper mit Zahnspange, wünscht er sich ebensolche, einerseits Liebesbeweis, Imitation und Unterwerfung, andererseits Symbol des Infantilen, der unschuldigen Kindheit, die er niemals erlebte, aber immer er-

[362] Vgl. Mette 1987, S. 240 – 244 und Vetter 1987a, S. 237 – 240.
[363] Vgl. Körner 2005, S. 268 – 270.

sehnte. Wenn er seit gut dreißig Jahren versucht, eine Vergangenheit des Missbrauchs und der Prostitution auszuradieren, um wieder zum kindlichen Engel zu werden,[364] lässt sich diese tiefe, stabile und beharrliche Regression als maligne klassifizieren, weil sie scheinbar „den Patienten dauerhaft [zu] infantilisieren“[365] vermochte. Doch der Froschregen erlöst auch ihn, indem der blutige Verlust der Zähne, als Donnie vom Strommast hernieder fällt, die Möglichkeit einer Zahnspange, das heißt einer andauernden Regression, zunichte macht. In der Annullierung jedweder Aussicht auf intraorale Zahnkorrektur modifiziert der Sturz desgleichen Donnies Liebesverständnis, welches, noch ganz den ökonomischen Kategorien seiner Kindheit verhaftet, die Zahnspange als Tauschwert eines Liebesverhältnisses definierte. Obschon Donnie sich nach echter, wahrer Liebe sehnt, die er holprig zu definieren weiß,[366] versucht er während seiner Besuche in der Bar, wie er einst elterliche „Liebe“ mit finanziellen Gewinnen erkaufen musste, die Liebe des Kellners Brad mithilfe einer Zahnspange zu erwerben. Am Ende lächelt Donnie mit blutverschmiertem Mund, was andeuten mag, dass er neue Hoffnung auf eine Liebe jenseits wirtschaftlicher Kosten-Nutzen-Rechnungen geschöpft hat. Endlich wird er aus der Gefangenschaft in den Höhen der vertikalen Zeit, aus der Einkerkerung in der Zeitkapsel des Jahres 1968 befreit, um vom Jetzt aus in eine Zukunft zu blicken, welche die pathologische Regression hinter sich lässt, und um, aus halber Höhe vom Strommast stürzend, mit blutendem Mund auf dem Boden des Hier und Jetzt aufzuprallen.

Modi der Regression, die sich im Fall des Donnie Smith ins Maligne kehren, charakterisieren, gleichwohl mit durchaus erlösendem Potential, alle „Kinderfiguren“ in MAGNOLIA, so auch Jack Partridge, gespielt von Tom Cruise, dessen Starpersona wesenhaft eine Form der Infantilisierung integriert:

> Denn Cruise tritt [...] nie als Mann, sondern immer wieder als naives Kind auf. Er spricht kaum, und wenn er es tut, dann leicht näselnd. [...] Aus Cruise-Filmen gibt es keine witzige Zeile zu erinnern, die von ihm gesprochen würde.[367]

Der Sprachmächtigkeit beraubt, als befände sich, ähnlich der Sprachentwicklung des Kleinkindes, sein Lexikon noch im Aufbau und wäre das Repertoire der Laute, der

---

[364] „It is not dangerous to confuse children with angels,“ glaubt Donnie Smith.

[365] Körner 2005, S. 270.

[366] „The kind of love that makes you feel that intagible joy. Pit of your stomach. Like a bucket of acid and nerves running around and making you hurt and happy and all over you're head over heels," malt sich Donnie die Liebe aus, die er in seinem Leben so sehnsüchtig erwartet.

[367] Rall 2002, S. 21.

Syntax und der Bedeutungen noch nicht entstanden,[368] sitzt Jack Partridge stillschweigend der Journalistin Gwenovier gegenüber, die ihren Interviewpartner intellektuell um ein Erhebliches überragt, was den typischen Kern des cruiseschen Starimages definiert. Cruises Gegenüber, zumeist eine Frau, deren Bildung, Intelligenz und Sprachgewandtheit, deren gesellschaftlicher und beruflicher Status die Kapazität der Cruisefigur weit übertreffen, fungiert als „Träger des Blicks auf diesen Körper"[369] eines linkischen Jungen, eines Kindes.[370] Nachdem Jack den Vater, kaum wurde ihm dieser in einem Akt des Verzeihens wieder lebendig, zum zweiten Mal verloren hat, schmiegt er sich weinend in embryonaler Haltung an die Kissen eines weichen Sofas, die Arme verschränkt, die Beine angezogen, versunken in einer Welt des Traumes, die eine Welt der Erinnerung an eine glückliche, unschuldige Kindheit sein mag; in der körperlichen Regression lokalisiert sich die psychische eines träumenden Bewusstseins. Wieder zum Sohn, zum Kind geworden, findet sich Jack alsbald gar zur Sorge um die Stiefmutter Linda bereit, so dass sich eine neue, hoffnungsvollere Familienbeziehung anbahnt.

Nach dem Scheitern der Realfamilien suchen MAGNOLIAS Kinderfiguren ihr Heil in der Idealfamilie. Ohne das Diesseits einer familiär strukturierten Sozialität zu verlassen, gehen sie neue Bindungen jenseits der bisherigen Familienbande ein. Claudia und Jim werden zum romantisch verbundenen Paar, zur Kleinfamilie, ebenso wie womöglich Jack und Linda, nachdem die Bruchstücke der Sohn-Stiefmutter-Konstellation einer freiwilligen Paarbeziehung gewichen sein mögen. MAGNOLIAS streng schematische Parallelkonstruktion legt in der Tat die finale heterosexuelle Familiengründung beider „Kinder", Claudia Gators wie Jack Partridges, nahe. So gelang es Montage und Bildgestaltung im zweiten Teil des Films, über eine inhaltliche und kompositorische Parallelität der direkt aufeinander folgenden Großaufnahmen Lindas und Jacks ausdruckslos starrender Gesichter, jeweils hinter regennassen Scheiben am Steuer eines geparkten Autos, eine ästhetische Verbindung zwischen Sohn und Stiefmutter zu konstruieren, auf welche das faktische, das romantische Anbandeln folgen mag. Kaum sind die Figuren der Blutsverwandtschaft, diesem Zerfallsprodukt, entkommen, gestalten sie neue, aufs Neue familiäre Bindungen, denn ein „Jenseits" der Beziehungen gibt es nicht – die Familie ist tot, lang lebe die Familie.

---

[368] Vgl. Schönpflug / Schönpflug 1995, S. 452 – 458.
[369] Rall 2002, S. 20.
[370] Vgl. Rall 2002, S. 17 – 22.

Leben und Tod, sei es der bürgerlichen Familie, sei es der Figurenpersonen, lassen sich, wo Gegenwart keinen punktuellen, horizontal hinfort rückenden Moment, sondern eine vertikale Säule des „Zugleichsein[s] aller Zeiten“[371] bezeichnet, nicht als Oppositionen im Sinne geläufiger Vorstellungen des Dies- und Jenseits begreifen. MAGNOLIA beschäftigt sich mit der Frage, wann ein Mensch tot ist, das heißt ob Tod möglich wird, ohne das Diesseits zu verlassen, werden doch kontinuierlich lebende Figuren als Gestorbene tituliert. „Es gibt niemanden mehr. Dieser Mann – sein Sohn existiert nicht,“ sagt Linda zu Phil, „Er ist tot, er ist tot,“ während jener zum Toten Erklärte, Jack, den Vater im Reich des Jenseits verortet, wenn er mit konventioneller Trauermiene der Journalistin gesteht: „Leider ist er von uns gegangen.“ Ähnelt Claudia einer lebendig Begrabenen, die in ihrer Wohnung zwischen den Türrahmen und Linien der Wände wie in einem Sarg eingesperrt scheint, und starb Donnies autonomer, sich entwickelnder Persönlichkeitsanteil nach dem Quizshowerfolg gänzlich ab, wird evident, dass sich in MAGNOLIA der Tod als eine Option des Diesseits realisiert. In diesem Sinne wurde von einer vertikalen Zeit des Films gesprochen. Jeder Zeitpunkt einer Gegenwart integriert gleichermaßen die Zukunft, den Tod, sowie die Vergangenheit; mit dieser kann man keineswegs einfach „abschließen“, zumal „die Vergangenheit nicht mit uns abgeschlossen hat,“ so dass sich im Jetztmoment des Selbst die Schichten des Vergangenen, des vortraumatischen ebenso wie des traumatischen, stapeln. Lässt sich im Gegenwärtigen das Einstige, im Diesseitigen das Jenseitige finden, erinnert dies an eine Beobachtung des philosophischen Naturbetrachters Henry David Thoreaus, einem Vertreter des amerikanischen Transzendentalismus, welcher in präzisen, aber poetischen Worten der Faszination ob seiner „Morgenarbeit“[372] in der Natur Ausdruck verlieh:

> Auf der schneebedeckten Ebene [des Teiches] stehe ich wie auf einer Bergwiese, bahne mir zuerst durch fußtiefen Schnee und dann durch fußtiefes Eis einen Weg und mache zu meinen Füßen ein Fenster auf, an dem ich mich zum Trinken niederknie und durch das ich hinunterschaue in das stille Wohngemach der Fische, das von mildem Licht, wie es durch Milchglas fällt, durchzogen ist und mit seinem hellsandigen Boden daliegt wie im Sommer. Hier herrscht wellenlose, ungestörte Heiterkeit wie in dem bernsteinfarbigen Zwielichthimmel; sie entspricht dem kühlen, gleichmäßigen Temperament der Bewohner. Der Himmel ist auch zu unsern Füßen, nicht bloß zu unsern Häuptern.[373]

Sky und *heaven*, der physische und der transzendente Himmel,[374] gehen bei Thoreau

---

[371] Kümmel 1962, S. 4.
[372] Thoreau 2004, S. 402.
[373] Thoreau 2004, S. 403.
[374] Vgl. Schulz 1997, S. 212/213.

in eins und eröffnen eine Lotgerade, die das Meer der Wolken mit dem Brodem des Wassers zusammenfallen lässt, wie in MAGNOLIA die vertikale Linie der Zeit im punktuellen Augenblick der Gegenwart alle Zeiten türmt, stapelt und schichtet, ob die zu strafende Vergangenheit oder die rettende Regression, ob den lebendigen Tod oder die diesseitige Wiedergeburt in Hoffnung und Erlösung. „Die Sünden der Väter haften an den Kindern,“[375] so verweist Donnie auf eine Vergangenheit, deren Schatten noch die Gegenwart ins Dunkel taucht, denn in MAGNOLIA zeigt „die Vorstellung der Zeit im Bild einer progressiven Linie [...] einen doppelten Aspekt: sie dient zur Darstellung einer Folge von Ereignissen, doch so, dass ihr Nacheinander sogleich in ein Zugleichsein aller Zeiten aufgehoben ist.“[376]

[375] „The sins of the fathers laid upon the children, is Merchant of Venice, but borrowed from Exodus 20,5," so Donnie Smith.
[376] Kümmel 1962, S. 4.

4.3 „Das Leben geht nicht einfach weiter" – Zirkuläre Zeitlichkeiten in 21 GRAMS

Kaum wird Jack Jordan mit einer lapidaren, rhetorischen Frage, die ihm den Charakter des Wiederholungstäters verleiht,[377] von den Mitinsassen des Gefängnisses begrüßt, schreibt sich der Bildgestaltung eine analog zirkulär wie repetitiv anmutende Bewegung ein. Beim Betreten der Zelle wird Jack vermittels des Blicks in einen Spiegel eingefangen, bis die Kamera, einen Halbkreis beschreibend, über das Mauerwerk rechts des Spiegels sowie die Gitterstäbe fährt, um am Endpunkt dieser Bewegung der Wendung abermals zu Jack, nun zu dessen realer Inkarnation, zu gelangen. Entspricht somit der Endpunkt der Bewegung exakt deren Ausgangspunkt, artikuliert sich hierin ein strukturelles Prinzip des Films 21 GRAMS – die Zirkularität.

In 21 GRAMS' besonderer Temporalität offenbart sich die Kreisstruktur der Leben aller Figuren, etwa wenn sich imaginierte Rückblenden wie das Bild der koksenden Cristina, die wenige Einstellungen zuvor als von der Sucht geheilte Teilnehmerin einer Therapiegruppe eingeführt wurde, als tatsächliche Rückfälle entpuppen. Dank der Stütze, die Cristina in ihrem Ehemann Michael und ihren zwei Töchter fand, meisterte sie einst den Ausstieg aus Drogensucht und Clubmilieu, um nach dem Tod derer, die ihr Halt waren, in die alten Strukturen zurückzufallen, bis eine neue Schwangerschaft zum Anlass neuer Hoffnung wird, der Hoffnung auf ein neues Leben und eine neue Familienbildung, welche gleich wie die frühere Cristina ebenfalls zu stärken vermag. Auch in Jacks Fall verändert der Unfall das Gleichgewicht seines momentanen Lebens als Christ und Familienvater, das er sich in den zwei Jahren nach seinem letzten Gefängnisaufenthalt aufgebaut hat. Seit seinem sechzehnten Lebensjahr regelmäßig in der Strafvollzugsanstalt, begann er an die Erlösung durch Jesus zu glauben, von dem er sich verraten fühlt, weil ausgerechnet sein Auto, dieser als göttlich interpretierte Tombolagewinn, den tödlichen Unfall verursacht. Jacks Rückfall in Alkoholismus, religiöse Gleichgültigkeit und die Attitüde des Desperados wird erst aufgehoben, als er sich durch Übernahme der Verantwortung für Pauls Schulterschuss einer Schuld, die ihn ob des Unfalls quält, bezichtigen kann, im Krankenhaus mit Cristina einen Blick des Schmerzes austauscht und endlich als Ehemann und Vater zu Marianne und den beiden Kindern zurückkehrt.

Ein Kreis schließt sich und stagniert doch niemals in diesem Film, dessen zeitliche

[377] „Wieder da?", „Back for good?" hallt ihm aus einer Zelle entgegen.

Anordnung der Szenen den Bekehrer Jack neben den Gefängnisinsassen stellt, den Familienvater neben den staubigen Niedriglohnarbeiter, ohne Relationen der Vor- und Nachzeitigkeit zu etablieren. Wenn das Kommende mit dem Gewesenen identisch wird, verliert die traditionelle Unterscheidung zwischen Zukunft und Vergangenheit an Relevanz und Bedeutsamkeit. Das Künftige und das Vergangene verschmelzen, die Zeitlinie krümmt sich, vereinigt ihre Enden, denn nicht linear im Modus des „Life goes on" schreitet das Leben der zentralen Figuren in 21 GRAMS voran, sondern zirkulär. Auf Gesundheit folgt Krankheit folgt Genesung folgt Krankheit – und all das, so im Fall Pauls, innerhalb der ersten wenigen Filmminuten. Kann zunächst die schwere Herzerkrankung, welche, auch dies eine Struktur des Zirkulären, die Ehefrau Mary zurückkommen ließ, dank der Transplantation geheilt werden, besiegelt ein gesundheitlicher Rückschlag, die Abstoßung des neuen Herzens, den nahenden Tod. Das Kommende nähert sich dem Gewesenen an, wenn Paul, der vor nicht allzu langer Zeit Affären mit Studentinnen hatte, Mary mit Cristina betrügt oder wenn sein angeschossener Körper dem operierten gleicht. Alles, was vergangen war, kehrt in einem endlosen Kreislauf zurück – einem Kreislauf aus Verdammnis und Erlösung. Jede Rettung, sei es diese, die im evangelikalen Glauben, sei es jene, die im Schutz der Familie gefunden wird, kann sich jederzeit, urplötzlich, mit einem einzigen Filmschnitt, in ihr Gegenteil, in Schmerz, Entfremdung und Tod verkehren. Auf Pauls Normalnull der Genesung, als er Cristina nach dem gemeinsamen Mittagessen in der Herbstsonne nachhause begleitet, folgt unmittelbar der Establishing Shot der schäbigen Motelanlage und die Halbnahe des unwirtlichen, von Licht-Schatten-Kontrasten geprägten Zimmers samt eines desolaten, kränklichen Paul. An Bilder der Erlösung schließen in 21 GRAMS direkt Bilder der Verdammnis an, denn jede Erlösung kann zur Verdammnis werden, jede Verdammnis zur Erlösung, die vermeintliche Rückblende zum Rückfall. Das Aneinanderfügen völlig disparater Zeitebenen forciert damit das Bewusstsein für das kontinuierlich drohende Kippen eines fragilen Gleichgewichtspunktes im Kreislauf des Lebens: den endgültigen Anker eines gereinigten Ichs gibt es in 21 GRAMS ebenso wenig wie den definitiven Fluch. „Alles fließt" in diesem Film, der wesenhaft als Organismus und Subjekt definiert wurde.

Die Leben der drei zentralen Figuren sind eigenständigen, fließenden Kreisläufen eingewebt, die vor dem Verkehrsunfall durch keinerlei erzähllogische Interdependenzen an die Lebenskreisläufe der jeweils Anderen gebunden werden. Soziologisch betrachtet verwundert die ursprüngliche Trennung aller Figuren respektive ihrer Milieus und Lebenskontexte keineswegs; das großfamiliäre Netz Cristinas, der Architektengattin mit Drogenvergangenheit, berührt weder den Kreis gut verdienender Intellektueller, dem der kranke Paul samt seiner entfremdeten Frau angehört, noch die religiöse Gemeinde, die sich stark, wie auch in Jacks Fall, aus wiedergeborenen Ex-Häftlingen speist. So unterschiedlich sich allerdings die soziale und persönliche Herkunft der Figuren auch gestalten mag, im Moment des Unfalls verketten sich ihre Lebenskreisläufe unwiderruflich, unvermutet, unvermittelt, jählings und abrupt, ähnlich den Metallringen, die Zauberer im Nu zu Ketten fügen – nur als fehle nun der Beschwörungsspruch, um sie wieder voneinander zu lösen. Drei Ringe sind unabänderlich verkettet, vereinigt, ineinander gefügt, durch einen Zufall, den akzidentiellen Unfall, den wortwörtlichen *accident*, in einem gemeinsamen Schicksal verbunden. Wie gemäß der sogenannten „Theorie der komplexen Systeme“, besser als „Chaostheorie“ bekannt, jede Ordnung sich aus einem vorgängigen Zustand des „Chaos“, das heißt der Dynamik des Zufälligen und Nichtlinearen ableitet und eine vorgebliche Irregularität einen Determinismus bergen mag,[378] finden die bislang separaten, durch gesellschaftliche Schicht, Bildung, Beruf und Lebensform getrennten Viten Cristinas, Pauls und Jacks im Zufall des Unfalls einen Punkt des Knotens, der in der Vereinigung aller drei das entstandene Chaos in eine Ordnung, Kontingenz in Sinn führt. Dieser bedeutet neues Leben und neue Hoffnung, jenen Punkt im Schicksalskreislauf, der hin zur Erlösung tendiert. Paul jedoch stirbt, getreu einer schicksalhaften, sinnerfüllten Ordnung, innerhalb derer sein Tod den anderen zur Rettung gereicht; sein Sterben rahmt den Film. Zu Beginn fliegen im blau und rötlich marmorierten Abendhimmel Schattenbilder von Vögeln empor, am Ende segeln sie, lautlos wie Blätter, hinab.

Anders weiß 21 GRAMS den Tod nicht bildlich zu fassen, stets bleibt er der Punkt, der sich der Visualisierung, der Vorstellbarkeit sowie dem Verstand des Menschen entzieht. Fügen sich die Lebenszirkel der Primärfiguren in einer dreigliedrig geschlossenen Kette zusammen, streifen diese das Zentrum des Gefüges doch höchstens tangential. Den Mittelpunkt, den Knotenpunkt ihres Zusammentreffens, umringt 21 GRAMS zirkulär, ohne jemals zum Kern vorzudringen, denn der Moment des Unfalls selbst bleibt die visuelle Leerstelle des Films: von der Nahaufnahme einer Taube nach oben zu den ihr nacheilenden Mädchen schwenkend, konzentriert sich die Kamera sodann auf Michael, der hinter seinen Töchtern läuft, auf Cristinas Mailbox spricht und sich kurz verbal mit dem Gärtnerjungen austauscht, welcher, bald in Großaufnahme, bald in Totale, im Zentrum des Bildes steht; mit einem Laubsauger bearbeitet er den Vor-

[378] Vgl. Küppers 1988, S. 11 – 14.

garten. Die Kamera bewegt sich nicht. Ein Truck rast vorbei. Die Geräusche eines Aufpralls und eines Bremsens legen sich über das Donnern des Gartengerätes. Der Gärtner blickt sich um und rennt aus dem Bild. Der Laubsauger liegt in den welken Blättern, diese umherwirbelnd und dröhnend. Man hört ein Auto eine hastige Bremskurve einlegen. Visuell bleibt der Unfall in 21 GRAMS gänzlich ausgeklammert, und doch bedingt er die zirkuläre Zeitlichkeit dieses Films. Er ist die Ursache, weshalb die Lebenskreisläufe der Figuren sich in eine neue Richtung wenden, hin zur Verdammnis oder aber zur Erlösung, der Grund, warum sich ihre Leben vereinigen und aus dem Chaos eine neue Ordnung entstehen kann. In Spiralen und Kreisen unterschiedlicher Größe wie Entfernung nähert sich der Film dem Augenblick des folgenschweren Zufalls, jenem strukturierenden, alle Fäden bündelnden Zeitmoment an:

> Die Kamera erfasst den Ort des Geschehens, eine Straßenkreuzung; sie folgt den Personen an Orte, die unmittelbar vor dem Unfall aufgesucht wurden (das Restaurant, in dem Cristinas Mann und die Töchter direkt vor dem Unfall essen und trinken) oder direkt danach (das Krankenhaus). Sie beobachtet Jack, der den Unfall verursacht, beim Einstieg in den Wagen und folgt ihm nach dem Unfall nach Hause, wo er seiner Frau die Tat gesteht. Der Film zeigt uns Cristina zum Zeitpunkt des Unfalls ihrer Familie; sie betritt das Haus und hört die Nachricht ab, die ihr Mann kurz vor dem Unglück auf das Band gesprochen hat. [...] Zunächst sind es Bilder, die die Protagonisten nach dem Unfall zeigen: Momentaufnahmen aus dem Krankenhaus, in denen Cristina auf genauere Informationen wartet, dann verfolgen wir Jacks Ankunft zu Hause, nachdem er Fahrerflucht begangen hat, ein nächtlicher Anruf bei Paul, der erfährt, dass ihm ein neues Herz transplantiert werden soll. Dann tauchen Bilder auf, die die Zeit unmittelbar vor dem Unfall wiedergeben: Jack steigt in den Wagen, mit dem er Sekunden später den Unfall herbeiführen wird, und Cristinas Mann spricht, fast zeitgleich, auf das Handy seiner Frau.[379]

Das zentrale Ereignis umkreisend, negiert der Film 21 GRAMS die von Cristinas Vater und Marianne geäußerte Trostformel „Das Leben geht weiter"[380] – eine lineare Vorstellung, welche durch die filmische Struktur der Repetition vollkommen zunichte gemacht wird. Nicht nur nämlich lassen sich die Figuren personenpsychologisch als lebensgeschichtliche „Wiederholungstäter" definieren, sondern in Gesten und Szenen manifestiert sich gleichfalls ein Prinzip der Wiederholung. Identische Bilder tauchen mehrfach auf, immer wieder gelangt der Film zu den gleichen Schauplätzen, welche im Sinne der beliebigen Räume einander allesamt zu gleichen scheinen. Wie Marianne gemeinsam mit dem Priester die Unfallstelle betrachtet, sucht Cristina ebendiesen

---

[379] Thiele 2006, S. 103/104.

[380] „Life has to go on, Jack, with or without God," so Marianne zu ihrem Ehemann. Während der Trauerfeier für die Familie Peck versucht Cristinas Vater, seine Tochter dank eigener Erfahrungen zu trösten: „When your mother died, I thought I wasn't going to make it. I felt the world was falling on me and that I was never going to get up. But, sweetie, life goes on."

Ort auf, der mittlerweile nur mehr den Eindruck einer herkömmlichen Straßenkreuzung erweckt, ohne dass sich seine blutige Vergangenheit in den Asphalt eingeschrieben hätte. Wacht Paul des Nachts zum ersten Mal aufgrund des Piepers des Krankenhauses, das ihm ein neues Herz bescheren wird, auf, weckt ihn ein zweites Mal das Klingeln seines Handys: es ist Cristina, der er ein neues Leben und ein neues Baby bescheren wird. Während des Anrufs des Krankenhauses wiederholt Cristina, indem sie ihren Mittelfinger zum Mund führt, eine gestische Figur, die sie bereits beim Backen mit den Töchtern am nämlichen Ort, der Küche, vollzogen hat. Immer und wieder immer iteriert die auditive Spur des Films zudem Michaels letzte Mailboxnachricht. Im Angesicht des Todes und der Trauer dreht sich das Leben um einen einzigen Punkt, denn dieses „geht nicht einfach weiter," wie die Witwe weiß.[381] Ihr Leben zirkuliert nun um jenen Moment des Fortgehens der Geliebten, der von dieser, die dageblieben ist, niemals de facto gefasst werden kann. Den Lebenden und Überlebenden bedeutet in 21 GRAMS der Tod stets ein toter Winkel.

Damit bleibt der Film ganz und gar diesseitig. Wenn die Kamera sich im zentralen Augenblick des Unfalls starr auf den Gärtner richtet, die Verflachung der Herzfrequenz Pauls Sterben recht schlicht verdeutlicht und Jacks Gedanke an den Unfall während seines verzweifelten Flehens im leeren Gotteshaus in eine gänzlich schwarze Leinwand übergeht,[382] scheint 21 GRAMS alle Evidenzen zu erbringen, dass sich das Jenseits im Diesseits nicht erfassen lässt. Im Moment der Todesnachricht entzieht sich Cristina dem Bild, indem sie, zusammenbrechend und im Wunsch, sich ihren Lieben gleich aufzulösen, hinter dem Rücken des Arztes wie des Vaters verschwindet. Doch jenes andere Reich, das die Toten aufnimmt, zu betreten oder zu erblicken, wird den Lebenden in 21 GRAMS versagt. Das Zimmer ihrer Töchter vermag Cristina nicht zu betreten, während aus dem Türspalt ein strahlend helles, weißes Licht dringt, das dem Bild einen leuchtenden Schimmer verleiht. Sei dies nun, ähnlich des Vogelschwarms vor dem Krankenhaus, ein schmaler Abglanz jener anderen Welt, die uns Leerstelle bleiben muss, sei es ein räumlich wohlbegründetes Strahlen, ausgelöst vom Morgenlicht, das durchs Fenster bricht, fest steht, dass der Film immerfort das Bewusstsein seiner Diesseitigkeit forciert.

Gerade weil die jenseitige Welt uns nicht zu erschließen offen steht, erweist sich der

[381] Auf die Worte des Vaters antwortet Cristina: „You know, what I thought, when Mom died? I couldn't understand how you could talk to people again. How you could laugh again. I couldn't understand how you could play with us. And no, no, that's a lie. Life does not just go on."

[382] „Everytime I see my kids, I have to think–", spricht Jack, bis die schwarze Leinwand Worte wie Bild suspendiert.

Tod umso mehr als Angelegenheit der Hinterbliebenen, der Trauernden und der Schuldigen, als Angelegenheit des Diesseits, worin 21 GRAMS das populäre Diktum, der Tod sei nur für die Lebenden, nicht aber die Toten gravierend und grauenvoll, im Wesentlichen bestätigt. Es bleibt an den Lebenden, um die Toten zu trauern, dem eigenen Kreislauf aus Verdammnis und Erlösung zu gehorchen und mit der Möglichkeit des Todes umgehen zu lernen – auch mit jener, die bereits der zirkulären Struktur des Lebens vielfach eingeschrieben ist. „Wie viele Leben leben wir, wie viele Male sterben wir?", sinniert Paul in den letzten Minuten vor seinem Tod, der damit zum finalen Punkt einer Sukzession der Sterbemomente im Verlauf des Lebens wird, stirbt doch mit jeder Wendung des Lebenskreislaufes in Verdammnis oder Erlösung, mit jedem Fortgehen eines geliebten Menschen und jedem ungleichen Tausch ein Teil unserer Selbst, während ein neuer geboren wird. In der Thematisierung des Todes im Sinne radikaler Diesseitigkeit bringt 21 GRAMS die konstant repetitive wie zirkuläre Struktur eines Lebens, in welchem in fluider Art auf Momente der Geburt Momente des Todes folgen, zum Ausdruck.

4.4 Einundzwanzig Gramm Ewigkeit – Zur reinen Gegenwärtigkeit

In 21 GRAMS lokalisiert sich im Tod der zentrale Punkt, an dem die Frage nach einer bestimmten Zeitlichkeit gestellt wird. Jedoch lässt sich die spezifische Temporalität des Films weder mit einer figureninhärenten Reflektion im Augenblick des Todes, in welchem Paul „nicht mehr weiß, wann alles begann oder wann es enden wird", begründen noch mit der reinen Abbildung des Zeitempfindens eines traumatisierten Subjektes. Die besondere Art der Subjektivierung, die der Zeitlichkeit des Films zueigen ist, analytisch präzise zu beschreiben, gelingt solchen Ansätzen genauso wenig wie jenen der Filmkritik, die in der „Infragestellung narrativer Klarheit"[383] ein Charakteristikum „postmoderner Filmkonstruktionen"[384] entdecken. Wird von der „fragmentierte[n], achronologische[n] und sprunghafte[n] Form"[385] des Films, seinem „rastlosen Wechsel von Vor- und Rückblenden"[386] und nonlinearen Puzzlecharakter[387] gesprochen, verdecken derlei kategorisierende Begrifflichkeiten das wahrhaft Eigentümliche des Zeitlichen in 21 GRAMS. Wo gemäß einer zirkulären Zeitlichkeit Vergangenheit und Zukunft in eins gehen, erscheint die Rede von Flashback und Flashforward jeder Sinnfälligkeit zu entbehren, muss die Differenz zwischen „Vergangenheit" und „Zukunft" revidiert werden. Ob die Bilder das Kommende oder das Gewesene zeigen, erweist sich nicht nur als unklar, sondern als irrelevant in einem Film, der jedes Zeitgefühl völlig nivelliert, indem er keine temporale Referenzebene bietet, die sich als „Gegenwart" begreifen ließe.

Wenn sich kontinuierlich immerneue, disparate Bilder verknüpfen, keine Relationen eines Vorher und Nachher identifiziert werden können und die lineare Linie einer objektiven Zeit des Alltagsbewusstseins mehrfach gekrümmt wird, impliziert dies ein Zeitverhältnis, das sich den Parametern physikalisch messbarer Zeit diametral entgegensetzt und keine Dauer kennt. An die Initialszene des nackten Paares Paul und Cristina schließt das Bild Cristinas Töchter und Ehemanns im Restaurant an, ihrem Therapiebekenntnis folgt die Einstellung, in der Jack den jugendlichen Straftäter vergeblich zu bekehren versucht, was in die Komposition der empor fliegenden Vögel

383 Thiele 2006, S. 99.
384 Thiele 2006, S. 98.
385 Thiele 2006, S. 100.
386 Sterneborg 2004, S. 35.
387 Vgl. Romney 2004, S. 14.

im Abendhimmel mündet. Pauls anschließendes Sterben wird vom Bild der koksenden Cristina, dieses von Marys gynäkologischer Untersuchung abgelöst. Nach Jacks Heimkehr aus der Gemeinde macht ein Schnitt Paul sichtbar, der, die Pistole in der Hand, am Motelswimmingpool sitzt. Soeben hat sich das Gitter der Gefängniszelle hinter Jack geschlossen, da sehen wir ihn, nach einem Exkursus zu Cristinas Schwimmbadbesuch, inbrünstig die Worte des Priester während des Gottesdienstes wiederholen. Der Szene, in welcher Paul von Mary ob des heimlichen Rauchens scharf getadelt wird, folgt jene des Schulterschusses im Motelzimmer, dann diese, in der ein adretter Paul ergebnislos an Cristinas Haustür klingelt. Diese ersten fünfzehn Minuten des Films vermitteln ob ihres konstanten Wechsels der zeitlichen Ebenen, ohne einer einzigen den Charakter des Präsentischen zu verleihen, gerade nicht das Gefühl einer Zeit, die „an sich und vermöge ihrer Natur gleichförmig [verfließt] und [...] mit dem Namen Dauer belegt“[388] werden kann. Nichts dauert; nichts vergeht. Eine Chronologie besteht ebenso wenig wie der Wunsch, eine solche zu rekonstruieren. 21 GRAMS empfiehlt sich als ein Film, der allezeit gegenwärtig ist, denn „die Behauptung, es gebe drei Zeiten, Vergangenheit, Gegenwart und Zukunft, trifft nicht im strengen Sinne zu. Im strengen Sinne müsste man wohl sagen: Es gibt drei Zeiten, die Gegenwart von Vergangenem, die Gegenwart von Gegenwärtigem und die Gegenwart von Zukünftigem.“[389]

Diese so treffenden Worte stammen von Augustinus, jenem christlichen Kirchenvater und spätantiken Philosophen, der in den *Confessiones* ein Konzept des Zeitlichen entwirft, welches für eine Beschreibung der besonderen Temporalität in 21 GRAMS, das heißt der absoluten und reinen Gegenwärtigkeit des Films, äußerst fruchtbar erscheint. Wie der Film eine Zeit erfahrbar macht, die sich der objektiven und linearen Vorstellung verweigert, verneint Augustinus die klassische Dreiteilung der Zeit:

> Diese beiden Zeiten, Vergangenheit und Zukunft, wie sollten sie seiend sein, da das Vergangene doch nicht mehr ist, das Zukünftige noch nicht ist?[390]

Vergangenheit und Zukunft existieren gemäß Augustinus' subjektiver Zeitauffassung ausschließlich in der Gegenwart, und zwar in der Gegenwart des Geistes in der Form des Erinnerns und Erwartens, weshalb das menschliche Bewusstsein allein Ort der Zeit sei. Wenn, ob Gewesenes oder Kommendes, alle Zeiten sich in der augustinischen Seele als stets aufs Neue zu reproduzierende Gegenwart sammeln, konstituiert

388 Newton 1963, S. 25.
389 Augustinus (*Confessiones* XI, 20) nach Streubel 2006, S. 44.
390 Augustinus 1955a, S. 275 (*Confessiones* XI, 14).

sich hierin eine Form der Gegenwärtigkeit, die prima facie an 21 GRAMS erinnert. Das Gegenwärtige jedoch drohe nach Augustinus stets ins Nichts überzugehen, weil es sich als flüchtiger, rein punktueller Übergang des Zukünftigen ins Vergangene realisiere und, besäße es Dauer, sogleich seinerseits in Vergangenheit und Zukunft zerfiele. Vollkommen gegenwärtig – wie für die Zeitlichkeit in 21 GRAMS postuliert – könne daher Zeit niemals sein. Gegenwart bedeute wesenhaft Ausdehnungslosigkeit und Unteilbarkeit, besitze keine Dauer und stehe niemals, es sei denn im Fall des *nunc stans* der Ewigkeit, der reinen Gegenwärtigkeit in Gott:

> Die Gegenwart hinwieder, wenn sie stetsfort Gegenwart wäre und nicht in Vergangenheit überginge, wäre nicht mehr Zeit, sondern Ewigkeit. [...] [Man] müsste sehen, dass auch langhin dauernde Zeit nur durch die bewegte Folge flüchtiger Augenblicke, die allzugleich nicht Platz greifen können, zur langen Zeit wird, dass aber im Ewigen nicht irgend etwas dahingeht, vielmehr das Ganze gegenwärtig ist, während es doch keinerweise Zeit gibt, die als Ganzes gegenwärtig wäre.[391]

Die Zeit selbst als kontingente Dimension der zerrissenen und entfremdeten menschlichen Individuen stehe damit im Gegensatz zur göttlichen Ewigkeit, welche nicht eine unendliche Zeitspanne, sondern die reine Gegenwärtigkeit eines bleibenden, einheitlichen Seins bezeichne, so dass Augustinus „dem Wort ‚gegenwärtig' eine so strenge Bedeutung [gibt], dass die alltägliche Feststellung unmöglich wird."[392]

In dieser Konzeption lässt sich Augustinus' Rede von der reinen Gegenwärtigkeit filmanalytisch applizieren. Wie die augustinische Ewigkeit nicht Sukzession, nicht Nacheinander kennt, nivellieren die disparaten Szenenwechsel in 21 GRAMS jegliche temporale Univozität und schaffen eine Art von „Unzeitigkeit", in der alles gegenwärtig zu sein scheint. Wenn an Cristinas und Pauls gemeinsames Essen sich die geplante Hinrichtung Jacks in der Steppe anschließt, worauf Jacks und Mariannes Sexszene folgt, bis wenige Einstellungen später die drei vom Blut gezeichneten Primärfiguren ins Krankenhaus rasen, offenbart sich in dieser Folge kein objektives Prinzip einer Zeitlinie, die ein Ansichsein der Vergangenheit und Zukunft konstatieren und einen exakten Punkt des Jetzt definieren würde. Nichts dauert in 21 GRAMS; nichts ankert in wohl bestimmten Zeitschemata. In der Auflösung temporaler Koordinaten gelingt es dem Film, ein „Jenseits" zu erschaffen, in dem alle Szenen gleichermaßen gegenwärtig und unzeitig erscheinen, ein Jenseits der linear fortschreitenden Zeit, wo allen Bildern, ihren zeitlichen Wurzeln und Fesseln entledigt, der gleiche reine Wert zuteil wird – ein Wert des reinen Präsens.

[391] Ebd.
[392] Flasch 1994, S. 285. Vgl. Flasch 1994, S. 263 – 286 sowie Streubel 2006, S. 34 – 54.

Dank seiner besonderen Zeitlichkeit versucht dieser vollkommen diesseitige Film, sich der Transzendentalität und jenseitigen Ewigkeit anzunähern, in welche die Sterbenden und Toten eintreten. Damit bergen die den Film strukturierenden Momente des Todes die Bedingungen seiner spezifischen Temporalität, weil der Tod den Punkt markiert, an dem Zeit völlig anders erfahren wird, nämlich im Sinne der augustinischen Ewigkeit. Und doch bleibt diese prinzipiell dem endlichen Geist verschlossen, besitzt doch nach Augustinus „der Mensch nicht selbst das Vermögen [...], etwas vom Glanz der Ewigkeit Gottes zu erfassen."[393] Weil sich der Film 21 GRAMS dieser Beschränkung bewusst ist, offeriert er, wenn schon die Ewigkeit des Transzendentalen uns verschlossen bleibt, an dessen Statt die Ewigkeit der Kunst.

Kappelhoff zufolge charakterisiert die Idee eines Zeitempfindens des Ewigen die Kunst der ästhetischen Moderne, intendiere diese doch, „absolute Gegenwärtigkeiten her[zustellen], [...und] eine subjektive Zeitlichkeit [zu produzieren], die in der gesellschaftlichen Realität verloren sei."[394] Im Alltag der westlichen Gesellschaft werde das Leben des Erwachsenen vermittels objektiver Zeiteinteilungen, chronometrischer Verfahren sowie einer umfassender Kontrolle des Temporalen strukturiert und eingeengt, wohingegen dem Kind, welchem Zeit „eine Ansammlung von Ewigkeiten, die Stunde des Wartens so gut wie die Unzählbarkeit zukünftiger Tage,"[395] bedeute, eine gänzlich andere, nichtobjektive Zeiterfahrung zueigen sei, die Endlichkeit, Begrenzung und Tod noch nicht kenne. Diese subjektive Zeitwahrnehmung, diese glücklichen Ewigkeiten der Kindheit zu simulieren, habe sich die moderne Kunst ebenso wie die bürgerliche Populärkultur zur Aufgabe gemacht, so dass der Rezipient in der ästhetischen Wahrnehmung das Alltagsbewusstsein beängstigender Vergänglichkeit kompensieren könne.[396]

Gehorcht demnach das menschliche Alltagsleben einem fixen, objektiven Schema der Kalendarien und Termine, ermöglicht ein Film wie 21 GRAMS, Zeit völlig anders zu wahrzunehmen, das heißt subjektive Zeitlichkeit, Gegenwärtigkeit und Ewigkeit zu erfahren – nicht die augustinische Ewigkeit Gottes, sondern die spezifische Ewigkeit der Kunst. In der ästhetischen Wahrnehmung wandelt sich das „ichhafte Bewusstsein"[397] des Films in ein subjektives Zeitbewusstsein des Zuschauers, welcher, sich in die filmischen Bilder Cristinas, Pauls und Jacks einfühlend, „ein[en] komplexe[n]

---

[393] Meijering 1979, S. 115.
[394] Kappelhoff 1998, S. 97.
[395] Kappelhoff 1998, S. 93.
[396] Vgl. Kappelhoff 1998, S. 93 – 98.
[397] Kappelhoff 1998, S. 104.

Vorgang der empathischen Aneignung einer spezifischen Rhythmik innerer Zustände und Zustandswechsel,"[398] subjektivierter Zeitlichkeiten und sich wandelnder Bewusstseinsformen durchlaufe.[399] Indem der mitfühlende Filmzuschauer ästhetische Empfindungs- und Wahrnehmungszustände nachvollzieht, eignet er sich die subjektiven Zustände und Zeitlichkeiten des Filmes selbst an; die reine Gegenwärtigkeit, die Ewigkeit, welche aus 21 GRAMS' besonderer zeitlicher Struktur sowie spezifischer Thematik erwächst, verwirklicht sich erst im Subjekt des Zuschauers. Über TITANIC (TITANIC, USA 1997, Regie James Cameron) schreibt Kappelhoff:

> Deshalb bezieht sich das ästhetische Verfahren nicht auf eine Textur, sondern auf eine rhythmisierende Strukturierung der Bewusstseinsbewegung des Zuschauers, auf die zeitliche Organisation der ästhetischen Wahrnehmung. [...] Was so entsteht, ist ein zunehmend dichter gewebtes Netz von Strukturen des Ankündigens und Erinnerns, der psychologischen Anspielungen, der sinnbildlichen Vertiefungen und metaphorischen Bezugnahmen, die nur vom Zuschauer her begreiflich sind. [...] [W]as so entsteht, ist die Suggestion einer absoluten Gegenwärtigkeit.[400]

Ersetzte man „Ankündigen und Erinnern" durch Repetitio und Zirkularität, „psychologische Anspielungen" durch Identitäts- und Sozialitätsfragen im Angesicht der Trauer wie des Todes, „sinnbildliche Vertiefungen und metaphorische Bezugnahmen" durch deleuzsche Affekte und Potentialqualitäten möglicher Gefühle, gelänge es dem zitierten Resümee, gleichfalls eine exakte Aussage über 21 GRAMS zu treffen. „Im letzten erschließt sich," so Kappelhoff, „der Film in seiner Gesamtheit als das Innere eines denkenden und wahrnehmenden Bewusstseins, das der Zuschauer weniger als solches versteht als vielmehr im Sehen, Hören und Verstehen selber durchläuft."[401]

In den Permutationen des Sehens und Hörens verwirklicht sich die Subjektivität des Films 21 GRAMS als ein subjektives Zeitbewusstsein auf Seiten des Zuschauers, denn die subjektivierte Temporalität wurzelt weder in der Erzählhandlung noch in den Figurenpsychen. Wahrnehmungsprozesse des Optischen und Akustischen verflechten sich mit dem temporalen Kompositionsprinzip des Films, der Modulation zirkulärer, repetitiver und achronologischer Zeitstrukturen, sowie der Bewegung eines Kamerabewusstseins, um die Ewigkeit der Kunst erfahrbar zu machen, zumal jene göttliche Ewigkeit, die absolute Gegenwärtigkeit im augustinischen Sinne, den Diesseitigen verschlossen bleibt; allein der Modus der ästhetischen Wahrnehmung ermöglicht in

[398] Kappelhoff 1998, S. 96.
[399] Vgl. Kappelhoff 1998, S. 95/96.
[400] Kappelhoff 2004, S. 320.
[401] Kappelhoff 2004, S. 309

21 GRAMS die Erfahrung subjektivierter, dem Alltäglichen enthobener Zeitlichkeiten – die Bewusstheit reiner Gegenwärtigkeit.

4.5 Zeitstilllegung, Zeitschleifen und eine Zeitkapsel der Ungleichzeitigkeit in SOLARIS

> Mit Kelvins Reise – sie mag Stunden dauern oder Wochen – beginnt der Film, den Zuschauer zu umschmiegen mit seinem Fließen von Farben und Tönen; das Zeitempfinden einer Trance beschleicht Figuren und Publikum. Cliff Martinez' sphärische Klänge sind wie Wogen; das Raumschiff gleitet dahin durchs Nichts, Kelvin schläft, wacht, schläft ... träumt? [...] Unmerklich verfließt Vergangenes mit dem Gegenwärtigen, Subjektives mit dem Objektiven. Denn die Liebe bezwingt nicht nur die Logik, auch das Gefüge von Zeit und Raum.[402]

Wie in Hypnose und „Trance"[403] wandelt Chris Kelvin auf der Forschungsstation Prometheus umher, deren Räumlichkeiten, stilisiert und moduliert von „Farben und Tönen,"[404] von der Anziehung und Abstoßung des Rots und des Blaus, eine Subjektivität offenbaren, „die der Figur selbst noch entgeht."[405] Erst in der ästhetischen Wahrnehmung realisiert sich diese subjektive Dimension als ein spezifisches Zeiterleben des Zuschauers, welches Andreas Maurer das „Zeitempfinden der Trance"[406] nennt, als tauche man, so scheinen seine Worte zu suggerieren, in die stillen Tiefen und „Wogen"[407] eines Ozeans ein, in denen, synchron zum Abfallen des Sauerstoffpartialdrucks, das Bewusstsein schwindet. Was als Entrückung und Dämmerzustand des Publikums beschrieben wird, besitzt Anklänge an die obige Analyse des Films MAGNOLIA, welcher vermittels Großaufnahme und Gesicht, Gestik und Mimik die Erfahrung gedehnter und stillstehender Zeit ermöglicht. Ein ähnliches Erleben widerfährt dem Zuschauer in SOLARIS, wo „die Zeit vergeht, während wenig passiert und noch weniger erklärt wird,"[408] und die durchschnittliche Einstellungslänge von zehn bis elf Sekunden[409] „der Handlung jede drängende Zielstrebigkeit [nimmt], [zumal ...] die Ereignisse scheinbar schwerelos durch den Film [fallen], immer bemüht, sich vom Raum-Zeit-Kontinuum fernzuhalten."[410]

Dass der Zuschauer auch in SOLARIS stillgestellte Zeit erleben kann, ähnlich den Ewigkeiten der Kindheit und der Verschmelzung aller Zeiten im Einsseins mit der

402 Maurer 2003 in der *Neuen Züricher Zeitung*.
403 Ebd.
404 Ebd.
405 Kappelhoff 2005, S. 146.
406 Maurer 2003 in der *Neuen Züricher Zeitung*.
407 Ebd.
408 Kuhn 2003, S. 257.
409 Vgl. Bordwell 2006, S. 123.
410 Kuhn 2003, S. 257/258.

Mutter, gründet in Bildern und Situation, die Deleuze als „rein optische und akustische“[411] klassifiziert. Schrieb Bazin einmal über Federico Fellinis Filme, dass „die wirklich wichtigen und erhellenden Szenen [...] die langen beschreibenden Sequenzen [sind], die anscheinend keinerlei Einfluss auf den Verlauf der ‚Handlung‘ haben,“[412] gilt ebendieses für Soderberghs SOLARIS, denn erst die Fahrten in der Untergrundbahn und das schwerelose Driften in den Nebeln des Planeten, die Schritte durch den Regen und das nachdenkliche Sitzen auf dem Bett bringen dem Zuschauer die Figur des Psychiaters Chris Kelvin, seine Dilemmata und Sehnsüchte wirklich nahe. Solcherart sind die rein optischen und akustischen Situationen, von denen Deleuze im Rückgriff auf Bazin spricht. Diese entstehen aus scheinbar unbedeutenden, banalen Gesten und verleihen der Figur selbst den Status eines Zuschauers, so wenn in SOLARIS Rheya sich mit riesengroßen Augen in der dargestellten Welt umsieht und Chris, soeben gelandet, mit staunendem Gesicht die Forschungsstation in Blicken erkundet, weil „die Situation, in der [er] sich befindet, in jeder Hinsicht [seine] motorischen Fähigkeiten übersteigt und [ihn] dasjenige sehen [...] lässt, was nicht mehr von einer Antwort oder Handlung abhängt.“[413]

Während er im Türrahmen harrt, wendet er den Kopf nach links und rechts, hält inne, unbewegt und statuarisch, schaut vorsichtig an der Brüstung nach unten, nach oben, und der Arm fällt vom Geländer, als sei er auf einmal zu schwer geworden. Den Großaufnahmen der Blutspuren an Türleisten und Fußböden folgen suchende Blicke und schwerfällige Schritte hin zu einer Leiter. Kaum hat sich Chris zum blutgetränkten Handschuh gebückt, wendet er die Augen starr in eine Richtung, die seine visuelle Aufmerksamkeit ganz plötzlich zu fesseln scheint, lässt den Stoff fallen und richtet sich auf. Im gekühlten Leichenraum weiß er sodann auf die Begegnung mit Doktor Gibarians Leiche nicht anders zu reagieren als in einem ratlosen Blick aus dunklen Augenringen, in rastlosen Atemstößen und dem hilflosen Drehen des Kopfes nach links und rechts, als könnte von dort eine Rettung kommen, welche seiner Ohnmacht abhälfe. Doch die deleuzsche „rein optische Situation,“[414] da allein von den Sinnen geformt, verwandelt sich nicht in Aktion. Die Möglichkeit der aktionalen Reaktion und des aktiven Handelns, die Möglichkeit des Bewegungsbildes, bleibt Chris ver-

411 Deleuze 1997b, S. 14.
412 Bazin 2004, S. 388.
413 Deleuze 1997b, S. 13.
414 Deleuze 1997b, S. 12.

wehrt, ihm bleibt nur der Blick:[415]

> Kaum zur Reaktion fähig, registriert [er] nur noch. Kaum zum Eingriff in eine Handlung fähig, ist [er] einer Vision ausgeliefert, wird von ihr verfolgt oder verfolgt sie selbst.[416]

Chris Kelvins Vision wird Rheya heißen. An ihre „halluzinatorische Sinnlichkeit,“[417] dies ein deleuzsches Diktum angesichts der weiblichen Hauptfigur in OSSESSIONE (BESESSENHEIT, Italien 1943, Regie Luchino Visconti), deren Beschreibung ex aequo die Protagonistin in SOLARIS, diese menschliche Nichtmenschliche und „Schlafwandlerin,“[418] höchst adäquat zu erfassen scheint, haftet sich sein Blick – und der der Kamera. Auffällig häufig verzichtet der Film darauf, Chris selbst, sein Antlitz und seinen Körper, ins Bild zu bringen, um stattdessen auf den Gesichtern seiner Gesprächspartner zu verweilen. In dieser ästhetischen Strategie, welche, zum Beispiel in Chris' Gesprächen mit Gordon und Snow, Interviewsegmente stilisiert, die geradewegs einer Reportage entstammen könnten, kommt die spezifische Zeitlichkeit der konkreten Dauer des Sprechaktes zum Ausdruck.

Genau um diese dreht sich das deleuzsche Konzept des „Zeit-Bildes,“[419] dessen Herzstück im direkten Erscheinen der Zeit liegt. Indem das Bild die alltagsrealistischen Handlungsvollzüge des Aktionsbildes suspendiere, ins Stocken geraten lasse und sich aus der Abhängigkeit von Bewegung und Montage löse, öffne es sich der neuen Dimension der Verzeitlichung, welche die Zeit selbst sichtbar mache.[420] Landet Chris, „zum Herumirren [...] verurteilt, [... ein] rein Sehende[r],“[421] in der fremden Umgebung des Alls, inmitten der optisch-akustischen Situationen des Raumschiffs Prometheus, so präsentiert sich in dieser Sequenz, in den abweichenden Bewegungen des stockenden Körpers, des sich hin- und herdrehenden Kopfes, der rollenden Augen und den falschen Anschlüssen der Jump Cuts, die Zeit ganz direkt. Was wir sehen, ist keine aktionale Handlung, was wir hören, keine narrative Information. Ventilatoren summen, eine Klimaanlage, es rauscht wie in einem Maschinenraum. Chris gelangt auf Prometheus, wartet und blickt sich um, geht einige Schritte und zögert. Vom Standpunkt des objektiven Geschehens aus passiert „nichts“, die Blicke, Bewegungen und Begegnungen allerdings, die in reiner Dauer zutage treten, machen die Zeit selbst

[415] Vgl. Deleuze 1997b, S. 11 – 26.
[416] Deleuze 1997b, S. 13.
[417] Ebd.
[418] Deleuze 1997b, S. 14.
[419] Der Titel Deleuze' zweiter Kinostudie lautet *Das Zeit-Bild.*
[420] Vgl. Deleuze 1997b, S. 53 – 63.
[421] Deleuze 1997b, S. 60.

unmittelbar sichtbar und sinnlich spürbar, so dass „hier nun die Handlungszeit stillgestellt [erscheint].“[422]

> Die einmal erreichte Situation weitet und dehnt sich in einer anderen Dimension, das Bild öffnet sich auf die konkrete Dauer seines Sichtbarwerdens hin. [...] Die Situation, [...] der erreichte Zeitpunkt auf der Achse linearer Handlungsfolgen, bildet buchstäblich den Keim, aus dem eine andere Dimension der Zeit erwächst.[423]

Nicht indem die Einstellungen in Zeitlupe abliefen, ermöglichen die von Deleuze definierten optisch-akustischen Situationen dem Zuschauer die Erfahrung einer gedehnten Zeit, sondern weil die Bilder in Sequenzen, in welchen keine Handlung vonstatten geht und die Figuren, verstrickt in vermeintlich triviale, redundante Gesten, selbst zu Zuschauern werden, eine gänzlich neue Dimension entfalten. „Das Zeitempfinden einer Trance beschleicht [... das] Publikum,“ schreibt, wie eingangs zitiert, Maurer, „das Raumschiff gleitet dahin durchs Nichts, Kelvin schläft, wacht, schläft ... träumt?“[424]

Schlaf und Traum werden in SOLARIS alternierend von Wachheit und Jetztzeit abgelöst. Obzwar die Erzählstruktur de facto mehrere Verschachtelungen und Verzweigungen integriert, stellt sich die narrative Komposition des Films nichtsdestotrotz als sehr klar, präzise und durchsichtig heraus, sind die Rückblenden des Films doch unzweifelhaft als solche markiert. Die Szenen aus der Vergangenheit werden stets von Großaufnahmen der im Erinnern oder im Träumen verweilenden Gesichter eingeleitet, strukturiert und abgeschlossen, wobei die zwei temporalen Ebenen augenfällig in Farb- und Lichtgestaltung divergieren. Rötliche Erdtöne dominieren die irdischen Szenen, wohingegen auf Prometheus die Räume ins Blaue und Chromfarbene getaucht sind. Damit „Vergangenes [unmerklich] mit dem Gegenwärtigen, Subjektives mit dem Objektiven [verfließen]“[425] kann, verbinden Großaufnahmen, Blickstrukturen und überlappende Tonspuren die präsentischen Prometheussequenzen mit den vergangenen irdischen Szenen, deren Klassifizierung als „subjektiv“ oder „objektiv“, als Traumsequenz oder Rückblende jedoch insofern jeder Sinnfälligkeit entbehrt, als der Film selbst jedwede Objektivität, sei es der Realität, sei es der Erinnerung, infrage stellt. Denn wenn Rheya vornehmlich aus den Erinnerungen ihres Ehemannes geformt ist und auf Prometheus nur deshalb ein weiteres Mal Selbstmord begeht, weil sich Chris an eine labile und suizidale Frau erinnert, wird evident, dass es niemals ei-

---

422 Kappelhoff 1998, S. 108.
423 Kappelhoff 1998, S. 108/109.
424 Maurer 2003 in der *Neuen Züricher Zeitung*.
425 Ebd.

ne objektive Erinnerung geben kann, zumal bereits jede Wahrnehmung ganz und gar subjektiv geprägt ist. Kann es eine objektive Wahrheit geben? Können wir den anderen tatsächlich kennen? Erweist sich womöglich die Wirklichkeit selbst, wie Berkeley glaubt,[426] ausschließlich als die Leistung des menschlichen Bewusstseins? Weil SOLARIS solche Fragen aufwirft, scheint eine Unterscheidung von „subjektiven" Traumsequenzen und „objektiven" Rückblenden geradezu widersinnig.[427]

Der Film beginnt nach Art eines Detektivromans mit den rätselhaften Hinweisen Gibarians Nachricht, dem Fund seiner Leiche und der Einführung einer verdächtigen Person, der Figur des Snow, dessen sich windende, exaltierte Gestik, verbunden mit einer stockenden, gepressten Sprache darauf hinzuweisen scheint, dass er etwas zu verbergen hat.[428] Den detektivischen Gestus des Fragens und Wissenwollens legt Chris ab, sobald sein Traum eine zweite Zeitebene eröffnet, welche sich in der klaren Gliederung des Films als die Spiegelung und Parallele der ersten entpuppt. Die Erinnerungsbilder des Traumes zeigen die erste Begegnung mit Rheya und münden in die erste Liebesnacht, die mit jener auf Prometheus im alternierenden Schnitt verbunden wird. Im All wiederholt sich sehr präzise die Struktur der Liebesbeziehung auf der Erde. Wie Chris Rheyas erste Inkarnation ins Weltall hinfort schickt, hat er auf der Erde die Frau im Streit verlassen; wie die irdische Rheya den Freitod wählt, versucht auch die prometheische, sich selbst zu töten. So aufrichtig Chris sich entschuldigen mag, kann dies doch nicht verhindern, dass die vermeintlich zweite Chance sich zur Kopie der ersten kehrt.

> [In] SOLARIS ist der Impetus, den persönlichen Sehnsüchten zu gehorchen, die Hoffnung auf eine Vergebung aller Sünden und die Befriedigung aller Sorgen; [...] sie ist am Ende alles, was er will. Anstatt das Wesen von Solaris zu ergründen, konzentriert sich Kelvin ausschließlich auf den Teil von Solaris, der ihn persönlich betrifft. Anstatt das Wesen seines Lebens zu ergründen, konzentriert sich Kelvin ausschließlich auf den Teil, der seine Schuldgefühle betrifft. Um sie zu verlieren, ist er bereits, auch sein wirkliches Leben zu verlieren. Lieber gibt er seine Zukunft auf, um in einer Zeitschleife seiner Vergangenheit zu stranden. Die tragische Ironie liegt darin, dass Kelvin, trotz der zweiten Chance, die Solaris ihm gibt, nichts besser macht und seine Schuldgefühle behält.[429]

Wenn Chris Rheyas zweite Inkarnation als die ersehnte zweite Chance annimmt,

---

[426] Vgl. Kulenkampff 1987, S. 135 – 152.

[427] Wenn im Folgenden von „Rückblende" gesprochen wird, soll dies keineswegs eine wie auch immer geartete Objektivität implizieren.

[428] Vgl. Becker / Buchloh 1978, S. 81 – 95. Was Snow verbirgt, ist die eigene Daseinsform als „Besucher", eine Kopie, welche den Menschen Snow getötet hat.

[429] Rogall 2003, S. 220/221.

bleibt er doch in der „klaustrophobischen Enge seiner Erinnerungen“[430] gefangen, in einer Zeitschleife, das heißt einem rückwärts gekrümmten Zeitstrahl, der sich an einem Punkt in der Vergangenheit selbst durchquert, um das Geschehene noch einmal erlebbar zu machen. Am Ende aber, in der ewiglichen Umarmung und Vereinigung der Liebenden, scheint Chris der Zeitschleife, die von der Anziehung zur Abstoßung, von der Verschmelzung zur Trennung, vom Glück der Liebe zu deren tödlichem Ende führt, entkommen. „Jetzt sind wir zusammen,“ sagt Rheya, „was wir auch getan haben, es ist vergeben.“ Die herkömmliche Zeitrechnung besitzt nunmehr keine Bedeutung, die Ewigkeit heilt die Wunden der Vergangenheit wie Chris' blutenden Finger.

Dass SOLARIS auf diese Weise enden kann, wurzelt in einer Sequenz, welche die Zeitschleifen durchbricht und als „Zeitkapsel der Ungleichzeitigkeit“[431] bestimmt werden soll. Nachdem Rheya sich für die Auslöschung ihres kopierten Selbst entschieden hat, leiten die rot, blau und lilafarben flirrenden Nebel, die leuchtenden Fäden des Planeten Solaris, eine Sequenz ein, in der verschiedene temporale Ebenen koexistieren und subjektive Zeitlichkeiten einander in dergestalt ungleichzeitiger Gleichzeitigkeit begegnen, dass die zukünftige Zeit auf die vergangene, die stillstehende Zeit auf die vergehende trifft, also ganz unterschiedliche zeitliche Ebenen aufeinander bezogen werden. Von der Nahaufnahme des schlafenden Chris, der mit nacktem Oberkörper auf der Kunststoffpritsche liegt, führt die Kamera in einer langen Fahrt über schwarz, bläulich und weiß modulierte Hintergründe, aus deren Unschärfe sich keine Gestalt zu schälen vermag, in eine klar fokussierte Türflucht, wo Rheya in beschwörenden Worten die hinter dem Türrahmen verborgene Gordon zu überzeugen sucht, die Apparatur zur Auslöschung der „Besucher“ an ihr anzuwenden. Ein Schnitt zeigt Chris' schweißnassen Körper, dessen Gesicht mit geöffneten Augen zur Seite gewandt ist, wie um einen Gegenschuss zu suggerieren, welcher jedoch, so enthüllt die anschließende Kamerafahrt, nicht auf Rheyas heimliches Flüstern, sondern auf eine mit roten Flecken bespritzte, gewaltsam zerstörte, zerschnittene und zerfetzte Wand rekurriert, als sei diese mit einer Axt aufgebrochen worden und habe, einem Lebewesen gleich, geblutet. Dieses Bild nun, in SOLARIS singulär und narrativ unerklärt, scheint einer gänzlich anderen Zeit zu entstammen, aus einer imaginären kinematografischen Version der Solaris-Geschichte zu keimen, die sich mit dem Namen James Cameron, Produzent des soderberghschen Werkes, und dessen

[430] Rogall 2003, S. 220.
[431] Diesen Begriff entleihe ich Elsaessers Fassbinder-Studie; vgl. Elsaesser 2001, S. 171 – 174.

„genre- und effektlastigen Science Fiction-Thrillern“[432] verbände, hätte man Stanislaw Lems Roman *Solaris* (1961) doch ebenso auf eine grundverschiedene Art und Weise im Sinne des cameronschen „Tekkno-Kinos“[433] verfilmen können.
Einmal schwenkt die Kamera von einer Nahaufnahme der neben dem Bett sitzenden Rheya, deren Haut leicht rötlich glüht, zur Türflucht, hinter welcher Rheya in einer scherenschnitthaften Halbtotale sich mit Gibarians Sohn unterhält, um in fortgesetzter Bewegung auf einer Großaufnahme Rheyas blau schimmernden Gesichtes zu landen. Drei Versionen einer Frau ziehen in einem einzigen kontinuierlichen Schwenk vorüber und treten dem Zuschauer gleichzeitig entgegen, obschon alle Varianten divergierenden Zeiten beziehungsweise parallelen Welten entsprießen. Suggeriert der rötliche Ton die irdische Rheya, der bläuliche die außerirdische Kopie, weist das Mittelglied über das faktische filmische Geschehen hinaus, um eine andere Wirklichkeit anzudeuten, die eine alternative, erzähllogisch freilich im Bereich des Imaginären liegende Lösung birgt. Die Frau, die in kniender Haltung auf den Jungen aufblickt und dann in die Richtung dessen ausgestreckten Armes sieht, ist Rheya, die dem Kind gegenübersteht, das sie und Chris hätten haben können, wäre es nicht abgetrieben worden. Dieses Bild geht aus einer anderen Zeit hervor, aus einer anderen Gegenwart, einer anderen Welt, in der Rheya Mutter sein durfte.
Und wie eine Mutter ihr Kind bettet sie Chris, schiebt, den Kopf vorsichtig anhebend, ein Kissen unter seinen Nacken und berührt Wangen und Stirn, als messe sie Fieber. Die folgenden Bilder zeigen Nahaufnahmen Rheyas, in der leeren Untergrundbahn, vor einer roten Wand und draußen im Regen, wobei sie, stets symmetrisch zentriert und von einem hellen Kranz umgeben, den Zuschauer direkt anblickt, mit einem geheimnisvollen Lächeln auf den Lippen wie Leonardo Da Vincis *Mona Lisa* (1503 – 1506), das Freud als „merkwürdig, berückend und rätselhaft, [...] ein stehendes Lächeln auf lang gezogenen, geschwungenen Lippen,“[434] beschrieb, welches „bald verführerisch uns anzulächeln, bald kalt und seelenlos ins Leere zu starren scheint.“[435] Das leonardeske Lächeln, sei es dieses rätselhafte der Gioconda, sei es jenes selige der Maria, jenes strenge der Anna in der *Heiligen Anna Selbstdritt* (1501, unvollendet), reproduziere das Lächeln seiner Mutter, der überzärtlichen Catarina, an die der

---

432 Rogall 2003, S. 211.
433 Kappelhoff 2004, S. 307.
434 Freud 1990, S. 62.
435 Muther nach Freud 1990, S. 62.

Knabe Leonardo libidinös gebunden gewesen sei.[436] Freuds Bezug des eleusinischen weiblichen Lächelns auf eine zwischen Seligkeit und Strenge pendelnde Imago des Weiblichen, auf die Erinnerung an die Mutter findet sich in Rheyas Großaufnahmen der Zeitkapselsequenz wieder, zumal auch der Zielpunkt Chris Kelvins Reise in einer ursprünglichen Verschmelzung mit dem mütterlichen Schoß liegt; als kehre er in die Kindheit zurück, begegnet Chris hier den lächelnden Lippen und liebkosenden Händen einer Mutterimago. Gleichzeitig wird eine weitere lebensgeschichtliche Zeitlichkeit integriert, wenn er kurz darauf, als sei er plötzlich zum alten, gebrechlichen Mann geworden, sich nur schwerlich, wie unter Schmerzen, mit zitternden Schultern, steifen Knochen und hervortretendem Platysma vom Bette zu erheben vermag. Zwei Zeiten der Ungleichzeitigkeit, das Säuglingsalter und das hohe Alter, koexistieren in einer brüchigen Chronologie, wo das Kind gemeinsam mit dem Greis besteht, der Lebende zusammen mit der Toten, der Untoten und Wiedergängerin.

Verleiht in der Szene des beschwerlichen Aufrichtens die Lichtführung Chris Kelvins dunklem Haar einen grauen Schimmer, verweist dies außerdem auf die Starpersona des George Clooney, dem der graumelierte Schopf zum Markenzeichen wurde.[437] Tatsächlich lässt der Gedanke des Zuschauers an Clooneys Rollenbiografie eine weitere spezifische Temporalität in die Zeitkapsel eintreten. „[Er] setzt [...] alles auf eine Karte, um zu kriegen, was er haben will. Er hat sich für seine Frau entschieden, und danach kann ihn nichts mehr davon abbringen, zu tun, was er zu tun hat."[438] Die Figur, die Norbert Grob in diesen Worten beschreibt, ist nicht Chris Kelvin aus SOLARIS, sondern Danny Ocean, der in OCEAN'S ELEVEN (OCEAN'S ELEVEN, USA 2001, Regie Steven Soderbergh) seine Exfrau zurückzugewinnen versucht, doch genauso gut könnte der skizzierte filmische Charakter Chris Kelvin oder Jack Foley[439] heißen, Jake Geismar[440] oder Everett,[441] denn nicht nur in Soderberghs Filmen spielt Clooney fast immer den Mann, der die verlorene Geliebte wiederbekommen möchte, was in einem durchaus ambivalenten Verhältnis zum anderen Geschlecht wurzelt:

> Er liebt die Frauen, glaubt aber, sie nicht zu brauchen, und verliert sie deshalb. [...] Die Erfahrung des selbst verschuldeten Verlusts belehrt Clooneys Figuren eines Besseren, und sie

[436] Vgl. Freud 1990, S. 61 – 72.
[437] Vgl. Vossen 2002, S. 39.
[438] Grob 2003, S. 46.
[439] OUT OF SIGHT / OUT OF SIGHT, USA 1998, Regie Steven Soderbergh.
[440] THE GOOD GERMAN / THE GOOD GERMAN – IN DEN RUINEN VON BERLIN, USA 2006, Regie Steven Soderbergh.
[441] O BROTHER, WHERE ART THOU? / O BROTHER, WHERE ART THOU? – EINE MISSISSIPPI-ODYSSEE, USA 2000, Regie Joel und Ethan Coen.

setzen alles daran, eine zweite Chance zu bekommen.[442]

In der exponierten Präsenz eines Körpers, dessen athletischer Bau und graues Haar der Zuschauer wohl weniger der Figur des depressiven Psychiaters als vielmehr der öffentlichen Person Clooney zuschreibt, bezieht SOLARIS das Rollenkonstrukt Kelvin auf die anderen Parts dieses Schauspielers, so wenn das Palimpsest seiner Rollen, einem Echo gleich, Anklänge an eine homerisch gefärbte Zeit der Weltwirtschaftskrise mit dem Widerhall der spezifischen Nachkriegszeit eines Film-Noir-Klons in Beziehung setzt, und zwar in der eigentümlichen Raumzeit der Science Fiction. Was sich hier vollzieht, ist die Gleichzeitigkeit verschiedener Zeitebenen in einer Zeitkapsel der Ungleichzeitigkeit.

Mit schweißüberströmtem Rücken erhebt Chris sich nun schlafwandlerisch, während die Arme ins Nichts tasten, von seiner Bettstatt. In einer Parallelmontage verknüpfen sich seine Schritte auf Prometheus mit dem irdischen Gang durch die Wohnung, wo er die tote Rheya im Bett liegend findet. Stand in den vorangegangenen Großaufnahmen ihres Gesichtes, welche doch eher ein zeit- und raumloses „Lächeln ohne Gesicht, [... ein] schwindendes, nicht zu fassendes Etwas, das keinem Körper zugehörig, aber doch nicht körperlos ist,“[443] zeigten, die Zeit still, impliziert Chris' tastendes Wandeln durch den Flur der Raumstation sowie des Appartements, diese kontinuierliche Bewegung durch zwei parallel geschnittene Raumkontinua, eine Zeit, die Sekunde um Sekunde, von einem Schritt zum nächsten vergeht. Wenn Chris noch zögert, die leichenstarre Frau zu berühren, aus Angst vor der Gewissheit, so verweigert er sich dem leibhaftigen Beweis, dass Zeit unwiderruflich vergehen, dass aus einem lebendigen, schwitzenden Körper ein kalter, ein toter werden, dass es „zu spät“ sein kann. Er öffnet Rheyas Hand, um eine ausgerissene Buchseite aufzufalten, ins Bild gelangt das zerknitterte Papier: es ist das Gedicht von Dylan Thomas *Und dem Tod soll kein Reich mehr bleiben*, welches eine Zeitreise ganz an den Anfang der Beziehung initiiert, als Chris in den ersten Sätzen, die beide miteinander wechselten, daraus zitierte.

In SOLARIS' Zeitkapsel läuft die Handlung nicht chronologisch fort, sondern wird von Spiralen und Spiegelungen moduliert, ohne dass sich das Geschehen im Sinne einer Zeitschleife wiederholte. Wenn in Chris Kelvins Griff nach den Tabletten im Angesicht der blutenden Wand Rheyas Tabletteneinnahme und Vergiftung anklingt, die

[442] Vossen 2002, S. 45.
[443] Kappelhoff 2004, S. 299.

auffällige Inszenierung Clooneys tropfnassen Körpers an die emphatische Körperlichkeit der Sexszenen erinnert und das feste Zusammenkneifen seiner Augen einen Bogen zu ebendieser Reaktion in der Szene Rheyas erster Erscheinung schlägt, koexistieren in dieser Verknüpfungsstruktur der Erinnerungen und Spiegelungen mehrere zeitliche Ebenen gleichzeitig, bis in der Überblendung auf violette und bläuliche Planetennebel die Sequenz endet und Chris erwacht.

Was sich in diesen fünf Minuten Erzählzeit in SOLARIS abspielt, lässt sich in der Verkleidung in objektive Parameter weder beschreiben noch begreifen. Denn hier vergehen keine fünf Minuten, wie präzise auch immer man diese chronometrisch zu messen vermöchte, sondern die Zeit, ausbrechend aus den bisherigen Zeitschleifen, verdichtet sich, schwillt an und türmt sich auf, um in einer eng gewebten Zeitkapsel der Ungleichzeitigkeit das Vergangene mit dem Zukünftigen, die stillstehende Zeit mit der vergehenden Zeit, das Imaginäre mit dem Realen und die Zeitreise in die Geschichte mit dieser in die Filmgeschichte sowie jener in die Rollengeschichte eines Schauspielers, kurz, um alle Zeitebenen miteinander in Beziehung zu setzen. Die filmische Zeit tritt in eine neue Dimension ein, in der die Zeitschleifen gesprengt werden und die Erinnerungsbilder sich nicht mehr, wie in der ersten Filmhälfte, die den glücklichen Anfang der Beziehung zur Darstellung brachte, der Figur des Chris oder, wie in der zweiten Hälfte, in der es um das unglückliche Ende des Paares ging, der Figur der Rheya zuschreiben lassen. Im Gegenteil bringt die Zeit hier eine Perspektive zum Ausdruck, die mit keiner der Charaktere und deren personaler Identität zur Deckung gebracht werden kann, sondern die Perspektive der Erinnerung, die Perspektive der Zeit selbst meint.

Diese subjektive Zeit entfaltet sich freilich erst im Subjekt des Zuschauers, dem in der ästhetischen Wahrnehmung die zeitlichen Relationen zum inneren Objekt werden. Der Zuschauer weiß, was es bedeutet, wenn Chris die Hand über die Schulter seiner toten Frau hält, zögernd, wartend. Das melodramatische „Zu spät" webt sich in seine Seele ein, wenn Chris sich bald am kalten Körper festkrallt, bald weinend darin versinkt, voll der Sehnsucht nach einem Versinken, das nie mehr möglich sein wird, und voller Schuld. Und in den Zeilen des Gedichtes erkennt der Zuschauer dann, dass Rheyas Tod nicht endgültig sein wird, weil die Liebe niemals stirbt und der Kreis von Trennung und Verschmelzung in der ewiglichen Vereinigung enden wird. Dies erläutert Kappelhoff in seiner Analyse des Films TITANIC anhand des freudschen Fort-da-Spiels:

> Die stetige Wiederholung des „Mama ist fort" – „Mama ist da" umsäumt die Angst vor der

> Trennung mit dem Bewusstsein, dass alles, auch die Abwesenheit der Mutter, sein Ende hat. Für den Zuschauer ist dieses Spiel der Rhythmus, in dem der Film sich als ein Objekt im Übergang entfaltet: Am Anfang sind es Bilder einer alltäglichen Gegenwart [...], die sich Zug um Zug verrätseln und zu einem Traumgespinst wandeln, das am Ende zu einer Erinnerung geworden ist, zu einer psychischen Realität, die einem Traumbild gleicht.[444]

So werden Wahrnehmen, Denken und Fühlen des Zuschauers, diese Bewegungen seines Bewusstseins, von den subjektiven Zeitstrukturen in SOLARIS moduliert, das heißt rhythmisch und zeitlich organisiert; die subjektivierten Zeitlichkeiten, welche der Zuschauer in der ästhetischen Wahrnehmung erfährt, gründen in der ästhetischen und narrativen Komposition des Films.[445] In diesem Sinne wurde die Zeitkapsel, ein Gefäß, welches Gegenstände der Gegenwart und Vergangenheit mit dem Ziel einschließt, in der Zukunft geöffnet zu werden, um alle Zeitebenen aufeinander beziehen zu können, als Metapher vorgeschlagen. Vom Bild des flirrenden Planeten Solaris gerahmt, schließt sich die Zeitkapselsequenz gegenüber den übrigen Szenen ab und umschließt die besondere Zeitlichkeit eines gleichzeitigen Unzeitigen, so wie Rheyas todessteife Faust die Buchseite umklammert.

Tatsächlich liegt in der Kapselung, im Umschließen und Umschlossenen, sei es in der Zeitkapsel, sei es in Rheyas Faust, sei es in dem Schloss, das ihre Hände bei der ersten Begegnung umhüllen, das Herz dieses Films, der das Menschsein immer als ein Zweisein versteht und in der Liebe, im Paar, das sich gegen alles Äußere abschließt, die Antwort auf die Frage nach dem ewigen Leben und dem ewigen Glück findet. Der Türknauf, der in Rheyas Schoß liegt und von ihren Fingern herzförmig umschlossen wird, scheint die Essenz von SOLARIS zu bergen, als spiele sich der Film selbst im Innern dieses Türschlosses ab, abgekapselt, verschlossen und in sich geschlossen, in einem „absolute[n] Innen,“[446] welches zur melodramatischen Darstellung paradigmatisch gehört. Angesichts eines Filmes, dem eine Gedichtzeile Dreh- und Angelpunkt bedeutet, dessen Protagonistin literarische Ambitionen hegt und in dessen Science-Fiction-Ambiente Bücherregale und Antiquariate eine ungewöhnlich bedeutsame Rolle spielen, mutet es nicht unangemessen an, ein weiteres Gedicht zu zitieren.

Dû bist mîn, ich bin dîn:	Du bist mein, ich bin dein:
des solt dû gewis sîn;	dessen sollst du ganz sicher sein.
dû bist beslozzen in mînem herzen,	Du bist in meinem Herzen verschlossen –
verlorn ist daz slüzzelîn:	das Schlüsselchen ist verloren:

---

[444] Kappelhoff 2004, S. 321.
[445] Vgl. dazu Kappelhoff 2004, S. 307 – 322.
[446] Kappelhoff 2004, S. 318.

dû muost och immer darinne sîn.	du musst für immer drinnen bleiben.[447]

Mit diesen Worten schloss im zwölften Jahrhundert eine unbekannte Ordensfrau ihren Liebesbrief.[448] All das, worum es in SOLARIS geht, scheint darin zu stecken. Das erste Bild, dem Chris Kelvin im Traum begegnet, zeigt das hell leuchtende Schloss, das, herzförmig von Händen umschlossen, im Schoß einer Frau liegt. Am Ende wird sich diese Verheißung erfüllen. Das Schloss ist die Liebe, in der Chris und Rheya vereint sind, für immer. Und der Schlüssel ist verloren.

[447] Anonyme aus Minnesangs Frühling nach Curschmann / Glier 1980, S. 454.
[448] Vgl. Curschmann / Glier 1980, S. 784.

Schluss

Ausgangspunkt dieser Studie war der Begriff „New New Hollywood“, der jüngst von Filmkritikern und Feuilletonisten geprägt wurde, um den Hollywoodfilm der Jahrtausendwende induktiv beschreiben und kategorial fassen zu können. So disparat und unpräzise der Terminus definitorisch gefüllt sein mag, so interessant erscheint seine Diagnose einer Novität im nordamerikanischen Kino der Jahre 1999 bis 2003. Während ökonomische Ansätze sich im Widerspruch eines unabhängigen, das heißt frei finanzierten Hollywoodkinos der „zweiten Sundance-Generation“[449] verstricken, wurde in der vorliegenden Untersuchung das Novum in der Narration verortet. Erst die stilistischen Modifikationen und ästhetischen Besonderheiten, die in den Filmen der zeitgenössischen Hollywoodregisseure Anderson, Iñárritu und Soderbergh analytisch offenbar wurden, erlauben es de facto, von einem „New New Hollywood“ zu sprechen. Die neuen Entwürfe des Körperlichen, des Räumlichen und des Zeitlichen lösen sich von den konsolidierten Repräsentationsmodi des klassischen Hollywoodfilms, exempli causa der Illusion realistischer Raum-Zeit-Koordinaten, weshalb die schablonenhafte Analysematrix der „klassischen Erzählweise“ die Filme um ein Essentielles reduzieren würde; jenseits klassischer Normen, Schemata und Formeln liegt das, was diese Filme im Kern so besonders und so neu macht – eine lyrische Bildlichkeit, die sich erst in der ästhetischen Erfahrung des Zuschauers gänzlich entfaltet.

In den analysierten Filmen MAGNOLIA, 21 GRAMS und SOLARIS übersteigen die auffälligen Inszenierungen der Körper deren melodramtypische Funktion, das unterdrückte Psychische physisch zum Ausdruck zu bringen, gleichwohl spielt die spezifische Expressionskraft des melodramatischen Leibes auch hier eine eminente Rolle. Darüber hinaus jedoch steht die je spezifische Körperlichkeit im Dienste der Narration und der thematischen Fokussierung.

Die inszenatorische Emphase der Körperflüssigkeiten in MAGNOLIA wurde auf das aristotelische Konzept einer leiblichen Katharsis bezogen, welche sich im Klimaxmoment des Dramas sowohl als körperliche Reinigung als auch als seelische Rettung der

[449] Busche 2007, S. 27. Das *Sundance Film Festival*, das seit dem Jahr 1991 unter diesem Namen (zuvor *Utah / US Film Festival*, seit 1978) alljährlich in Salt Lake City und Park City stattfindet, gilt oftmals als die Brutstätte des nordamerikanischen Independentfilms, selbst nachdem es sich zum „kommerziellen Treffpunkt der Filmwelt [...], dessen merkantiler Hintergrund kaum noch an die bescheidenen Anfänge erinnert,“ (Everschor 2004 , S. 9) entwickelt hat.

Figuren verwirklicht; die psychische Erlösung vollzieht sich im physischen Lösen – nicht nur der Tränen, sondern gleichermaßen der leibhaften Froschkörper, die, einem Pfingstwunder gleich, zum erlösenden Regen werden. Dieses dramaturgische Verständnis der Katharsis verknüpft sich mit jenem wirkungsästhetischen in der Figur des Krankenpflegers. In 21 GRAMS dient die forcierte Leiblichkeit statt der Dramaturgie der thematischen Vermittlung, weil über die Körper der Figuren von der menschlichen Identität erzählt wird, die nur intersubjektiv gedacht werden kann. Die Figuren bewegen sich kontinuierlich changierend in einem Feld, das von den Achsen der Sozialität und der Identität determiniert wird. Schließlich wurde der Film selbst, in dem fortwährend Organe und Körperflüssigkeiten zirkulieren, als ein quasikörperlicher Organismus definiert. Dem Verhältnis von Körper und Identität, welches 21 GRAMS als Gleichung voraussetzt, geht SOLARIS in seiner zentralen Problemstellung nach: hier wird die Frage gestellt, ob Rheya, deren extreme physische Präsenz einen menschlichen Körper zu suggerieren scheint, tatsächlich das Bewusstsein eines Menschen besitzt. Sein spezifisches Leib-Seele-Problem löst der Film im Rekurs auf die michelangelosche *Erschaffung Adams* – erst die Einheit von Körper und Geist erschafft den Menschen, das ganzheitliche Wesen.

Die drei Filme durchzieht eine emphatische Körperlichkeit, die narrative Funktionen erfüllt und sowohl über die konventionell „realistische“ als auch über die melodramatisch „exzessive“ Präsentation der Schauspieler hinausgeht, so dass die Rede von der „klassischen Erzählweise“ keinen Erkenntnisgewinn zutage fördert, was gleichermaßen für die Entwürfe des Räumlichen gilt. Da MAGNOLIA, 21 GRAMS und SOLARIS durchweg der Illusion eines realistischen Handlungsraums entsagen, wurde das Konzept des Bildraums, „weit eher dem akustischen Raum einer symphonischen Musik als dem Schema des homogenen Raums der Alltagswahrnehmung vergleichbar,“[450] eingeführt.

Der rhythmischen Modulation von Licht und Farbe entwächst in MAGNOLIA ein „Raum der Empfindung“, der, statt eine objektive Außenwelt abzubilden, eine subjektive Figuration des Empfindens zum Ausdruck bringt, welche die Figuren übersteigt, um in einer Dimension reiner Ausdrucksqualität, einem Bild des Leidens aufzugehen; die metaphorische Verwendung der Räume durchzieht den Film. In 21 GRAMS sprengen die „beliebigen Räume“, in denen sich die Subjektivität des Films verwirklicht, jedwedes Koordinatensystem und forcieren den deleuzschen Affekt –

[450] Kappelhoff 2005, S. 148.

eine Schwellenposition möglicher Freiheit. Das freie Flottieren des Rots und des Blaus, von reiner Farbsymbolik Lichtjahre entfernt, folgt in SOLARIS einer Bewegung der Verschmelzung und Trennung, die sich auch in die Choreografie der Blicke und Bewegungsabläufe der Schauspieler einschreibt, ohne an realistischen Raumbezügen zu haften.

In allen drei Filmen verflechten sich das Spiel von Licht und Schatten, der Tanz der Farben, die Choreografie der Bewegung und die kubistischen Schnitte in die Architektur zu einer kontinuierlichen Modulation eines Bildraumes, welcher, verschiedenen Modi der Subjektivierung verpflichtet, mit der Transparenz, Homogenität und Kontinuität des hollywoodschen Handlungsraumes nichts gemein hat. Die Räume entstammen nicht der Objektivität einer äußeren Realität, doch genauso wenig korrespondieren sie mit der subjektiven Sichtweise einer Figur. Was in der permanenten Bewegung des Bildraums entsteht, ist eine rhythmische Struktur, die sich wesenhaft in der ästhetischen Wahrnehmung, in der Modulation des Sehens und Hörens des Zuschauers, realisiert, denn immer ist „der dunkle Raum des Zuschauers der einzige Ort, an dem sich die verschiedenen Wahrnehmungsspuren in ihren Interferenzen überhaupt als räumliche Einheit, als ein Bild erschließen.“[451]

Diese Erfahrung des zuschauenden Subjektes ist mit Dauer und Zeit verbunden: erst in der Dauer des Films entfalten sich die Bildräume, erst in der Zeit der ästhetischen Rezeption vollzieht der Zuschauer die Empfindungsbewegung. Die zeitliche Strukturierung der ästhetischen Erfahrung und deren filmimmanente Wurzeln zu entschlüsseln, war das Ziel des dritten Analyseteils der vorliegenden Untersuchung.

MAGNOLIAS Großaufnahmen intensiver und reflexiver Gesichter sowie der „Äquivalent[e] eines Gesichts“[452] unterbrechen die Narration, indem die bildlichen Modulationen und das Spiel der Mimik und Gestik, gelöst sowohl von Raum und Zeit als auch von Figur und Erzählung, die neue temporale Dimension des Affektbildes, eine subjektive Zeit der Empfindung, eröffnen; diese Zuschauererfahrung gedehnter Zeit wird ex aequo von der Parallelkonstruktion gespiegelter Figuren bedingt. Wie in MAGNOLIA ein vertikales Verständnis der Zeit die konventionelle Vorstellung der horizontalen, progressiv vorrückenden Zeitlinie negiert, weil die Vergangenheit sich als höchst gegenwärtig erweist, substituiert die filmeigene Zeitlogik in 21 GRAMS das sukzessive Nacheinander durch ein Konzept der Zirkularität: die drei zentralen Figuren bewegen sich in einem endlosen Kreislauf aus Verdammnis und Erlösung, welcher vom

[451] Kappelhoff 2005, S. 147.
[452] Deleuze 1997a, S. 136.

zentralen Zu-/ Unfall, der visuellen Leerstelle des Films, strukturiert wird. Um die besondere Zeiterfahrung dieses Films, in dem Vergangenheit und Zukunft, Geburt und Tod in eins gehen, zu beschreiben, wurde auf Augustinus' Reflektionen zur Zeit zurückgegriffen. Die reine Gegenwärtigkeit in 21 GRAMS bringt die Ewigkeit der Kunst zur Erscheinung und zur Erfahrung; in der ästhetischen Wahrnehmung realisiert sich die subjektive Zeit dieses Films. In Bezug auf die Zeitmodellierung in SOLARIS wurden die Modi der Zeitstilllegung vermittels der „Zeit-Bilder" der rein optischen und akustischen Situationen, die Zeitschleifen sowie deren Durchbrechung in der „Zeitkapsel der Ungleichzeitigkeit" analysiert. Letztere bezeichnet eine Sequenz der Koexistenz verschiedener subjektiver Zeitlichkeiten, der brüchigen Chronologien und Formen der Zeitreise seitens des Publikums, und zwar durch „das Erwachen der virtuellen Bilder und Gefühle in den Tiefen der ZuschauerInnen:"[453]

> Das aktuelle Filmbild bietet sozusagen Angriffsflächen, mehr noch: Anziehungskräfte für die vom Film „geweckten" virtuellen Bilder. Wir sehen durch die Bilder hindurch auf Erfahrungen, Wissen, auf unsere Innerlichkeit, zu welcher die vorangegangenen Bilder und Töne des laufenden Films ebenfalls schon gehören. Denn ein Film, jeder Film, schafft fortlaufend seine eigene Erinnerung.[454]

Damit ist die deleuzsche Konzeption der filmischen „Zeitkristalle"[455] umrissen, welche das aktuelle kinematografische Bild mit „Erinnerungsbildern, Traumbildern und Welt-Bildern,"[456] den virtuellen Bildern des Subjekts der ästhetischen Zuschauererfahrung verknüpfen;[457] im Zentrum der deleuzschen Kinotheorie steht das (eigene) Erleben als Filmzuschauer im dunklen Saal des Kinos. Im Anschluss an Deleuze, seine Begrifflichkeiten und Analysestrukturen setzte die vorliegende Untersuchung die Repräsentationsmodi der Filme zur Erfahrung des Zuschauers in Beziehung, um die Spielarten der Subjektivierung in MAGNOLIA, 21 GRAMS und SOLARIS als „Basis einer zeitlichen Modellierung der Zuschauerwahrnehmung"[458] zu beschreiben, die Kappelhoff mit einem melodramatischen Prinzip kinematografischer Darstellung verbindet:

> Die melodramatische Darstellung strukturiert den Prozess des Zuschauens als Entfaltung einer artifiziellen Innerlichkeit. In diesem Sinne meint der dunkle Raum des Kinos also letztlich eine Bewusstseinswelt des Publikums, die im Prozess des Films entsteht.[459]

---

453 Schaub 1998, S. 13.
454 Ebd.
455 Deleuze 1997b, S. 95.
456 Ebd.
457 Vgl. Deleuze 1997b, S. 95 – 113.
458 Kappelhoff 2004, S. 29.
459 Kappelhoff 2004, S. 29.

Diesbezüglich spricht Kappelhoff von einem „lyrischen Kino“, welches sich, wie die drei analysierten Filme der „New New Hollywood“-Regisseure Anderson, Iñárritu und Soderbergh, nicht mit dem Vokabular und der Schablone der „klassischen Narration“ Hollywoods begreifen lasse.[460] Narrative Novitäten wurden an der Körperlichkeit, Räumlichkeit und Zeitlichkeit der Filme herausgearbeitet, womit der Begriff der „Narration“ sehr weit gefasst wurde: es ging darum, wie in MAGNOLIA, 21 GRAMS und SOLARIS mit Körpern, die sich durch Räume bewegen, in der Zeit erzählt wird – und was dabei mit dem Zuschauer geschieht, wie dieser bewegt wird. Deshalb wurde die Analyse der filmischen Inszenierungen in die perzeptiven, emotionalen und kognitiven Bewegungen des zuschauenden Subjektes eingebettet.

> Das kinematografische Bild wäre per se als eine mediale Form zu begreifen, die unmittelbar auf die Affektbewegung der Zuschauer durchgreift und sich einzig in der Zeit seiner Wahrnehmung verwirklicht.[461]

Mit diesen Worten entwirft Kappelhoff den Kern einer lyrischen Bildlichkeit des Films, die sich schlussendlich einzig in der zeitlichen Entfaltung des Empfindens des Zuschauers realisiert, wenn dieser in der Rezeption der zeitlichen, räumlichen und körperlichen Kompositionen der drei Filme rhythmisierte Bewegungen der Subjektivierung durchläuft. Das kappelhoffsche Konzept, innerhalb dessen sich die besprochenen Filme positionieren, zielt auf die dem Bereich des Subjektiven entstammenden kinematografischen Bilder ab, die keiner objektiven Instanz, etwa einer Figur, zugeordnet werden können, sondern „Bewusstseins- und Empfindungszustände [unmittelbar] artikulieren“[462] und in der subjektiven Zeit sichtbar machen. In diesem Sinne wurde anhand von MAGNOLIA, 21 GRAMS und SOLARIS filmanalytisch untersucht, wie die temporal modulierten „Empfindungsbilder“[463] eine lyrische Dimension kinematografischer Bildlichkeit eröffnen, sich „als eine ‚Imago' der empfindsamen Seele“[464] entfalten und ein äußeres Bild in ein inneres Objekt der Psyche verwandeln.

> Diese Aktivität [des Zuschauers] schließt den Prozess des Verstehens der Erzählung so gut wie den der Lektüre der Subtexte ein, den Prozess des Enträtselns parabolischer Welten wie den der Wahrnehmung der unterschiedlichen Modi des Ausdrucks. Am Ende ist der Film buchstäblich eine Erinnerung seines Publikums, die „Form und Gestalt eines Traums“ angenommen hat, die alles dieses umfasst.[465]

---

460 Vgl. Kappelhoff 2004, S. 49/50.
461 Kappelhoff 2004, S. 19.
462 Kappelhoff 2004, S. 49.
463 Kappelhoff 2004, S. 50.
464 Kappelhoff 2004, S. 305.
465 Ebd. Vgl. Kappelhoff 2004, S. 16 – 29, S. 49/50 sowie S. 303 – 306.

Solcherart Rezeptionsprozesse an den kinematografischen Kompositionsstrukturen der Körperlichkeit, Räumlichkeit und Zeitlichkeit in MAGNOLIA, 21 GRAMS und SOLARIS filmanalytisch zu fassen, war die Aufgabe der vorliegenden Studie, welche im Rekurs auf die von Deleuze und Kappelhoff vorgeschlagenen Modelle zeigen konnte, dass ein „New New Hollywood" narrativ begriffen werden kann, wobei die Differenz zur „klassischen Erzählweise" sein Novum birgt. Lässt sich das jüngste Hollywoodkino, jenes der Jahrtausendwende, in Termini melodramatischer Darstellung beschreiben, wird einerseits seine absolute Novität relativiert, andererseits seine genuine Unabhängigkeit von den Darstellungsprinzipien der klassischen Ära betont, deren Normativität der neoformalistischen Lehrmeinung gemäß im melodramatischen Exzess, dieser „Dysfunktion im Schema narrativer Repräsentation,"[466] gebrochen werde. Statt die Besonderheiten der Narration als „Störung" einer gleichförmig linearen Handlung zu klassifizieren, machte diese Untersuchung das „Jenseits" der konventionellen Erzählschemata als Modi der Subjektivierung und Bewegungen des Empfindens fruchtbar. Nicht eine radikal neue Epoche sollte dabei eingeläutet werden, sondern Ziel der Untersuchung war es, ausgehend von der disparaten Definition einer filmischen Strömung, von einer spannenden Diagnose sowie deren Potential als Analysefokus, das Bewusstsein für die gegenwärtigen Brüche mit der klassischen Narration zu schärfen, die Eigentümlichkeiten eines zeitlichen Erzählens mit Körpern im Raum zu präzisieren und diese auf den konsolidierten Kontext melodramatischer Darstellungen im Film zu beziehen.

Um das Besondere des neueren Hollywoodfilms ersichtlich zu machen, wurde nicht selten auf den Terminus eines „Jenseits" zurückgegriffen, sei es auf das Jenseits des erzähllogischen Realismus und der narrativen Ökonomie, sei es auf das Jenseits alltagsrealistischer Koordinaten von Zeit und Raum. Sinnfällig erscheint diese Rede vom Jenseitigen – so die These, die ich, die Untersuchung abzuschließen, knapp skizzieren möchte – nicht zuletzt deshalb, weil alle drei Filme auch auf der thematischen und inhaltlichen Ebene ein „Jenseits" erkunden, indem sie Fragen des Religiösen stellen, etwa nach Möglichkeiten der Transzendenz, des Überschreitens der Grenzen rein sinnlicher Erfahrung und des Erschließens dessen, was jenseits des menschlichen Verstandes und Bewusstseins liegt.[467]

MAGNOLIA, 21 GRAMS und SOLARIS teilen den thematischen Fokus auf Sterben, Tod

---

[466] Kappelhoff 2004, S. 169.

[467] Vgl. Kreutzer 2003, S. 416/417.

und Trauer, diese „zentralen Probleme menschlichen Nachdenkens.“[468] Während in SOLARIS die Reflektionen des postmortalen Leib-Seele-Verhältnisses in einer bildlichen Jenseitsahnung ausklingen, akzentuieren MAGNOLIA und 21 GRAMS, da der Tod in diesen Filmen zur Angelegenheit der Sterbenden und zur Bürde der Überlebenden wird, das Bewusstsein einer Diesseitigkeit, der das jenseitige Reich verschlossen bleibt. Gleichwohl realisiert sich hier der Tod als Option des Diesseits, so dass Leben und Tod sich nicht als Oppositionen entlang geläufiger Vorstellungen des „Todes als irreversiblen Endpunkt[es] menschlichen Daseins“[469] begreifen lassen, denn die eigentümliche Zeitlichkeit der Filme, ob Zirkularität oder Vertikalität, Zeitdehnung oder Stillstand, reine Gegenwärtigkeit oder Ewigkeit, negiert dies.

Ohne jemals endgültige Lösungen zu forcieren, gehen die Filme den existentiellen und essentiellen Fragen nach dem Sinn des Lebens und nach dem Weiterleben im Tod, dem ewigen Leben, nach, deren Antworten sie in Zweisamkeit und liebender Erinnerung (SOLARIS), biologischer Fortpflanzung (21 GRAMS) und Familie (MAGNOLIA) sich zu finden bemühen. Liebe, dieses „Gefühl der Zuneigung und Zuwendung des Selbst zu ihm begegnenden Dingen, Ereignissen, Personen, das sowohl Grund als auch Ausdruck der Personalität ist,“[470] dann die erotische Liebe, die Sexualität, und die Formen der liebevollen Zuneigung sowie des Mitgefühls im Feld der sozialen und familiären Kontakte gehören freilich zu den Grundthemen des menschlichen Lebens und den Grundpfeilern menschlicher Reflexion, welche in MAGNOLIA, 21 GRAMS und SOLARIS vermittels der besonderen Inszenierungs- und Repräsentationsmodi verhandelt werden. So entwirft 21 GRAMS qua spezifischer Körperlichkeit die conditio humana als stetes Oszillieren auf den Achsen der Sozialität und der Identität, zielen die Modulationen der Farblichkeiten in SOLARIS im Letzten auf die Verschmelzung des Liebespaares ab und suggeriert MAGNOLIAS räumliche Metaphorik des Öffnens neue, hoffnungsvollere Familienbanden – die thematischen Fragestellungen zu Sexualität, Liebe und Sozialität werden in ästhetische Strukturen übersetzt.

In allen drei Filmen werden die familiären respektive partnerschaftlichen Bindungen zerstört, was eine schier unermessliche Schuld zur Folge hat, die Schuld, die geliebte Frau verlassen (SOLARIS, MAGNOLIA), die Tochter sexuell missbraucht (MAGNOLIA) und eine Familie ausgelöscht zu haben (21 GRAMS). Ob Schuld, seit Platon der „moralphilosophische terminus technicus im Kontext der Begriffsbestimmung von Ge-

---

[468] Baum 2003d, S. 409.
[469] Baum 2003d, S. 411.
[470] Wendel 2003, S. 255.

rechtigkeit und Tugend,“[471] sich aufheben lässt und der Mensch in Besitz einer zweiten Chance gelangen kann, ob es Taten gibt, die nicht verziehen werden können, sondern gesühnt werden müssen, und ob auch dem Schuldigen eine Erlösung zuteil werden kann, ja muss, diese Problematik von Schuld und Sühne, von Schmerz und Errettung durchzieht eine jede Narration. Reue und ein pfingstliches Wunder ermöglichen den Figuren in MAGNOLIA die diesseitige Erlösung, die in 21 GRAMS’ Kreislauf aus Errettung und Verdammnis nur temporär begriffen wird, wohingegen SOLARIS die finale Erlösung ins Postmortale und Jenseitige verlegt, wo jedwede Schuld getilgt ist und die Fehler der Vergangenheit nicht wiederholt werden müssen.

Tatsächlich reflektieren alle drei Filme das Verhältnis von Determinismus und Freiheit, von Vorherbestimmung „durch kausale Notwendigkeiten (biologischer, psychologischer oder soziologischer Art)“[472] und freiheitlicher Selbstbestimmung des Menschen, von Schicksal und Zufall: wird der Zufall ins Rationale und Schicksalhafte gewendet (MAGNOLIA), entwächst dem Chaos alsbald eine Ordnung, der Kontingenz ein Sinn (21 GRAMS). Insbesondere im Hiobsschema letzteren Filmes verknüpft sich die Frage nach dem Sinn sowie dem freien Willen des Menschen in einer Welt, deren Naturgesetze Unabänderlichkeit und Notwendigkeit konstatieren,[473] mit dem Problem der Theodizee: wie kann ein guter, allwissender und allmächtiger Gott existieren, wenn einer Frau Töchter und Mann brutal entrissen werden, wenn Leid und Schmerz, Pein und Qual die Opfer und Täter zerfressen (MAGNOLIA) und eine banale Affekthandlung die Liebenden für immer zu trennen droht (SOLARIS)? Hat das Böse einen Sinn oder verschließt Gott einfach seine Augen?[474] (Wie) kann der Mensch aus seinem Leiden erlöst werden? Dies erweist sich als die vielleicht zentralste Frage, um die alle drei Filme thematisch kreisen und von der ausgehend weitere Problemfelder erschlossen werden, denn in fortwährender Folge werfen MAGNOLIA, 21 GRAMS und SOLARIS immerneue fundamentale Fragen auf, ohne dem Zuschauer definitive Antworten zu geben, initiieren Diskurse über die Existenz des Menschen, dieses „Wesens besonderer Art,“[475] und verhandeln Grundfragen des Lebens, die zu erkunden einen Prozess, so unabschließbar, wie die Rätsel des Daseins undurchdringlich sind, darstellt.

Als grundlegende Wesenszüge des Menschen gelten seine Vernunft und seine Freiheit, sei-

[471] Baum 2003b, S. 362.
[472] Schwind 2003, S. 148.
[473] Vgl. Baum 2003a, S. 78/79.
[474] Vgl. Baum 2003c, S. 404.
[475] Irrgang 2003, S. 263.

> ne Sprachfähigkeit, seine Moralität, seine Sozialität, sein Selbst- und Todesbewusstsein, aber auch der aufrechte Gang, Kultur, Technik, seine Weltoffenheit und sein Transzendenzbezug beziehungsweise seine Religiosität.[476]

Sozialität und Identität, Freiheit und Moral, Tod und Trauer – mit diesen Grundthemen menschlichen Seins setzen sich die in der vorliegenden Studie analysierten Filme in ihrer besonderen Erzählweise und Ästhetik auseinander. MAGNOLIAs Bildräume der Seelenqual verweben sich mit der Parallelkomposition der schuldigen Patriarchen und der leidenden Kinder, die Niemandsländer möglicher Freiheit in 21 GRAMS mit der Zeiterfahrung der Ewigkeit und SOLARIS' Konzept des ganzheitlichen Menschen mit dem Zeitkristall der gleichzeitigen Ungleichzeitigkeit zu einem Filmganzen, welches wesenhaft eine Frage nach Religiosität und Transzendentalität zum Ausdruck bringt.

Wie Bazin einst über den Nachkriegsfilm schrieb, dass „die wahre Revolution eher auf der Ebene der Sujets als des Stils stattgefunden hat, eher in dem, was das Kino der Welt zu sagen hat, als in der Art und Weise, es zu sagen,"[477] dürften es im Hollywoodfilm der Jahrtausendwende dessen thematische Auseinandersetzung, inhaltliche Fokussierung und besondere Verschränkung von Sujet und Stil gewesen sein, die den Ausruf einer neuen Epoche hollywoodschen Filmschaffens, die vage Rede von einem „New New Hollywood" erst forcierten. Nicht allein in den Nova der Körperlichkeit, Räumlichkeit und Zeitlichkeit lässt sich das Neue und Besondere des jüngsten Hollywoodfilms verorten, sondern ex aequo in den spezifischen inhaltlichen Reflektionen der Filme, in den Fragen des Religiösen, die sich kontinuierlich aufs Neue hin zum Neuen öffnen, ohne abschließend beantwortet zu werden, um ein Bewusstsein dessen zu schaffen, was es ganz urtümlich bedeutet, Mensch zu sein: Fragen nach dem „Jenseits" und den „letzten Dingen" zu stellen, sich in Liebe und Sozialität zu verwirklichen, über Tod und Sinn nachzudenken und sich aus Schuld und Schmerz zu befreien, um zur Erlösung zu gelangen. Weil die Filme MAGNOLIA, 21 GRAMS und SOLARIS solche Grundfragen des menschlichen Lebens stellen, findet die These Nahrung, ein „New New Hollywood" lasse sich inhaltlich und thematisch definieren, „doch ein neues Thema fordert eine neue Form,"[478] und um genau diese ging es mir in der vorliegenden Untersuchung, denn „vielleicht [versteht man] besser, *was* der

---

[476] Ebd.
[477] Bazin 2004, S. 97.
[478] Ebd.

Film zu sagen versucht, wenn man weiß, *wie* er es sagt.“[479]

[479] Ebd. Hervorhebungen im Original.

Literaturverzeichnis

ADORNO, Theodor W. (1967) *Amorbach*. In: Ders. (1967) *Ohne Leitbild. Parva Aesthetica*. Frankfurt am Main: Suhrkamp Verlag. S. 20 – 28.

ALIGHIERI, Dante (1961 [1321]) *Die Göttliche Komödie*. Deutsch von Karl Vossler. Zürich: Atlantis Verlag.

ALLMERS, Henning / Baur, Xaver / Baur, Cornelia (1996) *Einheit von Geist und Körper. Michelangelos „Erschaffung Adams" – Eine Spekulation*. In: Deutsches Ärzteblatt (Heft 48) 93: A-3177-3180. S. 35 – 38.

ANDERSON, Paul Thomas (2000) *interview with Paul Thomas Anderson*. In: Ders. (2000) *MAGNOLIA: the shooting script*. New York: Newmarket Press. S. 197 – 208.

ARISTOTELES (1994 [circa 335 v. Chr.]) *Poetik. Griechisch/Deutsch*. Übersetzt und herausgegeben von Manfred Fuhrmann. Stuttgart: Philipp Reclam jun.

AUGUSTINUS, Aurelius (1955a [circa 400]) *Bekenntnisse*. Eingeleitet, übersetzt und erläutert von Joseph Bernhart. Berlin / Darmstadt / Wien: Deutsche Buch-Gemeinschaft.

AUGUSTINUS, Aurelius (1955b [413 – 426]) *Vom Gottesstaat*. Band II. Vollständige Ausgabe eingeleitet und übertragen von Wilhelm Thimme. Zürich: Artemis Verlag.

BALÁZS, Béla (1982 [1924]) *Schriften zum Film. Band I: „Der sichtbare Mensch". Kritiken und Aufsätze 1922 – 1926*. München: Carl Hanser Verlag (Gemeinschaftsausgabe des Carl Hanser Verlages, München, des Henschelverlages Kunst und Gesellschaft, DDR-Berlin, und das Akadémiai Kiadó, Budapest).

BALÁZS, Béla (2001 [1930]) *Der Geist des Films*. Frankfurt am Main: Suhrkamp Verlag.

BAUM, Wolfgang (2003a) *Determinismus*. In: Franz, Albert / Baum, Wolfgang / Kreutzer, Karsten (Hrsg.) (2003) *Lexikon philosophischer Grundbegriffe der Theologie*. Freiburg im Breisgau: Herder Verlag. S. 78/79.

BAUM, Wolfgang (2003b) *Schuld*. In: Franz, Albert / Baum, Wolfgang / Kreutzer, Karsten (Hrsg.) (2003) *Lexikon philosophischer Grundbegriffe der Theologie*. Freiburg im Breisgau: Herder Verlag. S. 362 – 364.

BAUM, Wolfgang (2003c) *Theodizee*. In: Franz, Albert / Baum, Wolfgang / Kreutzer,

Karsten (Hrsg.) (2003) *Lexikon philosophischer Grundbegriffe der Theologie*. Freiburg im Breisgau: Herder Verlag. S. 403/404.

BAUM, Wolfgang (2003d) *Tod*. In: Franz, Albert / Baum, Wolfgang / Kreutzer, Karsten (Hrsg.) (2003) *Lexikon philosophischer Grundbegriffe der Theologie*. Freiburg im Breisgau: Herder Verlag. S. 409 – 412.

BAZIN, André (2004 [1951 / 1952 / 1955]) *Die Entwicklung der Filmsprache*. In: Ders. (2004) *Was ist Film?* Herausgegeben von Robert Fischer. Mit einem Vorwort von Tom Tykwer und einer Einleitung von François Truffaut. Berlin: Alexander Verlag. S. 90 – 109.

BAZIN, André (2004 [1955]) *Die Entwicklung des Western*. In: Ders. (2004) *Was ist Film?* Herausgegeben von Robert Fischer. Mit einem Vorwort von Tom Tykwer und einer Einleitung von François Truffaut. Berlin: Alexander Verlag. S. 267 – 277.

BAZIN, André (2004 [1957]) *LE NOTTI DI CABIRIA (DIE NÄCHE DER CABIRIA) oder die Reise ans Ende des Neorealismus*. In: Ders. (2004) *Was ist Film?* Herausgegeben von Robert Fischer. Mit einem Vorwort von Tom Tykwer und einer Einleitung von François Truffaut. Berlin: Alexander Verlag. S. 380 – 390.

BECKER, Jens P. / Buchloh, Paul G. (1978) *Der Detektivroman. Studien zur Geschichte und Form der englischen und amerikanischen Detektivliteratur*. Mit Beiträgen von Antje Wulff und Walter T. Rix. Darmstadt: Wissenschaftliche Buchgesellschaft

BECKERMANN, Ansgar (1999) *Leib-Seele-Problem*. In: Sandkühler, Hans Jörg (Hrsg.) (1999) *Enzyklopädie der Philosophie*. Band 1. Hamburg: Meiner Verlag. S. 766 – 774.

BELLANTONI, Patti (2005) *If it's purple, someone's gonna die. The Power of Color in Visual Storytelling*. Burlington / Oxford: Focal Press / Elsevier.

BERKELEY, George (1913 [1710]) *Abhandlung über die Prinzipien der menschlichen Erkenntnis*. Übersetzt und mit Anmerkungen versehen von Friedrich Ueberweg. Leipzig: Meiner Verlag.

BORDWELL, David (1988) *Narration in the Fiction Film*. London: Routledge.

BORDWELL, David (2006) *The Way Hollywood Tells It. Story and Style in Modern Movies*. Berkeley / Los Angeles / London: University of California Press.

BRINCKMANN, Christine N. (1997) *Ichfilm und Ichroman*. In: Dies. (1997) *Die anthropomorphe Kamera und andere Schriften zur filmischen Narration*. Herausgegeben von Mariann Lewinsky und Alexandra Schneider. Zürich: Chronos.

BROOKS, Peter (1994) *Melodrama, Body, Revolution.* In: Bratton, Jacky / Cook, Jim / Gledhill, Christine (Hrsg.) (1994) *Melodrama. Stage, Picture, Screen.* London: BFI Publishing. S. 11 – 24.

BURCH, Noel (1990) *A Primitive Mode of Representation?* In: Elsaesser, Thomas / Barker, Adam (Hrsg.) (1990) *Early Cinema. Space, Frame, Narrative.* London: BFI Publishing. S. 220 – 227.

BUSCHE, Andreas (2007) *Steven Soderbergh – The Player. Von der Indie-Ikone zum Entrepreneur.* In: epd film 03/07. S. 24 – 28.

CLARKE Dillman, Joanne (2003) *Twelve Characters in Search of a Televisual Text. MAGNOLIA – Masquerading as Soap Opera.* In: Journal of Popular Film and Television. Vol. 33, Nr.3. Fall 2003. S. 143 – 150.

COOK, David A. (2004) *A New "New Hollywood," 1997 – 1998.* In: Ders. (2004) *History of narrative film.* S. 899 – 905.

COURANT, Richard / Robbins, Herbert (19733 [1941]) *Was ist Mathematik?* Berlin / Heidelberg / New York: Springer Verlag.

COWIE, Elizabeth (1998) *Storytelling. Classical Hollywood cinema and classical narrative.* In: Neale, Steve / Smith, Murray (Hrsg.) (1998) *Contemporary Hollywood Cinema.* London / New York: Routledge. S. 178 – 190.

CURSCHMANN, Michael / Glier, Ingeborg (1980) *Deutsche Dichtung des Mittelalters.* Band 1. Von den Anfängen bis zum hohen Mittelalter. München / Wien: Carl Hanser Verlag.

DALDORF, Egon (2005) *Seele, Geist und Bewusstsein. Eine interdisziplinäre Untersuchung zum Leib-Seele-Verhältnis aus alltagspsychologischer und naturwissenschaftlicher Perspektive.* Würzburg: Verlag Königshausen und Neumann.

DAY SCLATER, Shelley (2003) *What is the subject?* In: Narrative Inquiry (2003) 13(2). S. 317 – 330.

DELEUZE, Gilles (1994 [1968]) *Differenz und Wiederholung.* München: Wilhelm Fink Verlag.

DELEUZE, Gilles (1997a [1983]) *Das Bewegungs-Bild. Kino 1.* Frankfurt am Mein: Suhrkamp Verlag.

DELEUZE, Gilles (1997b [1985]) *Das Zeit-Bild. Kino 2*. Frankfurt am Main: Suhrkamp Verlag.

DIE BIBEL. *Altes und Neues Testament. Einheitsübersetzung*. (1980) Freiburg / Basel / Wien: Herder Verlag.

DISTELMEYER, Jan (2002) *Die Tiefe der Oberfläche. Bewegungen auf dem Spielfeld des postklassischen Hollywoodkinos*. In: Eder, Jens (Hrsg.) (2002) *Oberflächenrausch. Postmoderne und Postklassik im Kino der 90er Jahre*. Münster / Hamburg / London: LIT Verlag. S. 63 – 95.

DÖRING, Tobias (2002) *Mimetisches Bewusstsein. Zur Wirkungsgeschichte fiktionaler Tränen*. In: Nach dem Film Nr. 4. *Tränen im Kino*. http://www.nachdemfilm.de/no4/doe01dts.html (letzter Zugriff am 11. August 2007). S. 1 – 8.

ELSAESSER, Thomas (1994 [1972]) *Tales of Sound and Fury. Anmerkungen zum Familienmelodram*. In: Cargnelli, Christian (Hrsg.) (1994) *Und immer wieder geht die Sonne auf. Texte zum melodramatischen Film*. Wien: PVS-Verleger. S. 92 – 128.

ELSAESSER, Thomas (1998) *Augenweide am Auge des Maelstroms? Francis Ford Coppola inszeniert BRAM STROKER'S DRACULA als den ewig jungen Mythos Hollywood*. In: Rost, Andreas / Sandbothe, Mike (Hrsg.) (1998) *Die Filmgespenster der Postmoderne*. Frankfurt am Main: Verlag der Autoren. S. 63 – 104.

ELSAESSER, Thomas (2000) *The New New Hollywood. Cinema Beyond Distance and Proximity*. In: Bondebjerg, Ib (Hrsg.) (2000) *Moving images, culture and the mind*. Luton. S. 187 – 202.

ELSAESSER, Thomas (2001) *Rainer Werner Fassbinder*. Berlin: Bertz Verlag.

EVERSCHOR, Franz (2004) *Ausverkauf der Independents? Unabhängiges Filmemachen: Der Weg von Sundance nach Hollywood wird immer kürzer*. In: Film-Dienst 03/2004. S. 8 – 11.

FLASCH, Kurt (1994 [1980]) *Augustin. Einführung in sein Denken*. Stuttgart: Philipp Reclam jun.

FRANCESCHI, Guilio (1908) *Proverbi e modi proverbiali italiani*. Mailand: U. Hoepli. Microfilm (1978). New Haven: Yale University Photographic Services.

FREUD, Sigmund (1990 [1910]) *Eine Kindheitserinnerung des Leonardo Da Vinci.* Frankfurt am Main: S. Fischer Verlag.

GLEI, Reinhold (1987) *Prophet. 2. Christlich.* In: Khoury, Adel Theodor (Hrsg.) (1987) *Lexikon religiöser Grundbegriffe. Judentum, Christentum, Islam.* Graz: Styria. S. 862 – 864.

GLOMBITZA, Birgit (2004) *Was vom Menschen übrig bleibt. Schuld, Sühne, Schicksalskollisionen – Alejandro González Iñárritus Melodram 21 GRAMM.* In: Die Zeit Nr. 10 vom 26. Februar 2004. http://www.zeit.de/2004/10/21_Gram (letzter Zugriff am 3. September 2007).

GOSS, Brian Michael (2002) *"Things Like This Don't Just Happen": Ideology and Paul Thomas Anderson's HARD EIGHT, BOOGIE NIGHTS, and MAGNOLIA.* In: Journal of Communication Inquiry 26:2 (April 2002). S. 171 – 192.

GRAFE, Frieda (2005 [1980]) *Das Allerunwahrscheinlichste. Douglas Sirk zum Achtzigsten Geburtstag.* In: *In Großaufnahme. Autorenpolitik und jenseits.* Band 7. SZ-Filmseiten 1972 – 1987. Berlin: Verlag Brinkmann und Bose.

GROB, Norbert (2003) *Den Stein rollen – und lächeln. Kurze Annotationen zur Frage der Moralität im Kino des Steven Soderbergh.* In: Rogall, Stefan (Hrsg.) (2003) *Steven Soderbergh und seine Filme.* Marburg: Schüren Verlag. S. 41 – 48.

GUNNING, Tom (1996a) *Das Kino der Attraktionen. Der frühe Film, seine Zuschauer und die Avantgarde.* In: Meteor, Nr. 4. S. 25 – 34.

GUNNIN, Tom (1996b) *"Now you see it, now you don't.": The Temporality of the Cinema of Attractions.* In: Abel, Richard (Hrsg.) *Silent Film.* New Brunswick / New Jersey: Rutgers University Press. S. 71 – 84.

HAHN, Robert (2005) *21 GRAMS.* In: Film Quarterly. Vol. 58, Nr. 3. S. 53 – 58.

HANSON, Peter (2002) *The cinema of generation X. A critical study of films and directors.* Jefferson, NC: McFarland.

HAWKING, Stephen W. (1989) *Eine kurze Geschichte der Zeit. Die Suche nach der Urkraft des Universums.* Reinbek bei Hamburg: Rowohlt Verlag.

HAWKING, Stephen W. (1993) *Einsteins Traum. Expeditionen an die Grenzen der Raumzeit.* Reinbek bei Hamburg: Rowohlt Verlag.

HOLERT, Tom (2004) *Kabelsalat des Schicksals.* In: taz Nr. 7294 vom 26. Februar 2004. S. 18.

HOLZ, Hans Heinz (1994) *Descartes.* Frankfurt am Main / New York: Campus Verlag.

HORST, Sabine (2003) *Solaristik für Fortgeschrittene. Steven Soderberghs Adaption eines Science-Fiction-Klassikers.* In: epd Film 03/2003. S. 20 – 23.

IBSEN, Henrik (1970 [1867]) *Peer Gynt. Ein dramatisches Gedicht.* Aus dem Norwegischen übertragen und mit einem Nachwort versehen von Hermann Stock. Stuttgart: Philipp Reclam jun.

IRRGANG, Bernhard (2003) *Mensch.* In: Franz, Albert / Baum, Wolfgang / Kreutzer, Karsten (Hrsg.) (2003) *Lexikon philosophischer Grundbegriffe der Theologie.* Freiburg im Breisgau: Herder Verlag. S. 263 – 265.

JAHN, Manfred (1995) *Narratologie: Methoden und Modelle der Erzähltheorie.* In: Nünning, Ansgar (Hrsg.) (1995) *Literaturwissenschaftliche Theorien, Modelle und Methoden. Eine Einführung.* Unter Mitwirkung von Sabine Buchholz und Manfred Jahn. Trier: Wissenschaftlicher Verlag. S. 29 – 50.

JONES, Kent (2000) *P.T. Anderson's MAGNOLIA.* In: Film Comment Vol. 36, Nr. 1. Januar / Februar 2000. S. 38/39.

KAES, Anton (2000) *Das bewegte Gesicht. Zur Großaufnahme im Film.* In: Schmölders, Claudia / Gilman, Sander L. (Hrsg.) (2000) *Gesichter der Weimarer Republik. Eine physiognomische Kulturgeschichte.* Köln: DuMont. S. 156 – 174.

KAPPELHOFF, Hermann (1998) *Empfindungsbilder – Subjektivierte Zeit im melodramatischen Film.* In: Birkenhauer, Theresia / Storr, Annette (Hrsg.) (1998) *Zeitlichkeiten – Zur Realität der Künste. Theater, Film, Photographie, Malerei, Literatur.* Berlin: Vorwerk 8. S. 93 – 119.

KAPPELHOFF, Hermann (2003) *Tränenseligkeit. Das sentimentale Genießen und das melodramatische Kino.* In: Nach dem Film Nr. 4. *Tränen im Kino.* http://www.nachdemfilm.de/no4/kap01dts.html (letzter Zugriff am 11. August 2007). S. 1 – 13.

KAPPELHOFF, Hermann (2004) *Matrix der Gefühle. Das Kino, das Melodrama und das Theater der Empfindsamkeit.* Berlin: Vorwerk 8.

KAPPELHOFF, Hermann (2005) *Der Bildraum des Kinos: Modulationen einer ästhetischen Erfahrungsform.* In: Koch, Gertrud (Hrsg.) (2005) *Umwidmungen. Architektonische und kinematografische Räume.* Berlin: Vorwerk 8. S. 138 – 149.

KÄSTNER, Erich (1993143 [1949]) *Das doppelte Lottchen.* Zürich: Atrium Verlag.

KINDLER, Simone (2004) *Ophelia. Der Wandel von Frauenbild und Bildmotiv.* Berlin: Dietrich Reimer Verlag.

KOCH, Gertrud (2001) *Die Rückseite des Gesichts. Ein Gespräch.* In: Gläser, Helga / Groß, Bernhard / Kappelhoff, Hermann (Hrsg.) (2001) *Blick Macht Gesicht.* Berlin: Vorwerk 8. S. 137 – 151.

KOEBNER, Thomas (2001) *Gesichter, ganz nahe.* In: Gläser, Helga / Groß, Bernhard / Kappelhoff, Hermann (Hrsg.) (2001) *Blick Macht Gesicht.* Berlin: Vorwerk 8. S. 174 – 205.

KOPPOLD, Rupert (2000) *Das Schicksal arbeitet im Akkord. Neu im Kino: Paul Thomas Andersons Episodenfilm MAGNOLIA über Leben und Sterben in L.A.* In: Stuttgarter Zeitung vom 12. April 2000.

KÖRNER, Jürgen (2005) *Regression.* In: Jordan, Stefan / Wendt, Gunna (Hrsg.) (2005) *Lexikon Psychologie. Hundert Grundbegriffe.* Stuttgart: Philipp Reclam jun. S. 268 – 270.

KÖRTE, Peter (2003) *Orpheus in der Sternenwelt. Steven Soderbergh verfilmt Stanislaw Lems „Solaris" als Gegenwartsdrama.* In: Frankfurter Allgemeine Sonntagszeitung vom 2. März 2003.

KÖSTERGARTEN, Knut (2003) *Das Glück der Wiederholung. Steven Soderbergh hat Andrej Tarkowskijs SOLARIS neu verfilmt.* In: Freitag vom 7. März 2003.

KRAMER, Peter (1998) *Post-classical Hollywood.* In: Hill, John / Gibson, Pamela Church (Hrsg.) (1998) *The Oxford Guide to Film Studies.* Consultant Editors Richard Dyer, E. Ann Kaplan, Paul Willemen. Oxford: Oxford University Press. S. 289 – 309.

KREUTZER, Karsten (2003) *Transzendenz.* In: Franz, Albert / Baum, Wolfgang / Kreutzer, Karsten (Hrsg.) (2003) *Lexikon philosophischer Grundbegriffe der Theologie.* Freiburg im Breisgau: Herder Verlag. S. 416/417.

KÜCHENHOFF, Joachim (2006) *Das Ringen um Nähe und Distanz. ... dort, wo ich berühre, werde ich auch berührt.* A1-Vortrag am 18. April 2006 im Rahmen der 56. Lindauer Psychotherapiewochen. http://lptw.de/archiv/vortrag/2006/kuechenhoff.pdf

(letzter Zugriff am 3. September 2007). S. 1 – 15.

KUHN, Doris (2003) *Venus im Pelz. SOLARIS (2002).* In: Arnold, Frank (Hrsg.) (2003) *Experimente in Hollywood. Steven Soderbergh und seine Filme*. Mainz: Bender Verlag. S. 257 – 260.

KULENKAMPFF, Arend (1987) *George Berkeley*. München: Beck Verlag.

KÜMMEL, Friedrich (1962) *Über den Begriff der Zeit*. Tübingen: Max Niemeyer Verlag.

KÜPPERS, Bernd-Olaf (1987) *Vorwort*. In: Ders. (Hrsg.) (1987) *Ordnung aus dem Chaos. Prinzipien der Selbstorganisation und Evolution des Lebens*. München / Zürich: Piper Verlag.

LACAN, Jacques (1975) *Das Spiegelstadium als Bildner der Ichfunktion wie sie uns in der psychoanalytischen Erfahrung erscheint*. In: Ders. (1975) *Schriften 1*. Frankfurt am Main: Suhrkamp Verlag. S. 62 – 70.

LEDERLE, Josef (2000) *MAGNOLIA*. In: Film-Dienst 03/2000. S. 26/27.

LENZEN, Verena (1987) *Böses / Leid. VII. Im Christentum*. In: Waldenfels, Hans (Hrsg.) (1987) *Lexikon der Religionen*. Begründet von Franz König. Freiburg: Herder Verlag. S. 69/70.

MARZO-ORTEGA, Helena / Strauss, Roland M. (2002) *Michelangelo and medicine*. In: Journal of the Royal Society of Medicine. Volume 95. October 2005. S. 514/515.

MAURER, Andreas (2003) *Verloren im All. SOLARIS – Steven Soderberghs Reifeprüfung*. In: Neue Züricher Zeitung vom 7. März 2003.

MAY, J. (1987) *Leiden. 2. Christlich*. In: Khoury, Adel Theodor (Hrsg.) (1987) *Lexikon religiöser Grundbegriffe. Judentum, Christentum, Islam*. Graz: Styria. S. 652 – 653.

MEIJERING, E. P. (1979) *Augustin über Schöpfung, Ewigkeit und Zeit. Das elfte Buch der Bekenntnisse*. Leiden: E. J. Brill.

METTE, Norbert (1987) *Familie. 2. Christlich*. In: Khoury, Adel Theodor (Hrsg.) (1987) *Lexikon religiöser Grundbegriffe. Judentum, Christentum, Islam*. Graz: Styria. S. 240 – 244.

MITTENZWEI, Werner (2002) *Katharsis*. In: Barck, Karlhein / Fontius, Martin / Schlenstedt, Dieter / Steinwachs, Burkhart / Wolfzettel, Friedrich (Hrsg.) (2002) *Ästhetische Grundbegriffe. Historisches Wörterbuch in sieben Bänden*. Band 4 (Medien – Populär). Stuttgart / Weimar: Verlag J. B. Metzler. S. 245 – 272.

NEALE, Steve (1994) *Melodram und Tränen*. In: Cargnelli, Christian (Hrsg.) (1994) *Und immer wieder geht die Sonne auf. Texte zum melodramatischen Film*. Wien: PVS-Verleger. S. 147 – 166.

NEWTON, Isaac (1963 [1686]) *Mathematische Prinzipien der Naturlehre*. Mit Bemerkungen und Erläuterungen herausgegeben von J. Ph. Wolfers. Darmstadt: Wissenschaftliche Buchgesellschaft.

ONYEKE, George (1987) *Maske*. In: Waldenfels, Hans (Hrsg.) (1987) *Lexikon der Religionen*. Begründet von Franz König. Freiburg: Herder Verlag. S. 391/392.

OTT, Michaela (2005) *L'espace quelconque: Der beliebige Raum in der Filmtheorie von Gilles Deleuze*. In: Koch, Gertrud (Hrsg.) (2005) *Umwidmungen. Architektonische und kinematografische Räume*. Berlin: Vorwerk 8. S. 150 – 161.

PARIS, Michael (1995) *From the Wright Brothers to TOP GUN. Aviation, nationalism and popular cinema*. Manchester / New York: Manchester University Press.

PERLER, Dominik (1998) *René Descartes*. München: C. H. Beck'sche Verlagsbuchhandlung.

PLESSNER, Helmuth (19613) *Lachen und Weinen. Eine Untersuchung nach den Grenzen menschlichen Verhaltens*. Bern / München: Francke Verlag.

PRINZ, Annekathrin (2006) *Eckig wirkt männlich*. In: *Hessische Allgemeine* vom 7. November 2006 wiwi.uni-giessen.de/dl/det/Esch/11664/eckig-wirkt-maennlich/ (letzter Zugriff am 4. September 2007). S. 2.

RALL, Veronika (2002) *We need to fuck, she says: Tom Cruise*. In: Horst, Sabine (Hrsg.) (2002) *Göttliche Kerle. Männer – Sex – Kino*. Berlin: Bertz Verlag. S. 17 – 22.

RAMÍREZ BERG, Charles (2006) *A Taxonomy of Alternative Plots in Recent Films: Classifying the "Tarantino Effect"*. In: Film Criticism Fall / Winter 2006. Vol.

XXXI, Nr. 1 – 2. 30th Anniversary: Special Double Issue – Complex Narratives. S. 5 – 61.

RICOEUR, Paul (1971 [1960]) *Symbolik des Bösen. Phänomenologie der Schuld II.* Freiburg / München: Verlag Karl Alber.

RODEK, Hanns-Georg (2000) *Die höchste Auszeichnung: kein „Oscar". Paul Thomas Andersons meisterlicher dritter Film MAGNOLIA ist einfach atemberaubend.* In: Die Welt vom 13. April 2000.

ROGALL, Stefan (2003) *SOLARIS / SOLARIS (2002). Lieben und sterben lassen.* In: Ders. (Hrsg.) (2003) *Steven Soderbergh und seine Filme.* Marburg: Schüren Verlag. S. 209 – 221.

ROMNEY, Jonathan (2003) *Future soul.* In: Sight & Sound 02/2003. S. 13 – 18.

ROMNEY, Jonathan (2004) *Enigma Variations.* In: Sight & Sound 03/2004. S. 12 – 16.

ROSENBAUM, Jonathan (2003) *In Space, No One Can Hear You Sweat.* In: Chicago Reader. http://www.chicagoreader.com/movies/archives/2002/1102/021129.html (letzter Zugriff am 23. Juli 2007).

ROSENFELD, Hans-Friedrich (1958) *Handschuh und Schleier. Zur Geschichte eines literarischen Symbols.* Helsingfors: Central-Tryckeriet.

SANNWALD, Daniela (2004) *21 GRAMS. Alejandro González Iñárritu.* In: Filmbulletin 01/2004. S. 42.

SCHÄRTL, Thomas (2003) *Identität.* In: Franz, Albert / Baum, Wolfgang / Kreutzer, Karsten (Hrsg.) (2003) *Lexikon philosophischer Grundbegriffe der Theologie.* Freiburg im Breisgau: Herder Verlag. S. 199 – 201.

SCHAUB, Martin (1998) *Hier und anderswo, jetzt, damals und dereinst. Ein Spaziergang durch die Filmzeit.* In: Moos, Andreas / Schneider, Alexandra / Senn, Doris (Arbeitsgemeinschaft CINEMA) (Hrsg.) (1998) *Zeit.* Cinema 43 (unabhängige Schweizer Filmzeitschrift, 43. Jahrgang). Zürich: Chronos Verlag. S. 9 – 21.

SCHILLER, Friedrich (1973 [1797]) *Der Handschuh.* In: Ders. (1973) *Sämtliche Werke. Erster Band. Gedichte / Dramen I.* München: Carl Hanser Verlag. S. 376/377.

SCHÖNPFLUG, Wolfgang / Schönpflug, Ute (19953) *Psychologie. Allgemeine Psychologie und ihre Verzweigungen in die Entwicklungs-, Persönlichkeits- und Sozialpsy-*

chologie. Ein Lehrbuch für das Grundstudium. Dritte, vollständig überarbeitete Auflage. Weinheim / Basel: Beltz Verlag / Psychologie Verlags Union.

SCHÖNPFLUG, Wolfgang (2006) *Einführung in die Psychologie.* Weinheim / Basel: Beltz Verlag / Psychologie Verlags Union.

SCHULZ, Dieter (1997) *Amerikanischer Transzendentalismus. Ralph Waldo Emerson, Henry David Thoreau, Margaret Fuller.* Darmstadt: Wissenschaftliche Buchgesellschaft.

SCHWEINITZ, Jörg (1999) *Zur Erzählforschung in der Filmwissenschaft.* In: Lämmert, Eberhard (Hrsg.) (1999) *Die erzählerische Dimension.* Berlin: Akademie-Verlag. S. 73 – 87.

SCHWIND, Georg (2003) *Freiheit.* In: Franz, Albert / Baum, Wolfgang / Kreutzer, Karsten (Hrsg.) (2003) *Lexikon philosophischer Grundbegriffe der Theologie.* Freiburg im Breisgau: Herder Verlag. S. 147 – 149.

SPREEN, Dierk (1999) *Kurze Geschichte der Zeitmaschine. Eine etwas spekulative Beobachtung.* In: Quarber Merkur 89/90 (1999). 36. Jahrgang. S. 111 – 116.

STANG, Nic (1982) *Edvard Munch.* Aus dem Norwegischen übertragen von Gertrud Brock-Utne. Wiesbaden: Ebeling Verlag.

STERNEBORG, Anke (2004) *21 GRAMM.* In: epd Film 02/2004. S. 35.

STREUBEL, Thorsten (2006) *Das Wesen der Zeit. Zeit und Bewusstsein bei Augustinus, Kant und Husserl.* Würzburg: Verlag Königshausen und Neumann.

THIELE, Jens (2006) *Verwirrende Erzählungen. Montageexperimente im Kino Alejandro González Iñárritus.* In: Schenk, Irmbert / Rüffert, Christine / Schmid, Karl-Heinz (Hrsg.) (2006) *Experiment Mainstream? Differenz und Uniformierung im populären Kino.* Berlin: Bertz und Fischer. S. 97 – 106.

THOMAS, Dylan (1967 [1952]) *Ausgewählte Gedichte. Zweisprachige Ausgabe.* Übersetzt von Erich Fried. München: Carl Hanser Verlag.

THOMPSON, Kristin (1988) *Breaking the Glass Armor. Neoformalist Film Analysis.* Princeton, New Jersey: Princeton University Press.

THOMPSON, Kristin (1999) *Storytelling in the New Hollywood. Understanding Classical Narrative Technique.* Cambridge / London: Harvard University Press.

THOREAU, Henry David (2004 [1854]) *Walden oder Leben in den Wäldern.* Aus dem Amerikanischen von Emma Emmerich und Tatjana Fischer. Mit einem Vorwort von Walter E. Richartz, Anmerkungen, Sach- und Namenregister sowie einer Zeittafel. Zürich: Diogenes.

TISCHLEDER, Bärbel (2001) *Body Trouble. Entkörperlichung, Whiteness und das amerikanische Gegenwartskino.* Frankfurt am Main und Basel: Stroemfeld Verlag.

VETTER, Dieter (1987a) *Familie. 1. Jüdisch.* In: Khoury, Adel Theodor (Hrsg.) (1987) *Lexikon religiöser Grundbegriffe. Judentum, Christentum, Islam.* Graz: Styria. S. 237 – 240.

VETTER, Dieter (1987b) *Leiden. 1. Jüdisch.* In: Khoury, Adel Theodor (Hrsg.) (1987) *Lexikon religiöser Grundbegriffe. Judentum, Christentum, Islam.* Graz: Styria. S. 649 – 652.

VOSSEN, Ursula (2002) *Last Man Standing: George Clooney.* In: Horst, Sabine (Hrsg.) (2002) *Göttliche Kerle. Männer – Sex – Kino.* Berlin: Bertz Verlag. S. 39 – 45.

WEIHE, Richard Emanuel (2002) *Die Paradoxie der Maske. Geschichte einer Form.* München: Fink Verlag.

WENDEL, Saskia (2003) *Liebe.* In: Franz, Albert / Baum, Wolfgang / Kreutzer, Karsten (Hrsg.) (2003) *Lexikon philosophischer Grundbegriffe der Theologie.* Freiburg im Breisgau: Herder Verlag. S. 255 – 257.

WERBLOWSKY, R. J. Zwi (1987) *Böses / Leid. VI. Im Judentum.* In: Waldenfels, Hans (Hrsg.) (1987) *Lexikon der Religionen.* Begründet von Franz König. Freiburg: Herder Verlag. S. 68/69.

Filmverzeichnis

21 GRAMS (21 GRAMM), USA 2003
Regie: Alejandro González Iñárritu. *Buch*: Guillermo Arriaga.
Kamera: Rodrigo Prieto. *Schnitt*: Stephen Mirrione. *Musik*: Gustavo Santaolalla. *Produktion*: Alejandro González Iñárritu, Guillermo Arriaga, Ted Hope, Robert Salerno (This is That Productions, Y Productions).
Besetzung: Sean Penn (Paul Rivers), Naomi Watts (Cristina Peck), Benicio Del Toro (Jack Jordan), Melissa Leo (Marianne Jordan), Charlotte Gainsbourg (Mary Rivers), Danny Huston (Michael Peck), Eddie Marsan (Reverend John), Clea DuVall (Claudia, Cristinas Schwester).

MAGNOLIA (MAGNOLIA), USA 1999
Regie: Paul Thomas Anderson. *Buch*: Paul Thomas Anderson.
Kamera: Robert Elswit. *Schnitt*: Dylan Tichenor. *Musik*: Jon Brion, Aimee Mann. *Produktion*: Joanne Sellar, Paul Thomas Anderson (New Line Cinema, Ghoulardi Film Company).
Besetzung: Jason Robards (Earl Partridge), Julianne Moore (Linda Partridge), Tom Cruise (Frank T. J. Mackey), Philip Baker Hall (Jimmy Gator), Melinda Dillon (Rose Gator), Melora Walters (Claudia Gator), John C. Reilly (Jim Kurring), Philip Seymour Hoffman (Phil Parma), William H. Macey (Donnie Smith), Jeremy Blackman (Stanley Spector), Emmanuel Johnson (Dixon), April Grace (Gwenovier), Cleo King (Marcie), Felicity Huffman (Cynthia).

SOLARIS (SOLARIS), USA 2002
Regie: Steven Soderbergh. *Buch*: Steven Soderbergh nach Stanislaw Lem.
Kamera: Peter Andrews (Steven Soderbergh). *Schnitt*: Mary Ann Bernard (Steven Soderbergh). *Musik*: Cliff Martinez. *Produktion*: James Cameron, Jon Landau (Twentieth Century Fox, Lightstorm Entertainment)
Besetzung: George Clooney (Dr. Chris Kelvin), Natascha McElhone (Rheya Kelvin), Viola Davis (Dr. Gordon), Jeremy Davies (Snow), Ulrich Tukur (Dr. Gibarian).

Abonnement

Hiermit abonniere ich die Reihe **Film- und Medienwissenschaft (ISSN 1866-3397),** herausgegeben von Irmbert Schenk und Hans Jürgen Wulff,

❒ ab Band # 1

❒ ab Band # ___

❒ Außerdem bestelle ich folgende der bereits erschienenen Bände:

#___, ___, ___, ___, ___, ___, ___, ___, ___, ___, ___, ___

❒ ab der nächsten Neuerscheinung

❒ Außerdem bestelle ich folgende der bereits erschienenen Bände:

#___, ___, ___, ___, ___, ___, ___, ___, ___, ___, ___, ___

❒ 1 Ausgabe pro Band ODER ❒ ___ Ausgaben pro Band

Bitte senden Sie meine Bücher zur versandkostenfreien Lieferung innerhalb Deutschlands an folgende Anschrift:

Vorname, Name: ______________________________

Straße, Hausnr.: ______________________________

PLZ, Ort: ______________________________

Tel. (für Rückfragen): ______________ *Datum, Unterschrift:* ______________

Zahlungsart

❒ *ich möchte per Rechnung zahlen*

❒ *ich möchte per Lastschrift zahlen*

bei Zahlung per Lastschrift bitte ausfüllen:

Kontoinhaber: ______________________________

Kreditinstitut: ______________________________

Kontonummer: ______________ Bankleitzahl: ______________

Hiermit ermächtige ich jederzeit widerruflich den *ibidem*-Verlag, die fälligen Zahlungen für mein Abonnement der Reihe **Film- und Medienwissenschaft** von meinem oben genannten Konto per Lastschrift abzubuchen.

Datum, Unterschrift: ______________________________

Abonnementformular entweder **per Fax** senden an: **0511 / 262 2201** oder 0711 / 800 1889
oder als **Brief** an: *ibidem* Verlag, Julius Leber Weg 11, 30457 Hannover oder
als **e-mail** an: **ibidem@ibidem-verlag.de**

***ibidem*-Verlag**
Melchiorstr. 15
D-70439 Stuttgart
info@ibidem-verlag.de

www.ibidem-verlag.de
www.ibidem.eu
www.edition-noema.de
www.autorenbetreuung.de

Zeitfracht Medien GmbH
Ferdinand-Jühlke-Straße 7
99095 Erfurt, Deutschland
produktsicherheit@kolibri360.de